住まいの化学物質
リスクとベネフィット

一般社団法人 室内環境学会 [編]

関根嘉香 [監修]

Chemical Substance in the House

東京電機大学出版局

はじめに

　住まいは，私たちの生活の器です。健康を守り，生活を支える，快適で安全な環境を保つためには，室内環境問題はきわめて重要なテーマとなっています。

　2000年代前半まで，シックハウス問題が深刻化してきたことにより，室内環境学会では，居住空間における化学物質に関する研究が活発に行われました。その後は，シックハウス問題に加え，微生物，ハウスダスト，においかおり，環境たばこ煙などによる室内汚染も重要な研究課題となり，室内環境研究が対象とする「場」や対象とする「物質」は多様化する傾向にあります。

　本学会は2010年に書籍「室内環境学概論」（東京電機大学出版局）を上梓しました。この「概論」では室内環境に関わる広範な内容を扱い，室内環境学の現在を俯瞰しています。本書は，「室内環境学概論」の続刊であり，「化学物質」に焦点をあてたもので，人の住まいにおけるライフステージ（建てる・暮らす・生きる・備える）に関わる12の物質群を対象としました。これらの室内環境における発生から，挙動，健康影響，環境濃度，測定法，対策方法などを記述しています。健康で快適な室内環境づくりに携わる技術者，建築，物理・化学，衛生・保健学分野の大学生，環境問題に取り組んでいる方が活用しやすいよう，化学物質の物理化学性状や具体的な測定・対策技術についてもわかりやすく解説しました。シックハウス問題に関連する類書も見受けられますが，本書ではたばこ煙，ハウスダスト，ナノ粒子，火山ガスや放射性物質なども含め詳解し，ヒトの快・不快感に関わる水，二酸化炭素，におい・かおりについても取り上げています。また，化

学物質を負の因子としてとらえるのではなく，化学物質のベネフィット（利便性）とリスクを理解し，上手に付き合うためにはどうすればよいかを考えて構成しました。

　本書を刊行するにあたり，室内環境学会理事長・中井里史先生（横浜国立大学），事業委員会委員長・山口一先生（清水建設），学術委員会委員長・東賢一先生（近畿大学），出版委員会委員長・川﨑たまみ先生（鉄道総合技術研究所），事業委員会・森本正一先生（新菱冷熱工業），事務局長・中島大介先生（国立環境研究所），川上裕司先生（エフシージー総合研究所），阿部恵子先生（環境生物学研究所），柳宇先生（工学院大学）に多大なるご支援を頂いきました。記して感謝の意を表します。またご尽力をいただいた東京電機大学出版局・石沢岳彦氏，石井理紗子氏にお礼申し上げます。

　2015年10月

　　　　　　　　　　一般社団法人室内環境学会　化学物質分科会長　関根嘉香

目　次

第1章　住まいと化学物質

1.1　住まいの化学物質とは ……………………………………… 1
1.2　健康で長生き ………………………………………………… 2
1.3　シックハウス症候群 ………………………………………… 4
1.4　日用品からの化学物質 ……………………………………… 6
1.5　曝露経路 ……………………………………………………… 8
1.6　住まいの生体ガス …………………………………………… 13
1.7　災害と室内環境 ……………………………………………… 14

第2章　建てる−建築物と化学物質

2.1　ホルムアルデヒド …………………………………………… 17
　　2.1.1　工業的に有用なホルムアルデヒド　　　　　　17
　　2.1.2　室内の発生源　　　　　　　　　　　　　　　18
　　2.1.3　ホルムアルデヒドの挙動　　　　　　　　　　20
　　2.1.4　健康影響　　　　　　　　　　　　　　　　　24
　　2.1.5　曝露低減対策　　　　　　　　　　　　　　　27
　　2.1.6　室内化学反応−ギ酸の生成　　　　　　　　　30
　　2.1.7　測定方法　　　　　　　　　　　　　　　　　31
2.2　揮発性有機化合物（VOCs）………………………………… 36
　　2.2.1　揮発性有機化合物とは？　　　　　　　　　　36
　　2.2.2　揮発性有機化合物の室内発生源　　　　　　　36
　　2.2.3　室内に存在している揮発性有機化合物　　　　43
　　2.2.4　揮発性有機化合物の室内濃度と規制　　　　　51
　　2.2.5　測定方法　　　　　　　　　　　　　　　　　56

2.3 準揮発性有機化合物（SVOCs） …………………………………… 61
  2.3.1 準揮発性有機化合物とは？ 61
  2.3.2 準揮発性有機化合物の室内発生源 61
  2.3.3 室内に存在している準揮発性有機化合物 63
  2.3.4 準揮発性有機化合物の室内濃度 67
  2.3.5 測定方法 69

第3章 暮らす－日用品と化学物質

3.1 農薬・殺虫剤 ………………………………………………………… 77
  3.1.1 家庭で使用される農薬 77
  3.1.2 殺虫剤の種類と健康影響 79
  3.1.3 法規制 82
  3.1.4 曝露経路と防止対策 84
  3.1.5 殺虫剤のリスクとベネフィット 85
  3.1.6 農薬・殺虫剤の測定方法 86

3.2 たばこ煙 ……………………………………………………………… 88
  3.2.1 たばこ煙の種類 88
  3.2.2 たばこ煙を構成する物質と健康影響 90
  3.2.3 たばこ煙の臭気 92
  3.2.4 たばこ煙に関する法規制－受動喫煙と分煙対策－ 92
  3.2.5 たばこ煙と空気清浄機 95
  3.2.6 受動喫煙による個人曝露量（ETS個人曝露量） 95
  3.2.7 環境中たばこの煙測定方法 96

3.3 粒子状物質（ハウスダスト） ……………………………………… 98
  3.3.1 室内の粒子状物質 98
  3.3.2 粒径による分類 100
  3.3.3 発生および挙動 102
  3.3.4 曝露経路 102
  3.3.5 ハウスダスト中の化学物質 104
  3.3.6 室内の粒子状物質の除去方法 106

3.4 ナノ粒子 ……………………………………………………………… 108
  3.4.1 ナノ粒子とは？ 108
  3.4.2 ナノ粒子の室内発生源 109

第4章 生きる－生命活動と化学物質

4.1 水 ··· 117
- 4.1.1 生命と水　117
- 4.1.2 水の構造と挙動　118
- 4.1.3 乾燥　121
- 4.1.4 結露　124
- 4.1.5 水分の制御－加湿と除湿－　127
- 4.1.6 漏水　130

4.2 二酸化炭素 ··· 136
- 4.2.1 二酸化炭素と室内環境問題　136
- 4.2.2 室内の発生源　137
- 4.2.3 環境基準　139
- 4.2.4 換気による室内の二酸化炭素対策　142
- 4.2.5 対策例　147

4.3 におい・かおり ··· 151
- 4.3.1 嗅覚の役割　151
- 4.3.2 においの分子の受容・伝達機構　152
- 4.3.3 嗅覚受容体とにおい識別　153
- 4.3.4 においの順応　154
- 4.3.5 においのマスキング　155
- 4.3.6 においと化学物質　156
- 4.3.7 嗅覚閾値　156
- 4.3.8 住居内のにおい　162
- 4.3.9 においの対策方法　163
- 4.3.10 においの測定方法　164

第5章 備える－災害と化学物質

5.1 放射性物質 ··· 175
- 5.1.1 住まいの放射能　175
- 5.1.2 放射性物質とは　176
- 5.1.3 身のまわりの放射線　180
- 5.1.4 放射線量の安全基準　182
- 5.1.5 測定方法　183

5.1.6	原子力発電と原発事故	184
5.1.7	放射線の遮へい	186
5.1.8	放射線事故にどう備えるか	189

5.2 火山ガス・火山灰 …………………………………………………… 190

5.2.1	火山活動に伴って発生する物質	190
5.2.2	火山ガス・火山灰の影響	191
5.2.3	火山対策	194
5.2.4	対策例	198

第6章 化学物質とうまく付き合う

6.1 リスクベネフィット ………………………………………………… 207

6.1.1	化学物質を使う理由	207
6.1.2	化学物質のリスク	208
6.1.3	化学物質のリスク・ベネフィット分析	210
6.1.4	物質Xについてのリスク・ベネフィット分析例	212
6.1.5	リスク・ベネフィット分析でわかること	214
6.1.6	リスクの管理	215

6.2 リスクコミュニケーション ………………………………………… 215

6.2.1	リスクコミュニケーションとは	215
6.2.2	リスクコミュニケーションを行う際のポイント	218
6.2.3	リスクコミュニケーションとリスク管理	221
6.2.4	クライシスコミュニケーション	222

6.3 グリーンケミストリー ……………………………………………… 222

執筆者一覧 …………………………………………………………………… 227

索引 …………………………………………………………………………… 229

第1章
住まいと化学物質

1.1 住まいの化学物質とは

物質は大別して混合物と純物質に分けられ,純物質はさらに単一の元素からなる単体と複数の種類の元素からなる化合物に分類される。**化学物質**という用語は広義には特定の化学組成を有する純物質を指し,英語のChemical Substanceに相当する。水や二酸化炭素も化学物質である。他方,狭義には化学薬品,医薬品,農薬,食品添加物など,人間が新たに作り出した物質を指す場合があり,英語のChemical(複数形はChemicals)に相当する。特に有機化合物を指すことが多く,

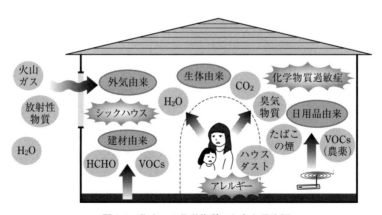

図 1.1 住まいの化学物質のおもな発生源

これは20世紀に膨大な数の新規有機化合物が合成され，工業的に利用されてきたことによる。

私たちの住まいの環境中にはさまざまな広義または狭義の化学物質が存在する。またハウスダストや火山ガスなど混在した状態で1つの物質群を構成するものもある。これら化学物質（群）は，人が住まいを建てたとき，住まいで暮らすとき（生活するとき），住まいで生きるとき（生命活動するとき），そして住まいの危険に備えるとき，すなわちライフステージのあらゆる場面で関わってくる（図1.1）。本書では特に，人の生活，健康や快・不快感に関わりの深い12の化学物質（群）*を取り上げ，性質，発生，挙動，健康影響，環境濃度，測定法，対策方法などについて解説する。

1.2　健康で長生き

人の基本的願望の1つに「長生き」がある。科学・技術の進歩と発展により，私たちの生活は物質的に豊かで便利になった。例えば，医薬品，農薬，プラスチッ

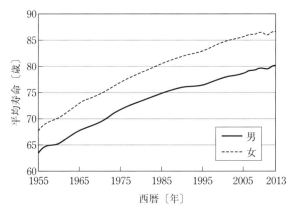

図1.2　日本人の平均寿命（厚生労働省：平成25年簡易生命表(2014)[1]より）

---

*　ホルムアルデヒド，揮発性有機化合物（VOCs），準揮発性有機化合物（SVOCs），農薬・殺虫剤，たばこ煙，粒子状物質（ハウスダスト），ナノ粒子，水，二酸化炭素，におい・かおり物質，放射性物質，火山灰・火山ガス

ク，金属製品などの有用な化学物質は，衣食住の充実と医療技術の進歩に貢献し，生活の質の向上をもたらした。その結果，日本人の**平均寿命**（各年における0歳児の**平均余命**）は2013年には男女ともに80歳を超え，世界でも有数の長寿国となっている（図1.2）。

ただし，ただ長く生きればよいというわけではなく，病気やけがを抱えずに「健康で長生き」するのがもっとも望ましい。**障害調整生存年数**（DALY：Disability-Adjusted Life Year）という健康指標がある。これはハーバード大学が開発し，2000年に世界保健機関（WHO：World Health Organization）でも採用されたもので，ヒト*が本来持っている寿命のうち，早死によって失われた損失寿命と病気やけがによって障害を持って暮らした年数の和を示す（図1.3）。

$$\text{DALY} = 損失寿命 + 障害年数 \tag{1.1}$$

損失寿命と障害年数の割合は疾病によって異なり，肺がんは損失寿命：障害年数＝97：3，喘息は8：92である。健康で長生きとは，このDALYをなるべく短くすることを意味する。有用な化学物質はヒトの寿命を伸ばしてきたが，有害な化学物質はDALYを長くしてしまう可能性がある。

図1.3 障害調整生存年数（DALY）の概念：健康で長生き＝DALYは短いほうがよい

環境中の化学物質の危険性をいち早く見抜いたのはアメリカの女性化学者・Rachel Carson（1907〜1964年）である。Carsonは，著書『沈黙の春』（1962年）のなかで，散布された農薬は環境中に拡散し，生体内に残留したものはさらに食物連鎖を通じて濃縮され，人や動物に有害な影響を与えることを訴えた。この訴えは住民や学者たちに支持され，その後の調査によりCarsonの指摘が立証され，

＊ 生物学的な"ひと"を意味するときは「ヒト」と表記する。

以後，残留性が高い有害な有機塩素系農薬は規制されることになった。Carsonの自然に対する洞察力が，いち早く問題を見抜いたが，このような問題は私たちの身近な住まいの室内環境でも起こり得る。その代表例が，1990年代後半〜2000年代に大きな社会問題に発展したシックハウス症候群である。

1.3 シックハウス症候群

わが国では1990年代より，気密性の高い住宅などの室内空気が揮発性の化学物質によって汚染され，居住者に健康障害があらわれる**シックハウス症候群**（SHS：Sick House Syndrome）が顕在化した。人の住む家は本来，その土地の気候・風土に合わせて作られる。もともと日本の家屋は，温暖湿潤な気候・風土に適するよう，自然素材を用い，風通しよく作られていた。例えば，8世紀に建てられた奈良の正倉院には校倉作りや高床式など，その特徴が顕著にみられる。しかし1960年から始まった高度経済成長以降，私たちのライフスタイルは大きく変わった。都市部への人口集中とともに大家族から核家族に移行し，マイホームを持つことが家族の夢となった。増大する住宅需要に応えるため，自然素材に代わり新たな人工建材が開発され，使用されるようになった。同時に，1970年代にはじまった石油価格の高騰をきっかけに，省エネルギー対策が講じられ，冷暖房効率を高めるため住宅の高気密化が推進された。その結果，気密性の高い室内に人工建材や日用品から揮発するホルムアルデヒド（2.1節参照）や揮発性

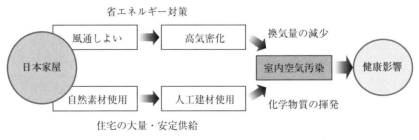

図1.4 化学物質による室内空気汚染のメカニズム[2]

有機化合物（VOCs）（2.2節，2.3節参照）が充満し，室内の空気汚染を通じて居住者に健康被害があらわれるようになった（図1.4）。これがシックハウス症候群と呼ばれる事象である。欧米では**シックビルディング症候群**と呼ばれ，日本より10年ほど早く顕在化した。

1990年代当時はこのような症状があらわれても「気のせい」とされてきた。これは発症の仕方に個人差が大きく，原因物質も多種多様なためである。そこで医療従事者たちはシックハウス症候群を分類して適切な治療に結び付けようと試み，2007年に厚生労働科学研究費補助金合同研究班によって表1.1に示す臨床分類が合意された[3]。

表1.1に示す臨床分類の中で，2型以外は既知の病態で説明できる。一方，2型は「狭義のシックハウス症候群」といわれ，病因や病態が医学的に解明されておらず，新築・改築時に化学物質に曝露することによって発症する不明確な機序にもとづく症状である。そこでさらに合同研究班では2型の狭義のシックハウス

表1.1 シックハウス症候群の臨床分類（2007年）

型	分類の基準	例
1型	化学物質による中毒症状	農薬，有機溶剤など化学物質による中毒（量−反応関係が成立）
2型	化学物質曝露の可能性が大きい	新築，改築，改装，日用品の化学物質
3型	化学物質曝露は考えにくい	精神・心理的要因
4型	アレルギー疾患やほかの身体的疾患が出現	喘息・皮膚炎などアレルギー機序によるもの

表1.2 狭義のシックハウス症候群の定義と診断基準（2008年）

定義		建物内環境における，化学物質の関与が想定される皮膚・粘膜症状や，頭痛・倦怠感などの多彩な非特異的症状群で，明らかな中毒，アレルギーなど，病因や病態が医学的に解明されているものを除く
診断基準	1	発症のきっかけが，転居，建物の新築・増改築・改修，新しい備品，日用品の使用などである
	2	特定の部屋，建物内で症状が出現する
	3	問題になった場所から離れると，症状が改善する
	4	室内空気汚染が認められれば，強い根拠になる

（注）建物：個人の住宅のほかに職場や学校などを含む

症候群に関する定義と診断基準を示した（表1.2）[3]。

自覚症状としては，
① 自律神経（手足の冷え，めまい，疲れやすい，発汗）
② 神経精神（不安，うつ，記憶力・集中力・意欲の低下）
③ 粘膜（のど・目・鼻の刺激，気道の閉塞感，息苦しさ）
④ 循環器（動悸，不整脈）
⑤ 消化器（下痢，便秘）
⑥ 感覚器（目の疲れ，鼻血，味覚異常）
⑦ 泌尿器系（生理不順，月経前困難症，頻尿，尿の潜血）
⑧ 免疫（皮膚炎，喘息，自己免疫疾患，皮下出血）

など多くの器官にまたがっている[3]。死に至る病ではないが，この症状を訴える人は常に身体的・精神的な苦痛を抱えながら生活しなければならず，障害年数を増加させてしまう。根本的な治療法は未だ確立しておらず，
① 原因物質からの回避（転地療養，改修など）
② 患者に対するカウンセリング
③ 化学物質の代謝・排出促進（運動や入浴，栄養補助，酸素吸入）
などが行われている。

狭義のシックハウス症候群は「建物内環境」という場所の概念が含まれるが，場所の限定がなく発症するのが**化学物質過敏症**（Chemical Sensitivity）である。

1.4　日用品からの化学物質

化学物質過敏症の概念は，シカゴ大学のRandolphらによって提唱された[4]。Randolphは1945年ごろから居住環境中の低濃度化学物質に対する曝露＊が，居住者の咳，喘息様症状，皮膚炎などの発症要因となる可能性を指摘し，さらに症

＊ 「曝」が常用漢字ではないため，公的機関では「暴」があてられる。本書では「曝」に統一した。

状としてはアレルギーに類似するが，免疫グロブリンE (IgE) に異常がみられないことからアレルギーとは異なる疾患であると主張した。1987年，イエール大学のCullenは，呼吸器疾患などの自覚症状を訴える労災患者の症例を集め，「過去に大量の化学物質に曝露された後，あるいは長期的に継続して化学物質の曝露を受けた後には，非常に微量の化学物質にも症状を起こす場合がある」と述べ，**多種化学物質過敏症**（MCS：Multiple Chemical Sensitivity）という名称を提唱した[5]。現在Multipleは「あいまいさ」を誘導するとの理由から米国でもわが国でも病名としては化学物質過敏症が認定されている。

テキサス大学のMiller[6]は，化学物質過敏症患者の自覚症状を簡単に評価するための問診票として，QEESI®（Quick Environmental Exposure Sensitivity Inventory）を開発した。QEESI®は，全部で5つの尺度（質問項目群），計50項目の質問で構成され，被検者が各質問に対して0〜10点の範囲で回答し，その合計値から化学物質過敏症の疑いがあるかどうかを調べるものである。5つの尺度には，

① 化学物質曝露による反応
② そのほかの化学物質曝露による反応
③ 症状
④ マスキング
⑤ 日常生活の障害の程度

がある。一例として，図1.5は，2012〜2013年に大学生（男女，102名）を対象に調査した結果[7]の一部である。化学物質曝露による反応の各質問項目に対する点数を男女別に示す（平均値＋標準偏差）。もっとも点数が高かったのは「ペンキ・シンナー」(2.2節参照) であり，次いで「マニキュアなどの化粧品」「たばこの煙」(3.2節参照)「車の排気ガス」であった。また「たばこの煙」を除いてすべて女性のほうが高い点数となり，「ガソリン臭」および「マニキュア，その除去液，ヘアースプレイ，オーデコロン」については統計的に有意であった（$p < 0.05$）。これらの化学物質群は，いずれも暮らしの中で曝露頻度が高く，化学物質過敏症を引き起こして障害年数を増加させる要因となり得る。

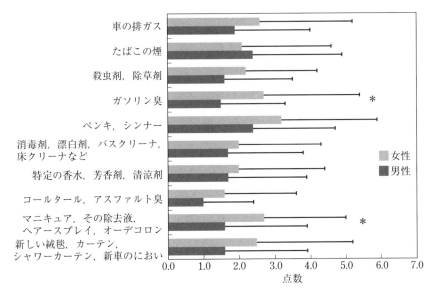

図 1.5 「化学物質曝露による反応」に関する男性・女性の比較（*$p<0.05$）

1.5　曝露経路

ヒトが化学物質に曝される経路には，**経口曝露**，**吸入曝露**および**経皮曝露**がある（図1.6）。

(1) 経口曝露

食品や飲料などの摂取に伴って化学物質に曝露することをいい，自発的な飲食行動による意図的経口曝露と，Hand-to-Mouthのような乳幼児が手などに付着したハウスダスト（3.3節参照）などを無意識に摂取する非意図的経口曝露がある。体内に摂取された化学物質の挙動には，消化管で吸収されずにそのまま排泄されるもの（金や白金など）と消化管で吸収されるものがある。消化管で吸収されたものは，肝臓などで代謝されるものと，代謝されにくいものに大別できる。例えば，エタノールは肝臓で代謝され，アセトアルデヒド，酢酸を経て最終的には水と二酸化炭素に分解される。一方，代謝されにくいものは体内に蓄積して悪影響をおよぼす可能性がある。例えば，有機塩素系殺虫剤（3.1節参照）のような

1.5 曝露経路

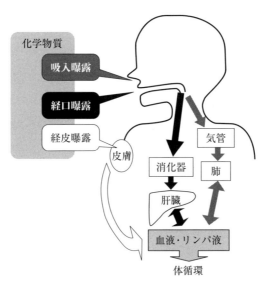

図 1.6 化学物質のヒトへの曝露経路

化学的に安定な化学物質がこれにあたる。

(2) 吸入曝露

呼吸に伴って化学物質に曝露することを吸入曝露といい，室内空気汚染物質の主たる曝露経路である。空気とともに口や鼻から吸入された化学物質は気管を通って肺に入り，肺胞から毛細血管を経て吸収される。肝臓における代謝を受けず，直接体内の血液循環に入るため，同じ濃度の化学物質であれば経口曝露より吸入曝露のほうが高い危険性を有す。

(3) 経皮曝露

化学物質が皮膚に接触することにより経皮曝露が生じる。水溶性の化学物質は皮膚の内部に侵入しにくいが，皮脂に可溶な成分は皮膚の表面を通過して内部に浸透し，血液やリンパ液に入って体全体を循環する。

化学物質の曝露量は，媒体中の濃度とその媒体の摂取量の積の合計である。

$$曝露量 = \Sigma (濃度) \times (摂取量) \qquad (1.2)$$

(独) 産業技術総合研究所 (AIST) の「暴露係数ハンドブック」[8)]によると各媒体の標準的な摂取量は表 1.3 に示すとおりである。

表1.3 曝露経路における各媒体の標準摂取量（篠原，2013[9]）を参考に作成）

経路	化学物質の状態	媒体	男	女
経口曝露	液体または固体	水	668 mL／日	666 mL／日
		食品（穀物）	303.5 g／日	233.3 g／日
		食品（野菜類）	293.8 g／日	275.3 g／日
		食品（果実類）	103.7 g／日	127.6 g／日
		食品（肉類）	98.9 g／日	72.3 g／日
		土	48 mg／日	
吸入曝露	おもに気体	空気	17.3 m^3／日	
経皮曝露	気体	空気	17.3 m^3／日	
	液体	生活用水	313 L／日	

　生活環境中で私たちはさまざまな化学物質に上記のいずれかの経路で曝露する可能性があり，有害な化学物質の曝露量を低減するには，各媒体中の濃度を低減する必要がある。

　現在，シックハウス症候群の原因になると思われる有機化合物に対して，室内濃度指針値が設定されている（2.1節，表1.3参照）。これはヒトがその濃度の空気を一生涯にわたって摂取しても健康への影響は受けないと思われる濃度レベルとされ，現在までホルムアルデヒドをはじめ13物質のガイドラインが示されている。化学物質の性質や挙動は，その化学構造と密接な関連がある。表1.4には室内濃度指針値が設定されているいくつかの化学物質について，物理的化学的性状値（化学構造，分子量，融点，沸点，蒸気圧，オクタノール／水分配係数*）および室内におけるおもな用途を示した。

＊　化学物質の脂質への溶けやすさの指標。1-オクタノールと水の2つの溶媒相に化学物質を加え，平衡状態となったときの各層における化学物質の濃度比。略語 P_{ow}。値が大きいほど脂質に溶けやすいことをあらわす。

1.5 曝露経路

表1.4 室内化学物質の化学構造, 物理的化学的性状およびおもな用途

対象物質 [CAS No.]	構造式	分子量	融点[℃]	沸点[℃]	$\log V$ [i]	$\log P_{ow}$ [ii]	おもな用途
ホルムアルデヒド [50-00-0]		30.0	-92	-21	2.24	0.35	合板, パーティクルボード, MDFなどの接着剤原料, 防腐剤
アセトアルデヒド [75-07-0]		44.1	-124	20	4.99	0.43	合板などの接着剤原料, 木材など
トルエン [108-88-3]		92.1	-95	111	3.47	2.69	内装材などの施工用接着剤, 塗料など
スチレン [100-42-5]		104.2	-33	145	2.82	2.95	ポリスチレン樹脂などを使用した断熱材, 合成ゴムなど
キシレン[iii] [1330-20-7]		106.2	13	137	2.94	3.15	内装材などの施工用接着剤, 塗料など
エチルベンゼン [100-41-4]		106.2	-95	136	2.97	3.15	内装材などの施工用接着剤, 塗料など
パラジクロロベンゼン [106-46-7]		147.0	54	174	2.37	3.44	衣類の防虫剤, トイレの芳香剤など
フタル酸ジ-n-ブチル [84-74-2]		278.4	-35	340	-2.88	4.72	印刷インクや接着剤の添加剤, 壁紙や床材の可塑剤
テトラデカン [629-59-4]		198.4	6	254	0.3	7.20	灯油, 塗料などの溶剤
フタル酸ジ-2-エチルヘキシル [84-66-2]		390.6	-55	386	-4.52	4.89	壁紙や床材などの可塑剤

ⅰ) 蒸気圧(Pa, 25℃)の対数値, ⅱ) オクタノール/水分配係数の対数値
ⅲ) キシレンにはオルト体(o), メタ体(m), パラ体(p)の3種類の異性体がある。構造式はパラ体。

化学物質の分子量と沸点とは正の相関があり，分子量と蒸気圧の対数値とは良好な負の相関がある。このほか生物濃縮性とオクタノール／水分配係数とは正の相関があることはよく知られている[10]。図1.7に示すように室内化学物質についてもこれらの関係は成立している。分子量の小さいホルムアルデヒドやアセトアルデヒドは沸点が低く，蒸気圧が高い。気温の高い夏季には揮散しやすくなり室内濃度は高くなる。また，冬季には室内の換気が悪くなることから高濃度になりやすい。一方，分子量の大きいフタル酸ジ-n-ブチルおよびフタル酸ジ-2-エチルヘキシルは，沸点が高く，蒸気圧が低く，揮散しにくいが，摩耗により浮遊粉塵やハウスダスト（3.3節参照）となり，その微小粒子が呼吸やHand-to-Mouthにより体内に取り込まれる。さらに難分解性でオクタノール／水分配係数が大きいことから長期間体内に蓄積する可能性がある。このように室内環境において化学物質の化学構造と物理的化学的性状値から化学物質の曝露経路と健康への影響をある程度示唆することは可能である。

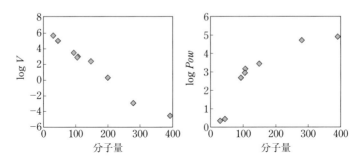

図1.7 室内化学物質の分子量と蒸気圧およびオクタノール／水分配係数の関係

近年，ナノ粒子と呼ばれる微小な粒子が開発され，化粧品や電気製品などへの利用が始まっている（3.4節参照）。粒子の大きさをナノサイズにすることによって，バルクの状態とは異なる性質や機能が発現し，銀ナノ粒子，白金ナノ粒子，二酸化チタン（TiO_2），カーボンブラックなどはすでに実用化されている。これらは，室内環境中の挙動やヒトなどの生物に対する作用がバルクの状態とは異なる可能性があり，利用形態に応じた曝露経路の解明とリスク評価（6.1節参照）の

新たな課題になっている。

1.6 住まいの生体ガス

　生命体から発せられるガスを総称して**生体ガス**と呼ばれる。生体ガスには，呼気，腸内ガス，皮膚ガスなどが知られており，糖，タンパク質，脂質などの代謝，体内・体表面の常在菌による産生，吸入したガスの排出などによって生じる。

　例えば，呼吸により取り込まれた酸素（O_2）は糖の酸化に利用され，グルコース（$C_6H_{12}O_6$）の酸化により二酸化炭素（CO_2）と水（H_2O）が生成する。

$$C_6H_{12}O_6 + 6O_2 \longrightarrow 6CO_2 + 6H_2O$$

生成した二酸化炭素は呼気として，また水は呼気や汗・尿などとして体外に排出される。呼気として排出された場合，これらは住まいの化学物質として振る舞うことになる（4.1節，4.2節参照）。

　また生体ガスには，アンモニア，アミン類，硫化水素，メチルメルカプタン，低級脂肪酸などの特有の臭気を持つ物質があり，体臭や室内空気臭の原因となる（4.3節参照）。

　住まいはヒトや動植物が生命活動を行う場であり，このような生命活動に由来する化学物質も存在する。二酸化炭素は必要換気量の指標として有用であり，水は室内の相対湿度に関連する。また臭気物質は，ヒトの快・不快感に関連する。

　現在，地上から約400 km上空に巨大な有人実験施設として国際宇宙ステーションが建設されている。宇宙開発の目標は，人が宇宙に「行く」ことから，「滞在する」ことへ，さらに将来は「住む」ことに変わりつつある。ただし，宇宙の閉鎖空間で人が居住する場合，ヒトから発生する生体ガスが空気汚染源となり，換気ができないことから空気汚染対策が必要となる。宇宙空間での居住が実現するには，まず生体ガスに対する理解が必要であろう。

1.7　災害と室内環境

「天災は忘れた頃に来る」と述べたのは文理融合の祖・寺田寅彦（物理学者：1878～1935年）である。しかし「健康で長生き」するためには，過去の経験・教訓を忘れることなく，日常的に非定常的なリスクに備えておくことが必要である。

2011年3月11日，わが国は未曾有の震災に見舞われた。マグニチュード9.0の大地震，これに伴う津波により東北・関東地方の沿岸約500 kmにおよぶ範囲が壊滅的な打撃を受け，さらに福島第一火力発電所の事故による放射性物質の漏洩・拡散が発生し，多くの住民が避難を余儀なくされた。避難者の生活を一時的に安定させるため応急仮設住宅が約56,000戸建設された。仮設住宅は，自然災害などにより居住地を失った人たちに対して，行政が貸与する仮の住居であるが，短期間に膨大な数を緊急に建設することから，国内に確保してある建材では足りず，在庫建材や輸入建材などを検査なしに使用して施工される可能性が指摘されていた。これら質の低い建築材料から発生するホルムアルデヒドやVOCsによる室内空気汚染の発生が懸念され，精神的にも身体的にも疲労している被災者が入居した場合，シックハウス症候群あるいは化学物質過敏症に罹患する可能性がある。2005年にアメリカ・メキシコ湾岸で発生したハリケーン・カトリーナの際，政府が斡旋したトレーラーハウスに避難した被災者に，高濃度のホルムアルデヒド曝露に起因する鼻や目，呼吸器の疾患が生じ，訴訟にまで発展した（行政側敗訴）。2008年に中国四川省で発生した四川大地震の際にも同様に，移動住宅に避難した避難者にホルムアルデヒド曝露が原因のシックハウス患者が発生，またこの被災者コミュニティーでは100件もの流産が報告され，ホルムアルデヒド曝露との因果関係が指摘された。このような室内環境汚染は，被災者のレジリエンス（復興力，立ち直る力）に重大な影響をおよぼす。二次被害は発生してからでは遅く，未然に防止する必要がある。東日本大震災の際には，仮設住宅の施工段階から研究者ボランティアと現地対策本部がリスクコミュニケーション（6.2節参照）を図り，現地での室内濃度監視がなされ[11]（図1.8），幸いにもシックハウス症候群が大きな問題になることはなかった。

わが国は地震や津波，火山活動などの自然災害に十分備える必要があり，これ

1.7 災害と室内環境

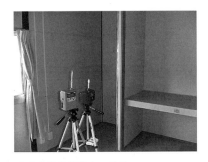

図 1.8　応急仮設住宅における室内化学物質濃度の監視

らに関連する化学物質（放射性物質（5.1節参照）や火山ガス（5.2節参照）など）による二次災害にも配慮が求められる。住まいの化学物質のことをよく知り，化学物質とうまく付き合いながら，「健康で長生き」を実践したい。

コラム：定量的構造活性相関

　化学構造が類似した化学物質ごとに物理・化学的性状と生物活性との関係を回帰分析により数式化する手法は，**定量的構造活性相関**（QSAR：Quantitative Structure-Activity Relationships）と呼ばれ，Hansch および Fujita によって薬学的に利用することから始まった[12]。QSAR はその後，化学物質の環境および健康への安全性評価およびリスク管理の手法として取り入れられ，1983年に国際ワークショップが発足[13]，同ワークショップは以後2年ごとに開催されている。わが国では国際情報をもとに（独）国立環境研究所（NIES），（一財）化学物質評価研究機構（CERI），（独）製品評価技術基盤機構（NITE）の諸機関が QSAR による化学物質の安全性評価およびリスク評価システムの開発を行っている。1999年，有害性化学物質の環境への放出を管理するために「特定化学物質の環境への排出量の把握等及び管理の改善の促進に関する法律」（PRTR法）が制定され，QSAR は生物濃縮性試験を行わずに短期で安価にリスク評価ができる点で推奨されている（ただし現段階では予測精度の観点から「化学物質の審査及び製造等の規制に関する法律」（化審法）の審査参考資料としての利用にとどまっている）。

引用・参考文献

1) 厚生労働省：平成25年簡易生命表 (2014)
2) 室内環境学会編：室内環境学概論，東京電機大学出版局，東京 (2010)
3) 日本臨床環境医学会編：シックハウス症候群マニュアル－日常診療のガイドブック，東海大学出版会，東京 (2013)
4) Randolph T.G.: Environmental medicine: beginnings and bibliographies of clinical ecology, CO: Clinical Ecology Publications, Fort Collins (1987)
5) Cullen M. R.: Workers with multiple chemical sensitivities, Occupational Medicine, State of Art Reviews, 2 (2), 655-806 (1987)
6) Miller C.: The environmental exposure and sensitivity inventory (EESI): a standardized approach for measuring chemical intolerances for research and clinical application, *Toxicol. Ind. Health*, 15, 370-385 (1999)
7) 関根嘉香：大学生を対象とした化学物質過敏症様症状に関する調査，東海大学教育研究所研究資料集, 22, (2014)
8) 独立行政法人産業技術総合研究所化学物質リスク管理研究センター：暴露係数ハンドブック
   https://unit.aist.go.jp/riss/crm/exposurefactors/
9) 篠原直秀：ナノ材料のリスク評価のおはなし，日本規格協会，東京 (2013)
10) Neely W.B., Branson D.R., Blau G.E.: Partition Coefficient to measure bioconcentration potential of organic chemicals in fish., *Environ. Sci. Tech.*, 1113 (1974)
11) 笠川大介，高尾洋輔，村田真一郎，竹内弥，下山啓吾，関根嘉香：宮城県内の応急仮設住宅における室内空気中アルデヒド・ケトン類および揮発性有機化合物の実測調査，室内環境, 14 (2), 113-121 (2011)
12) Hansch C., Fujita T.: ρ-σ-π Analysis. A method for the correlation of biological activity and chemical structure, *J. Am. Chem. Soc.*, 86 (8), 1616-1626 (1964).
13) 1st International Workshop on QSAR in Environmental Toxicology, D. Reidel Publishing Company, Dordrecht, Holland (1984)

第2章
建てる－建築物と化学物質

2.1 ホルムアルデヒド

2.1.1 工業的に有用なホルムアルデヒド

ホルムアルデヒド（HCHO）はアルデヒド基（-CHO）を有する有機化合物の1つであり，常温では刺激臭を有する無色の気体である。分子量（30.0）は空気の平均分子量（29）とほぼ同じである。世界保健機関（WHO）は，沸点マイナス～50℃を**高揮発性有機化合物**（VVOCs：Very Volatile Organic Compounds），50～260℃を**揮発性有機化合物**（VOCs：Volatile Organic Compounds），240～400℃を**準揮発性有機化合物**（半揮発性有機化合物ともいう，SVOCs：Semi-Volatile Organic Compounds），380℃以上を**粒子状有機物質**（POM：Particulate Organic Matters）と分類した。ホルムアルデヒドの沸点は-19.5℃であるため，VVOCsに属する。ホルムアルデヒドは容易に重合し，無水ではメタホルムアルデヒド（トリオキサン

ともいう）$(CH_2O)_3$，水溶液からはパラホルムアルデヒド $HO(CH_2O)_nH$ になる。

ホルムアルデヒドは工業的に非常に重要な化学物質である。1859年，ロシアの有機化学者・Butlerov（1828～1886年）により最初に合成され，工業的には消毒剤・防腐剤としてホルムアルデヒドの水溶液（**ホルマリン**＊）の利用から始まった。その後，ホルムアルデヒドはポリアセタール樹脂，フェノール樹脂，ユリア樹脂（尿素-ホルムアルデヒド樹脂），メラミン樹脂（メラミン-ホルムアルデヒド樹脂）などの合成樹脂の原料としても利用され，合成樹脂の利用拡大とともに急激に需要が拡大した。現在，わが国における生産量は約100万トンであり，製造過程および最終製品が消費，廃棄される過程で環境中に放出されることから，PRTR法の対象物質になっている。

ホルムアルデヒドを原料とする合成樹脂は，建築材料（建材）や日用品に広く利用されている。これら建材などから発生するホルムアルデヒドはシックハウス症候群のおもな原因物質と考えられている。そこで以下，ホルムアルデヒドによる室内空気汚染のメカニズムとその対策について述べる。

2.1.2　室内の発生源

室内環境中のホルムアルデヒドの発生源は図2.1に示すように多種多様である。

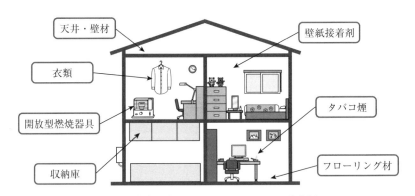

図2.1　室内環境中のホルムアルデヒドの発生源

＊　ホルムアルデヒドの37％水溶液。ホルムアルデヒドの重合防止剤としてメタノールが10％程度添加されている。

(1) 建築材料

ホルムアルデヒドは，合板，木質系フローリング，パーティクルボード，中質繊維板(MDF)，配向性ストランドボード(OSB)，単板積層材(LVL)などの木質系建材，グラスウール断熱材などを製造するときの接着剤の原料として利用される。

接着剤には，ホルムアルデヒドと尿素を縮合重合して得られるユリア樹脂，フェノールを縮合重合して得られるフェノール樹脂がおもに用いられる。これらの樹脂を合成する際，ホルムアルデヒドをわずかに多く加えると，合成樹脂の収率が高くなる。しかし未反応のホルムアルデヒドが十分に取り除かれないまま建材の製造に用いられると，住宅の内装材として施工された後，建材の内部からホルムアルデヒドが揮発し，室内空気を汚染することになる。また，合成樹脂の加水分解によるホルムアルデヒドの脱離も起こると考えられている。したがって，合板や木質系フローリングなどからのホルムアルデヒドの放散は数年続くといわれている。そのほかに，防腐剤入りの壁紙用接着剤，防炎・防水加工剤が加工された壁紙，カーペットやカーテン，アミノアルキド樹脂系の塗料からもホルムアルデヒドが発生することがある(図2.2)。

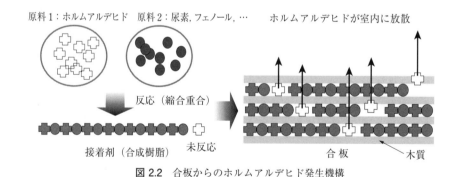

図 2.2 合板からのホルムアルデヒド発生機構

(2) 什器（日常使用する器具・家具類）

建材同様，ホルムアルデヒドを原料とする合成樹脂接着剤が使われている合板や木質系ボードで組み立てられた家具から発生する。またユリア樹脂は繊維の防しわ加工に利用されるため，衣類がホルムアルデヒドの発生源になることがある。

また少量ではあるが印刷物からの放散も認められる。さらに，ホルムアルデヒドは炭素成分の燃焼過程から生成し，開放型燃焼器具などからの燃焼排ガスやタバコ煙にも含まれている。

シックハウス症候群には，建築材料から発生するホルムアルデヒドの関与が強く疑われた。そこで，建築材料から発生するホルムアルデヒドによる室内空気汚染のメカニズムについて詳細にみていこう。

2.1.3 ホルムアルデヒドの挙動

室内空気中の質量収支にもとづけば，室内空気中のホルムアルデヒドC〔mg/m^3〕の経時変化は，一般に次の微分方程式で表すことができる。

$$\frac{dC}{dt}V = M - CNV + C_oNV \tag{2.1}$$

ここでtは経過時間〔h〕，Vは室内の容積〔m^3〕，Mはホルムアルデヒドの発生量〔m^3/h〕，Nは換気回数〔回/h〕，C_oは外気中のホルムアルデヒド濃度〔mg/m^3〕である。定常状態（$dC/dt = 0$）では，

$$C = C_o + \frac{M}{NV} \tag{2.2}$$

となる（式(2.2)は，4.2節の式(4.1)と単位が異なるだけであらわす内容は同一である）。

今，発生量Mが一定，外気からの影響は無視できる（$C_o = 0$）とし，$t = 0$のとき，$C = 0$の初期条件下で式(2.1)を積分すると，室内空気中ホルムアルデヒド濃度Cは，式(2.3)であらわすことができる。

$$C = \frac{M}{NV}(1 - e^{-Nt}) \tag{2.3}$$

住宅やオフィスなどの室内空気中ホルムアルデヒド濃度は，式(2.3)によって記述できる場合が多い。これは建材などからのホルムアルデヒドの発生量が一定とみなせるからである。

建材から発生する化学物質の物質移動過程は，**建材内拡散**と**境膜内拡散**に大別することができる（図2.3）。建材内拡散とは，建材の内部を化学物質が移動する

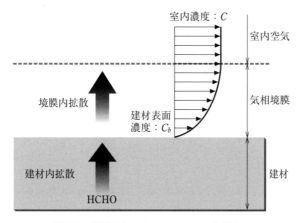

図 2.3 建材からのホルムアルデヒド発生

過程であり，建材内部と建材表面の濃度差がドライビング・フォース（駆動力）となる。合板や木質フローリングから発生するホルムアルデヒドは，接着剤成分に由来することから建材内拡散が支配的であり，このような放散挙動は内部拡散支配型と呼ばれる[1]。ホルムアルデヒドの放散が数年続くのはこのためである。一方，化学工学における境膜モデルの考えにもとづき，建材表面と室内空気の間に境膜（境界層）があると考える。境膜内拡散とは，境膜内を化学物質が移動する過程であり，建材表面の気相濃度と室内空気中濃度の濃度差がドライビング・フォースとなる。ペンキなどに用いた溶剤成分は，建材内拡散が無視できるため，境膜内拡散が支配的となり，このような放散挙動は蒸散支配型と呼ばれる[1]。初期の放散量は多いが速やかに減衰する傾向がある。

しかしながら，建材からのホルムアルデヒド発生量は，必ずしも一定とみなせない場合がある。建材片からのホルムアルデヒド放散量については，デシケータ法や小型チャンバー法を用いた測定が行われているが，Hoetjerら[2]は，パーティクルボードからのホルムアルデヒド放散速度の測定法を研究する中で，ホルムアルデヒドの放散フラックス F 〔mg/(m²·h)〕は，密閉状態（$N=0$）における気中平衡濃度 Ce 〔mg/m³〕，建材に固有の物質移動係数 k 〔m/h〕，試料負荷率 L 〔m²/m³〕および換気回数 N 〔回/h〕によって決定されると考えた。**放散フラックス**とは，

建材単位面積あたりの発生量であり，発生量Mを建材片の面積S〔m^2〕で割った値である．すなわち，

$$F = \frac{M}{S} = k(Ce - C) \tag{2.4}$$

であり，これを外気からの影響は無視できるとして，式(2.2)に外気の影響は無視できるとして代入すると次式が得られる．

$$\frac{1}{C} = \frac{1}{Ce} + \frac{1}{kCe} \times \frac{N}{L} \tag{2.5}$$

ここで，$L = S/V$である．式(2.5)は，提案者らの頭文字をとってHBF (Hoetjer-Berge-Fujii)式と呼ばれている．これは，製造後間もない建材は建材内部にホルムアルデヒドを多く含んでおり，ホルムアルデヒドの発生量は建材表面の気相濃度と室内空気中濃度の濃度差によって変化し，試料負荷率や換気回数が室内空気中濃度に影響をおよぼすことを意味する．

新築時の住宅室内では建材内にホルムアルデヒドが多く含まれ，上で示した現象が実際の住空間でも生じる[3]．図2.4は，新築・未入居の高気密住宅における室内空気中ホルムアルデヒド濃度の経時変化を示したものである．初期濃度を測

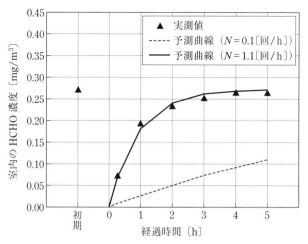

図2.4 高気密住宅における室内ホルムアルデヒド濃度の経時変化

定後,窓,玄関のドアなどの開口部をすべて開放し,15分間換気を行った後,再び開口部を締め切り,室内濃度を測定した。実測した換気回数Nは0.1回/hであったので,発生量Mが一定であると仮定すれば,式(2.3)に従って図中破線のように濃度は推移するはずである。しかしながら,実際には▲のように推移し,$N=1.1$回/hを代入するともっともよくフィットした。この差分$N=1.0$回/h分は,物質移動係数kと試料負荷率Lの積kLに相当し,建材からのホルムアルデヒドの発生に境膜内拡散が関与していることを意味する。

　住宅がこのような時期にあるとき,機械換気や空気清浄機の効果があらわれにくいことがある。これは,室内空気中濃度が低減することにより,建材表面との濃度差が大きくなり,発生量(放散フラックス)が増大するためである(遷移状態)。しかしながら,適切な換気などが継続的に行われ,ある程度の期間が経過すると,建材中のホルムアルデヒド含有量は少なくなり,建材からの発生は内部拡散支配型となり,換気量に関係なく定常となる(定常状態)。さらに,その後は建材中の含有量が少なくなっていくので,ほかの環境条件が同じであれば室内濃度はさらに低下していく(図2.5)。

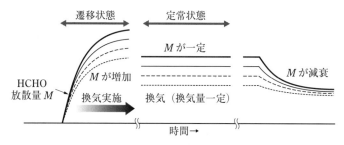

図2.5 住宅室内におけるホルムアルデヒド放散挙動の変化(模式図)

　分子の熱運動はマクスウェル-ボルツマン分布に従い,温度が高いほど分子運動は活発になる。したがって建材からのホルムアルデヒドの発生量は,温度によっても影響を受ける。このことから一般に,室内濃度は冬季に比べて夏季のほうが高くなる傾向にある(図2.6)。

　また,ホルムアルデヒドは水溶性であることから水蒸気に溶け込み,湿度が高い条件では,室内濃度が高くなる傾向がある。式(2.6)はそれを経験的に示した

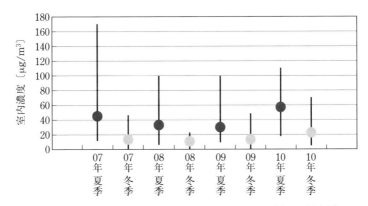

図 2.6 住宅室内空気中におけるホルムアルデヒド濃度の測定例[4]

もので，室内の温度と相対湿度がそれぞれ高くなると室内濃度が高くなることを示している[5]。

$$C' = C \times 1.09^{(t_1 - t_0)} \times \frac{55 + rh_1}{55 + rh_0} \times \frac{273.15 + t_0}{273.15 + t_1} \tag{2.6}$$

ここで，C'：換算後の濃度〔μg/m³〕，C：換算前の濃度〔μg/m³〕，t_1, rh_1：換算する気温，相対湿度〔℃, %〕，t_0, rh_0：換算前の気温，相対湿度〔℃, %〕である。

2.1.4　健康影響

ヒトの空気中ホルムアルデヒド曝露による量–反応関係を表2.1に示す。これは1型シックハウスに分類される中毒症状に該当し，曝露濃度が高くなるとともに不快感を伴う眼，鼻および喉の刺激，流涙，咳，吐き気，呼吸困難を生じる。ただし，住まいの環境中では生命に危険がおよぶほど高濃度になることはない。

ホルムアルデヒドは2型シックハウスあるいは化学物質過敏症の原因物質と考えられている。発症機序はいまだ明確ではないが，その病態から，化学物質に対する反復性曝露により神経系が過剰に興奮し，細胞のシナプス可塑性*の変化，

---

*　神経回路において，シナプスの信号伝達能力やその形状が，刺激の量によって変化・適応すること。記憶や学習など脳の機能の発現に関わる。

表2.1 ヒトにおけるホルムアルデヒドの曝露量−反応関係[6]

影響	ホルムアルデヒド濃度 [mg/m³]	
	推定中央値	報告値
におい検知閾値	0.1	0.06 〜 1.2
目への刺激閾値	0.5	0.01 〜 1.9
喉の炎症閾値	0.6	0.1 〜 3.1
鼻・目への刺激	3.1	2.5 〜 3.7
30分間なら耐えられる（流涙）	5.6	5 〜 6.2
強度の流涙（1時間しか耐えられない）	17.8	12 〜 25
生命の危険，浮腫，炎症，肺炎	37.5	37 〜 60
死亡	125	60 〜 125

あるいは神経細胞の条件付けの結果として生じる症状と考えられる[7]。つまり，「生活環境中で化学物質に繰り返し曝露されることで感受性が高まり，身体が馴化できなくなる」という考え方である。シックハウス症候群が社会問題になった当初，「3回引っ越しすると発症する」傾向があるといわれていた。これは，化学物質過敏症の発症に化学物質に対する反復性曝露が重要であることを示唆するものである。すなわち，曝露初期の段階で化学物質に感作され過敏体質を獲得し，次いで曝露が反復されることにより過敏性症状が誘導されるという考え方であり，アレルギーの成立と類似している（図2.7）。

一方，ホルムアルデヒドがアレルギーを引き起こす可能性が示唆されている。McGwinらはホルムアルデヒド曝露と小児喘息の関係についてメタアナリシス*

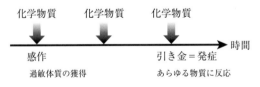

図2.7 反復性曝露による化学物質過敏症の発症

---

* 過去に行われた複数の研究データを収集・統合して解析した系統的な研究。システマティク・レビューとも呼ばれる。

した結果，非曝露群に比べて曝露群の方が優位に発症率は高いことを明らかにした[8]。またホルムアルデヒド自身は抗原性を持たないが，タンパク質と結合しやすいため，特定のタンパク質との結合により新たなアレルゲンになる可能性があると述べている（図2.8）。

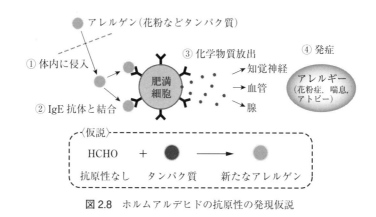

図2.8　ホルムアルデヒドの抗原性の発現仮説

　国際がん研究機関（IARC：International Agency for Research on Cancer）は，2006年に出版したモノグラフの中でホルムアルデヒドをグループ2A（ヒトに対しておそらく発がん性がある）からアスベスト，カドミウムと同レベルであるグループ1（ヒトに対する発がん性がある）に分類した[9]。これを受け日本では2008年，特定化学物質障害予防規則等を改正し，ホルムアルデヒドは特定化学物質の第3類から第2類に変更され，ホルムアルデヒドを取扱う作業場に対し，

① 　発散抑制措置
② 　漏えいの防止措置
③ 　作業主任者の選任
④ 　作業環境測定の実施
⑤ 　健康診断の実施

が義務付けられた。作業環境測定は，6か月ごとに作業環境測定士による測定と評価が必要とされ，管理濃度が0.1 ppmに設定された。この結果，一般室内以外の空間においても空気中濃度低減に努めるべきとの方向性になった。

2011年，米国環境保護庁(USEPA)では，新たな知見をもとに経気道曝露によるホルムアルデヒドの**ユニット・リスク***を見直し，上咽頭がん，ホジキンリンパ腫および白血病をエンドポイントとするユニット・リスクの総和と年齢による感受性の違いを考慮し1.1×10^{-4} m^3/μgを新たに提案した[10]。新たに提案されたユニット・リスクをもとに，ベンゼンの大気環境基準と同様，許容できる発がんリスクの濃度のオーダーを10^{-5}とすると，これを満たす濃度レベルは0.1 μg/m^{3}となる。これは現在の室内濃度指針値の1/1,000に相当する。発がん性の場合，長期曝露が問題になるため，単純に現在の室内濃度指針値を1/1,000にすべきという意味ではないが，より高いレベルのリスク管理が求められる可能性がある。

2.1.5 曝露低減対策

 ホルムアルデヒドによる健康被害を防ぐには，曝露量をできるだけ少なくする必要がある。ホルムアルデヒドの有害性は早くから知られており，私たちの生活環境に関係するところでは，経口曝露源となる水については水道法で，食品については食品衛生法でホルムアルデヒドを原料とする合成樹脂製器具や容器包装について溶出基準が定められている。ただし，現在でも食品そのものの含有基準は決められていない。その理由は，天然の食物，例えばシイタケやタラなどにもホルムアルデヒドが人の健康に害をおよぼさない微量ながら含まれていることが指摘されたためである。経皮曝露源となる化粧品については薬事法で使用が禁止されている。また，体に直接触れる衣料品については，有害物質を含有する家庭用品に関する法律(有害家庭用品規制法)に溶出量に関する基準が定められている。吸入曝露源となる住まいの空気については対応が遅れていた。その後，シックハウス問題を契機に室内空気中濃度に対する行政的対応がなされた。

 室内空気中濃度は，式(2.2)で示したように発生量と換気量のバランスで決定される。したがって発生量を減らし，換気量を増やせば，ホルムアルデヒドに対する曝露量を低減することができる。まず1997年に厚生省では，ヒト吸入曝露における鼻咽頭粘膜への刺激を毒性指標としてホルムアルデヒドの室内濃度指針

---

* 空気中濃度1 μg/m^{3}の化学物質に生涯(70年)毎日曝露した場合に予想される発がん確率。

値を 0.1 mg/m³ (0.08 ppm, 25℃換算) と定めた。この値はハウスビルダーの具体的な低減目標となった。

2003年，建物を建築する際の基準となる**建築基準法**が改正された。この中で，シックハウス対策に対する具体的な技術的基準が示された。

(1) 内装仕上げ材の制限

内装仕上げに用いるホルムアルデヒドを発散させる建材に対しては，その**発散速度**（厳密には放散フラックス）に応じて等級分類がなされ（表2.2），建築物の構造，換気設備の有無に応じて使用面積の制限が設けられた（表2.3）。これにより，ホルムアルデヒドを発散しにくい合成樹脂接着剤への代替，封止能力のあるキャッチャー剤（尿素など）を添加した建材などが開発された。

表2.2 内装に使用するHCHO発散建材の等級分類と使用制限

建築材料の区分	JIS・JASなどの表示記号	HCHOの発散速度	内装仕上げの制限
建築基準法規制対象外	F☆☆☆☆	5 μg/(m²·h) 以下	制限なし
第三種HCHO発散建築材料	F☆☆☆	5〜20 μg/(m²·h)	使用面積に制限
第二種HCHO発散建築材料	F☆☆	20〜120 μg/(m²·h)	使用面積に制限
第一種HCHO発散建築材料	表示なし	120 μg/(m²·h) 超	使用禁止

表2.3 ホルムアルデヒド発散建材の使用制限と機械換気設備の関係

建築物の構造	居室の種類	換気設備の区分		建築材料の等級と使用できる量（床面積に対する割合）			
		設置有無	換気回数〔回/h〕	F☆☆☆☆	F☆☆☆	F☆☆	表示なし
高気密	住宅の居室など	有	0.7以上	制限なし	5倍以下	0.8倍以下	使用禁止
			0.7〜0.5		2倍以下	0.3倍以下	
	上記以外		0.7以上		7倍以下	1.1倍以下	
			0.7〜0.5		4倍以下	0.7倍以下	
			0.5〜0.3		2倍以下	0.3倍以下	
上記以外	住宅の居室など	有	0.7以上		5倍以下	0.8倍以下	
			0.7〜0.5		2倍以下	0.3倍以下	
		無	0.5以上想定		2倍以下	0.3倍以下	
	上記以外	有	0.7以上		7倍以下	1.1倍以下	
			0.7〜0.5		4倍以下	0.7倍以下	
		無	0.5以上想定		4倍以下	0.7倍以下	

(2) 機械換気設備などの設置

高気密・高断熱住宅では，換気回数は0.1回/h程度しかなかった。そこで，同法において換気回数0.5回/hを確保するため，24時間稼働機械換気設備などの設置が義務づけられた。

また2000年，住宅の品質確保の促進などに関する法律における住宅性能表示制度による表示項目として室内化学物質濃度が加わり，ホルムアルデヒドは表示が必須の項目に指定された。この制度では，申請者（施主など）の希望により濃度測定が実施され，ホルムアルデヒド濃度が表示されることになる。なお現在，ハウスメーカーが住宅の引渡し前に品質管理の一環として自主的に濃度測定する場合もある。

これら行政的対応により，新築住宅のホルムアルデヒド濃度は経年的に減少し，室内濃度指針値を超過する例は非常に少なくなった（2.2節，図2.19参照）。しかしながら，ホルムアルデヒドの有害性に関する新たな知見が明らかとなっており，また化学物質に対する感受性を考慮し，これまでの短期吸入曝露による刺激性から，長期曝露影響にエンドポイントがシフトする可能性がある（図2.9）。フランスでは，現在室内濃度指針値をWHOと同様に0.1 mg/m^{3}としているが，長期曝露影響を考慮して2015年には0.03 mg/m^3，その後は0.01 mg/m^{3}へと段階的に指針値を下げていくことを宣言している。

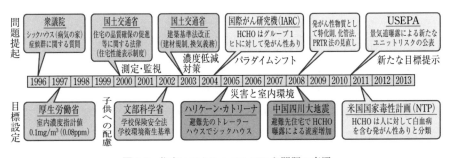

図2.9　住まいのホルムアルデヒド問題の変遷

シックハウス対策を契機にホルムアルデヒド除去用の空気清浄材料や空気清浄装置の開発が進み，多くの製品が市場に流通している（図2.10）。ホルムアルデヒ

(ホルムアルデヒドを常温で分解する二酸化マンガンを主成分とするフィルターを搭載)

図2.10　ホルムアルデヒド除去用空気清浄装置の例

ドによる室内空気汚染対策には今後より一層の高度化が必要と考えられ，空気清浄機などの対策技術がますます重要になるであろう．

2.1.6　室内化学反応 – ギ酸の生成

　ホルムアルデヒドは空気中で容易に酸化されて**ギ酸**（HCOOH）になる[11]．ギ酸の生成機構は，オゾンと窒素酸化物が関与する暗所でのラジカル反応であり，紫外線は関与せず，気相よりも建材表面において反応が起こりやすい．またギ酸は空気中の塩基（アンモニアなど）と反応して粒子化する．

$$HCHO\,(g) + [O] \longrightarrow HCOOH\,(g)$$
$$HCOOH\,(g) + NH_3\,(g) \longrightarrow NH_4HCO_2\,(p)$$

ここで(g)はガス状，(p)は粒子状であることを示す．

　ギ酸は神経毒性を有し，メチルアルコールを摂取すると失明するのは，代謝産物のギ酸が原因である．ギ酸の蒸気は皮膚や粘膜に強い刺激性があり，シックハウス症候群や化学物質過敏症との関連も示唆されている．また健康影響以外にも，絵画や銅像などの文化財に対して変色や腐食をもたらすことから，文化財保護の観点からも重要な室内空気汚染物質である．住まいの空気を健康に保つには，室内の化学反応によって生成する有害物質に対する配慮も必要である（図2.11）．

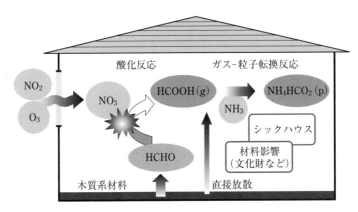

図2.11 室内化学反応によるギ酸の生成

2.1.7 測定方法

ホルムアルデヒドに代表されるアルデヒド・ケトン類の空気捕集には，誘導体化試薬を含浸したシリカゲルによる化学吸着を利用する．代表的な試薬には，2,4-ジニトロフェニルヒドラジン（DNPH：2,4-dinitrophenylhydrazine）がある．この誘導体化操作によりアルデヒド・ケトン類の選択的な捕集が可能となり，高速液体クロマトグラフ（HPLC）法との組合せにより，高感度な分離・定量が可能となる．アルデヒド・ケトン類とDNPHの反応を以下に示す（$R_1, R_2 = H$：ホルムアルデヒド）．

(1) サンプリング方法

サンプリング方法は「アクティブサンプリング(以下アクティブ法)」と「パッシブサンプリング(以下パッシブ法)」に大別され,目的や状況に合わせて使い分けられる(表2.4)。

表2.4　アクティブ法とパッシブ法の比較

	短時間測定 (瞬間濃度測定)	長時間測定 (平均濃度測定)	電源の確保	熟練した操作	定量可能な 化学物質の種類
アクティブ法	○	△	必要	必要	制限なし
パッシブ法	△	○	不要	不要	制限あり

(a) アクティブ法

アクティブ法は**ポンプサンプリング法**ともいわれ,吸引ポンプの吸引口に吸着剤を充填した捕集管(以下サンプラー)を取り付け,空気を吸引することで目的とする化学物質を捕集する方法である(図2.12)。空気中濃度は,捕集した化学物質を定量分析し,吸引した空気の積算量から算出する。アクティブ法は,ガイドライン値への適合を元に定められたほとんどの法令において指示される方法である。アクティブ法は使用するポンプが正確に校正されていることが前提であり,サンプリング時におけるポンプの状態の管理が重要である。また,総揮発性有機化合物(TVOC)の算出には必須の測定方法である。

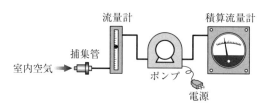

図2.12　アクティブ法の基本構成

(b) パッシブ法

パッシブ法は，ポンプを使用せずに分子拡散の原理を利用して化学物質を捕集する方法である。代表的な**パッシブサンプラー**の構成図を図2.13に示す。パッシブサンプラーは隔膜の内側に吸着剤が充填されている。空気中の対象化合物が隔膜内の濃度勾配によって拡散することで吸着剤に捕集される。アクティブ法と異なり，パッシブ法による定量結果だけでは空気中濃度を知ることはできない。パッシブ法ではアクティブ法によって得られた空気中濃度とパッシブ法による捕集量の直線関係を導き出し，直線式から得られる傾きを利用して空気中濃度を算出する。この傾きをサンプリングレートと呼ぶがJISにならった場合，拡散取り込み速度(diffusion uptake rate)と表現される。また，筒状のほかに平面型のパッシブサンプラー（図2.13）も利用されている。拡散取り込み速度の算出方法はJIS A 1964の付属書2にも記載されている。

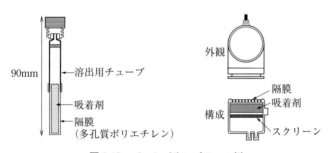

図 2.13　パッシブサンプラーの例

(3) 測定手順

図2.14に示すように新築・リフォーム時には30分以上の換気後に5時間以上密閉してから測定を行い，アクティブ法については採取する時間帯を14〜15時とすることが望ましいとされる。これは，1日の中でもっとも気温が上昇するとする時間帯であるからである。すでに居住中の場合で，通常の生活状態の環境が知りたい場合は，その環境下で空気採取を行うほうが望ましい。

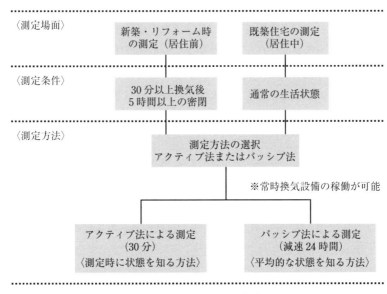

図 2.14　居室における測定手順

(4) 前処理方法

アルデヒド・ケトン類の捕集にDNPH含浸サンプラーを利用した場合，サンプラー内部ではアルデヒド・ケトン類がDNPH誘導体として存在する。これらを分析するには溶出操作を行わなければならない。溶出には，一般的にアセトニ

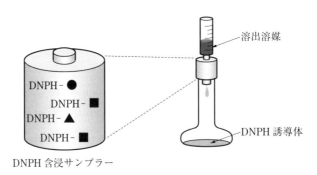

図 2.15　DNPH誘導体の溶出操作

トリルやメタノールを使用する。溶出した液には，複数のDNPH誘導体が混在しているため，各化合物の濃度を知るには分離定量操作が必要である（図2.15）。

(5) 分離定量

分離定量操作にはHPLC装置を利用する。この装置は，オートサンプラー（自動注入装置），移動相，送液ポンプ，分離カラム，カラムオーブン，検出器から構成されており，試料を注入すると図2.16に示すようなチャート（クロマトグラム）が得られる。HPLC法では移動相溶液と分離カラム（固定相）との相互作用によって混在する成分を分離することができる。また，あらかじめ濃度既知の標準試薬に対する応答値を求めて検量線を作成し，この検量線に試料の応答値をあてはめて試料中の分析対象物の濃度を定量し，測定期間 t〔h〕中の捕集量 w〔μg〕を求める。

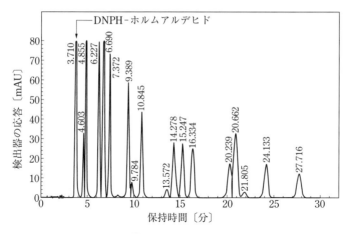

図 2.16　DNPH誘導体のHPLCクロマトグラムの例

捕集量 w〔μg〕から空気中濃度 C_w〔μg/m^3〕への換算は，アクティブ法とパッシブ法ではそれぞれ次のようになる。

$$\text{アクティブ法}：C_w = \frac{W}{Ft} \tag{2.7}$$

$$\text{パッシブ法}：C_w = \frac{W}{\alpha t} \tag{2.8}$$

ここで、F は吸引ポンプの流量 $[m^3/h]$、α はパッシブサンプラーのサンプリング・レート $[m^3/h]$ である。なお、空気中濃度は、質量濃度 $[\mu g/m^3]$、体積濃度 $[ppb]$、分圧 $[Pa]$ などいくつかの表記がある。慣例的に体積濃度 C_v が用いられているが、体積濃度は気温によって変化するので、最近では質量濃度 C_w を用いる傾向にある。大気圧下、理想気体とみなせるとき、両者の濃度は次式で変換できる。ここで t は温度 $[℃]$、M は分子量、式量または原子量 $[g]$ である。

$$C_w\,[mg/m^3] = C_v\,[ppm] \times \frac{M}{22.4} \times \frac{273}{273+t} \qquad (2.9)$$

2.2 揮発性有機化合物（VOCs）

2.2.1 揮発性有機化合物とは？

揮発性有機化合物（VOCs：Volatile Organic Compounds）は、沸点が 50 〜 100 ℃ から 240 〜 260 ℃ の、常温常圧で空気中に揮発しやすい有機化学物質の総称である[12]。常温常圧で揮発しやすい液体であるという特性を利用して溶剤として用いられることが多い。また、燃焼により生成することも知られている。工場や自動車からの排出量も多く、大気汚染物質として規制の対象となっている。工場や店舗などの固定発生源から大気中に排出されるVOCsの発生源としては、塗装、燃料の蒸発、印刷インキ、化学品、洗浄剤、接着剤などが挙げられている。室内環境においては、塗料や接着剤や防虫剤・防蟻剤などとして使用されており、建材や家具や家電製品などのさまざまな発生源から室内空気中に放散される。放散されたVOCsの多くは、室内空気中にガスとして存在しており、換気により屋外大気中へ排出される。

2.2.2 揮発性有機化合物の室内発生源
(1) 塗料

室内におけるVOCsの発生源としてもっとも代表的なものの1つが、塗料である。塗料は室内の壁・天井・床や家具などの塗装に用いられており、その中に含

まれている化学物質が揮発して室内に放散される。

塗料は，色を出すための顔料と，塗膜を形成するための樹脂と，さまざまな目的の添加剤（消泡剤・分散剤・増粘剤・重合防止剤・防腐剤・抗菌剤・難燃剤・架橋剤・硬化触媒など）を溶解もしくは分散させた溶剤から成っている[13]。塗料を塗装面に塗り，溶剤が揮発・乾燥すると，顔料や樹脂などが塗装表面に塗膜を形成して着色や保護層の形成をする（図2.17）。溶剤の揮発の過程で樹脂が反応により硬化するものもある。

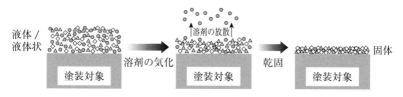

溶剤中に樹脂と顔料が溶解もしくは分散している塗料を対象に塗布後，溶剤が気化・放散して，塗装対象物状に顔料と樹脂による塗膜が形成される

図2.17 塗料の原理と溶剤の気化・放散

塗料の溶剤として，VOCsを用いる有機溶剤と，水を用いる水性溶剤がある。かつては，多種の樹脂をよく溶解できるため，トルエン・キシレン・エチルベンゼンなどの芳香族炭化水素が有機溶剤として広く使用されてきた。また，気温や湿度に応じてトルエン・キシレンの混合比を変えるなどして，蒸発速度を制御し，一様に平滑に塗装する工夫が成されていた。しかしながら，これらの物質は新築住宅における室内空気中濃度がきわめて高かったため，シックハウス症候群のおもな原因とされ，2000年に厚生労働省の指針値の対象物質に指定された。それ以降は，酢酸エチルや酢酸ブチルなどのエステル類やメチルエチルケトンなどのケトン類が有機溶剤として用いられることが多くなっており，主溶剤として水を使用する水性溶剤が用いられることが多くなっている。ただし，水性溶剤にもエーテル類やアルコール類などの有機溶剤が数％含有されていることが多い。

塗料に用いられる樹脂としては，アクリル樹脂，ウレタン樹脂，エポキシ樹脂，

シリコン樹脂，ビニル樹脂などの樹脂が使用されている。これらの原料残渣や製造過程の中間生成物のVOCsが，塗料中から放散される場合もある。ウレタン樹脂には原料のイソシアネートが含まれており，ゴミ処理施設などで高温な環境で気化して周辺に拡散しているという報告もある。

(2) 接着剤

接着剤は，室内において壁紙や建材などの接着に用いられており，VOCsの発生源の1つである。接着剤は，接着のメカニズムの違いにより，乾燥固化型，化学反応型，熱溶融型などに分類される[14]。乾燥固化型は，塗料と同様のメカニズムのもので，接着成分である樹脂と各種添加剤とそれらを溶かすための溶剤から成っており，塗布後に溶剤が揮発することで樹脂が硬化して接着効果が得られるものである（図2.8(a)）。化学反応型は，主剤と硬化剤が反応して硬化・接着するもので，溶剤中で主剤と硬化剤を接触させるだけで反応させて硬化させるものや，気中の水分と反応して硬化するもの，紫外線照射により反応して硬化するものなどがある。化学反応型の接着剤でも，溶剤が使用されているものも少なくない（図2.8(b)）。熱可塑型は，常温では固体のもので，熱を掛けることにより液化し，再度冷却することで硬化・接着する。近年では，溶剤の揮発をなくすために，熱可塑型の接着剤の利用も増えている。

接着剤の溶剤としては，塗料と同様に水系溶剤と有機溶剤があるが，水系溶剤は紙や木に用いるでんぷん糊や酢酸ビニル樹脂接着剤やポリビニルアルコール系およびポリビニルピロリドン系接着剤など，適用できる接着剤は限られている。有機溶剤としては，メタノールやエタノールなどのアルコール類，酢酸エチルや酢酸ブチルなどのエステル類やアセトンやメチルエチルケトンなどのケトン類などの溶剤が用いられることが多い。溶剤成分が完全に揮発してしまえば吸着している成分を除いて塗料や接着剤中から溶剤成分がなくなるため，塗布後半年などの比較的短期の内に放散量が激減して室内への汚染が改善することが多い。

また，接着剤の樹脂としては，ウレタン樹脂やフェノール樹脂やメラミン樹脂，酢酸ビニル樹脂，エポキシ樹脂，アクリル樹脂などの合成樹脂や，クロロプレンゴム，スチレンブタジエンゴムなど合成ゴムが使用されている。前項で取り上げたホルムアルデヒドは，尿素樹脂やユリア・メラミン樹脂やフェノール樹脂の原

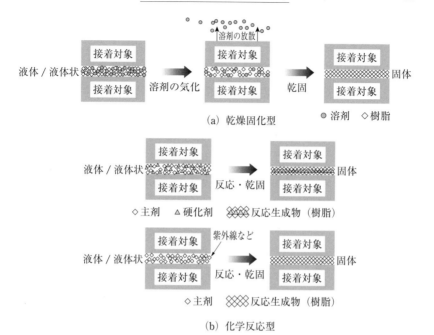

溶剤中に樹脂が溶解もしくは分散している接着剤を対象に塗布後，溶剤が気化・放散して，接着対象物間に樹脂による固定層が形成される

図2.18 接着剤の原理と溶剤の気化・放散

料であり，それらの樹脂が環境中の水分と反応して加水分解することで，ホルムアルデヒドを生成し，室内へ放散することが知られている。ただし，これらの樹脂は，建築基準法改正でホルムアルデヒド放散量が規制されて以降，室内の内装材にはほとんど使用されなくなっている。ほかにも，樹脂中に含有されている原料の残留物が室内へ揮発・放散されることもあり，例えばメラミン樹脂には，その原料であるビスフェノールAが含まれており，室内への揮発や食品や飲料への溶出が起こるとされている。

(3) 建材

建材や家具としてもっとも用いられることが多い材料が，合板やパーティクルボードや繊維板，集成材などの木質ボードである。無垢材を壁面やドアなどに用いる場合，かなり樹齢の高い太い樹木から木板を切り出す必要があるため，コス

トが高くなり、また大量生産が困難である。そのため、樹齢の低い細い木からも大きな面積の木板を大量に得るために、木質ボードが開発された。高度経済成長期には、合板をはじめとする木質ボードが大量に生産・使用された。合板は、木材をかつら剥きして得られる薄い板を張り合わせることで作られる（図2.19(a)）。パーティクルボードは、木材や廃材を砕いて得られる小片を接着剤と混合して熱圧成型して作られる（図2.19(b)）。繊維板は、木材や廃材から抽出した植物繊維と接着剤と混合して熱圧成型して作られる（図2.19(c)）。集成材は、廃材や端材などの木片を接着剤でつなぎ合わせて作られる（図2.19(d)）。また、壁紙を壁面に貼る際にも接着剤は用いられている。

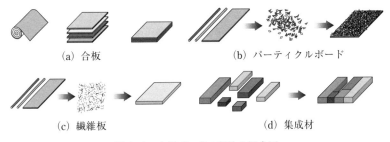

図 2.19　木質ボードの製法の概念図

木質ボードや木材からは、接着剤由来のVOCsのほかに、自然起源のVOCsとして、α-ピネンやβ-ピネン、3-カレン、リモネンなどのテルペン類やアセトアルデヒドなどのアルデヒド類やアルコール類などが放散されることが報告されている。テルペン類やアルコール類については、室内で反応して有害な二次生成物を生成する可能性が示唆されている。また、アセトアルデヒドは無垢材からの放散量も多いため、厚生労働省の室内濃度指針値を超える住宅の割合が極めて高く、対策の必要性の有無を含めた議論がなされている。

(4) 防蟻剤・防虫剤

わが国は、高温多湿のために木造住宅の柱のシロアリ（イエシロアリやヤマトシロアリなど）による木材採食による被害が生じやすい。特に、1950年に建築基準法による耐震のための基礎が義務付けされ[15]、床下環境がより高温多湿のシ

ロアリの生息しやすい環境となった。そのため,1972年に建築基準法が改正され,床下の柱への防蟻処理が義務付けられた[16]。初期に多く使用されていたクロルデンは,1986年に化審法(化学物質の審査及び製造等の規制に関する法律)により特定化学物質(現在の第一種特定化学物質)に指定され,製造・販売・使用が禁止された。その後,防蟻処理に用いられる薬剤が揮発して室内に流入して室内空気を汚染することについても問題となり,2003年の建築基準法の改正時に防蟻剤としてのクロロピリフォスの使用も禁止された[17]。近年では,クロロピリフォス以外の有機リン系やピレスロイド系などの薬剤が防蟻剤として用いられており,それらの物質が室内へ揮発・流入する可能性がある。

高温高湿環境下の室内では,畳の裏面で結露してダニやカビが生えることがあるため[18],JIS(日本工業規格)では,「畳床には,ダニ,そのほかの害虫が発生しないように,適切な防虫処理をしなければならない。」と定められている[19]。ピレスロイドや有機リン化合物やナフタレンやホウ酸塩化合物等の薬剤を含んだ防虫シートが使用されており,これらの物質が室内空気中へ放散される可能性がある。また,壁や天井にも,カビの発生を防ぐために,多くの抗菌・抗カビ剤が使用されている[20),21]。アルコール,アルデヒド,イミダゾールなどの化学物質は,防カビ効果は大きいものの持続時間が短いため,可塑剤の添加や基材への混練方法などに工夫が重ねられている。合板や壁紙の接着剤中にホルムアルデヒドが多く含有されていた頃には,壁の防カビ効果も有していたが,ホルムアルデヒドが使用されなくなり,カビが増えたとする報告もある。持続時間が短い防カビ剤は,揮発しやすいといえる。防カビ剤中のVOCsによる健康懸念から,銀や銅や焼成貝殻や酸化チタンなどの無機物の使用も増えている。

高温多湿の気候に起因する衣類への虫食いについても,古来より問題であり,衣類を保管する際に防虫剤が使用されてきた。防虫剤は,衣服とともに保管することで,VOCsが揮発して,衣服を食すイガやカツオブシムシなどの昆虫を忌避したり殺虫したりする薬剤である[22]。防虫剤に使用される化学物質は,大きく分けると,樟脳,パラジクロロベンゼン,ナフタレン,ピレスロイド系の4種類が存在している。これらの物質は,固体が直接揮発する昇華性を有しており,扱いやすいために防虫剤として使用されている。樟脳やパラジクロロベンゼンやナフタ

レンは，揮発してイガやカツオブシムシなどの幼虫を忌避する効能を持っており，衣服とともに入れた薬剤からの揮発だけでなく，薬剤から揮発した物質が衣服へ吸着し，徐々に揮発することで，防虫効果を高めている。ただし，これらの物質を併用すると，衣服に変色や傷みが起きるため，注意が必要である。また，これらの防虫剤は，強いにおいがするため，近年ではにおいのしないピレスロイド系の防虫剤の使用が増えている。ピレスロイド系の防虫剤は，前述の3種の物質と違って，イガやカツオブシムシなどの卵や幼虫に対して高い殺虫能を有している。

(5) 燃焼機器，燃焼物

居住空間としての室内にはいくつもの燃焼源がある。日々の調理に用いるガスコンロ，冬場に暖を取るための石油ストーブやガスストーブなどである。また，発展途上国などでは，薪や木炭や石炭などによるたき火や暖炉が室内において調理や暖房に用いられていることも多く，特に女性や子供の燃焼生成物への曝露が懸念されている。

燃焼機器に用いる灯油が揮発したり，ガスが漏れたりすることで，それらに含まれているVOCsが室内に拡散することがある。灯油中には，ノナン，デカン，ウンデカン，ドデカン，トリデカン，テトラデカン，ペンタデカン，ヘキサデカンなどの飽和炭化水素が主成分として入っており[23]，これらが揮発して室内を汚染する可能性がある。

また，これらの燃料を燃焼することで，多くのVOCsが生成される。石油ストーブなどの使用時に濃度が上昇するものとして，ベンゼンやブタジエン，ホルムアルデヒドやアセトアルデヒドやアセトンなどが報告されている[24]。VOCsのほかにも，一酸化炭素や窒素酸化物や粒子状物質が生成される。VOCsの中で，これらの生成は，低温でかつ，燃料に不純物が多いほど起こりやすいとされており，たき火や暖炉からの排出が高いことが知られている。さらに，線香を使用するとアセトアルデヒド，イソプレン，酢酸，ベンゼン，1,3-ブタジエンなどが放散され，室内空気中の濃度が上がることも報告されている[25]。

(6) ドライクリーニング溶剤，洗浄剤

水で洗うと型崩れや色落ちなどが起こる衣類を，水の代わりに有機溶剤を使って洗浄するドライクリーニングでは，トリクロロエチレンやテトラクロロエチレ

んなどのVOCsが有機溶剤として使用されており，ドライクリーニング店において，これらの気中濃度が高いことが報告されている[26)〜28)]。これらの物質は，ドライクリーニングされた衣服に吸着して一般家庭の室内に持ち込まれ，一般家庭の室内空気中の濃度を上昇させる可能性がある。

(7) 電化製品

パソコンやテレビなどの電気製品からは，使用時の本体温度上昇とともに，トルエンやフェノール，エチルヘキサノールといった化学物質の放散が確認されている。ドイツの環境規格であるブルーエンジェルRAL−UZ114では，プリンターやコピー機などの事務機器から放散されるベンゼン，スチレン，総揮発性有機化合物（TVOC）の放散速度に対する基準値が設けられている[29)]。

(8) 二次生成物質

カーペットから放散されるスチレンや4-ビニルシクロヘキサンとオゾンとの反応により，ホルムアルデヒドやアセトアルデヒドの濃度が上昇すること[30)]や，床材とオゾンの反応やUV照射によってホルムアルデヒドやアセトアルデヒドやシクロヘキサノンやベンズアルデヒドが発生すること[31)]が報告されている。室内のオゾンの多くは屋外からの流入であり，屋外濃度の20〜70％程度とされている[32)]が，レーザープリンタや静電型空気清浄器からも発生する[33)]。

2.2.3 室内に存在している揮発性有機化合物

室内空気中には，数百を超えるVOCsが含まれていると考えられる。次にその内の代表的な物質について示す。

(1) トルエン（$C_6H_5CH_3$）[34)〜37)]

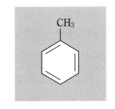

トルエンは，水には溶けにくい（水溶解度 526 mg/L (25℃)）常温・常圧では無色透明な液体である。アルコールやケトンや油などとよく混和することから，溶媒として広く用いられている。また，さまざまな化学工業製品の合成原料としても用いられている。高い揮発性を有している（沸点 110.6℃）ことから，環境中に排出されたトルエンの大部分は気体として存在している。脂肪親和性は比較的低いため，環境生物の脂肪組織への濃縮

は少ない。ヒトのトルエンへの曝露は吸入経路が大半である。

トルエンは，遺伝毒性はないとされており，動物試験でもヒトにおいても発がん性は認められていない。ヒトへの有害影響としては，聴覚などの神経系への影響が報告されている。厚生労働省の室内濃度指針値は，ヒト吸入曝露における神経行動機能への影響および自然流産率の上昇にもとづき，260 μg/m^{3}と設定されている。IARCは，トルエンをグループ3（ヒトに対する発がん性について分類できない）に分類している。

(2) エチルベンゼン，キシレン（$C_6H_5C_2H_5$，$C_6H_4(CH_3)_2$）[36)〜41)]

エチルベンゼンと**キシレン**は，水には溶けにくい（水溶解度150 mg/L（20℃），161〜178 mg/L（25℃））常温・常圧で無色透明な液体である。アルコールやエーテルや油などとよく混和することから，溶媒として広く用いられている。また，さまざまな化学工業製品の合成原料としても用いられている。トルエンと同様に，高い揮発性を有している（136℃，137〜144℃）ことから，環境中に排出されたエチルベンゼンやキシレンの大部分は気体として存在している。脂肪親和性は比較的低いため，環境生物の脂肪組織への濃縮は少ない。

ヒトのエチルベンゼンやキシレンへの曝露は吸入経路が大半である。

エチルベンゼンは，一部陽性の結果があるものの遺伝毒性はないものとされており，また，ヒトに対する発がん性が疑われるものの，十分な証拠はない。キシレンは，遺伝毒性はないとされており，また動物試験でもヒトにおいても発がん性は認められていない。ヒトへの有害影響としては，エチルベンゼンとキシレンは高濃度で眼や咽喉への刺激性が報告されている。キシレンは，ほかの影響よりも低濃度で中枢神経系への影響があることが報告されており，キシレンの主たる有害性といえる。厚生労働省の室内濃度指針値は，エチルベンゼンについては，マウス

およびラット暴露における肝臓および腎臓への影響にもとづいて，3,800 µg/m^3 と設定されている。キシレンについては，ラットに対する中枢神経系発達への影響にもとづいて，870 µg/m^3 と設定されている。IARCは，エチルベンゼンをグループ2B (ヒトに対する発がん性が疑われる) に，キシレンをグループ3に分類している。

(3) スチレン ($C_6H_5C_2H_3$) [37), 41), 42)]

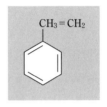

スチレンは，水には溶けにくい (310 mg/L (25 ℃)) 常温・常圧では無色～淡黄色の液体である。高い揮発性を有している (145 ℃) ことから，環境中に排出されたスチレンの大部分は気体として存在している。脂肪親和性は比較的低いため，環境生物の脂肪組織への濃縮は少ない。

スチレンは，遺伝毒性を有していることを示唆する情報がある。また，ヒトに対する発がん性が疑われるものの，十分な証拠はない。動物試験において，中枢神経系への影響が報告されており，厚生労働省の室内濃度指針値は，ラット吸入曝露における脳や肝臓への影響にもとづいて，220 µg/m^3 と設定されている。IARCは，スチレンをグループ2Bに分類している。

(4) ベンゼン (C_6H_6) [37), 43), 44)]

ベンゼンは，水にわずかに溶ける (1.8 g/L (25 ℃)) 常温・常圧で無色透明な液体である。さまざまな化学工業製品の合成原料として広く用いられている。高い揮発性を有している (80.1 ℃) ことから，環境中に排出されたベンゼンの大部分は気体として存在している。また，ベンゼンの大気環境への排出の約85%が自動車燃料燃焼によるものである。脂肪親和性は比較的低いため，環境生物の脂肪組織への濃縮は少ない。ヒトのベンゼンへの曝露は吸入経路が大半である。

ベンゼンは，疫学研究の結果，白血病との関連が明らかになっている。環境省の大気環境基準値は，10^{-5} の発がんリスク (1～3 µg/m^3) と1997年当時の大気環境濃度の状況から，3 µg/m^3 に設定されている。IARCは，ベンゼンをグループ1 (ヒトに対する発がん性がある) に分類している。

(5) n-デカン類（$CH_3(CH)_nCH_3$）[45]

直鎖の飽和炭化水素の内、炭素数が10～16のデカン（$C_{10}H_{22}$）、ウンデカン（$C_{11}H_{24}$）、ドデカン（$C_{12}H_{26}$）、トリデカン（$C_{13}H_{28}$）、テトラデカン（$C_{14}H_{30}$）、ペンタデカン（$C_{15}H_{32}$）、ヘキサデカン（$C_{16}H_{34}$）は、室内でもよく検出されるVOCであり、水に不溶の無色透明の常温常圧で液体である。沸点は174～253℃であり、室内環境において建材などに吸着しやすい。

テトラデカンは遺伝毒性を有していない。マウスに対してベンゾα-ピレンとともに皮下投与を行った結果、テトラデカンは発がん補助活性と発がんプロモーター活性の双方を示しているが、テトラデカンが発がん物質であることを明確に示す情報は、これまでに得られていない。一般に、炭素数8～18の飽和炭化水素は、皮膚に対する刺激性が強いことが知られている。厚生労働省の室内濃度指針値は、C_8～C_{16}混合物のラット経口曝露における肝臓への影響にもとづいて、330 μg/m^{3}と設定されている。

(6) パラジクロロベンゼン（$C_6H_4Cl_2$）[36),37),46),47)]

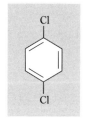

パラジクロロベンゼンは、水には溶けにくい（81.3 mg/L（25℃））常温・常圧では昇華性を有する白色結晶であり、特有の刺激臭を持っている。沸点は174.1℃であり、室内環境においてさまざまな建材や衣服などに吸着しやすい。わが国では、衣服の防虫剤としての使用が非常に多いが、欧米では、トイレなどの消臭剤として使用されることが多い。そのほか、樹脂や合成染料の原料としての用途もある。

ヒトの眼や鼻に対する刺激性が報告されており、動物試験では肝毒性が報告されている。遺伝毒性はないとする報告が多い。発がん性については、ラットやマウスにおいて腎臓や肝臓における腫瘍の増加が報告されているが、ヒトには起こらない発がんとする報告もある。厚生労働省の室内濃度指針値は、ビーグル犬曝露における肝臓および腎臓などへの影響にもとづいて、240 μg/m^{3}と設定されている。IARCは、パラジクロロベンゼンをグループ2Bに分類している。

2.2 揮発性有機化合物（VOCs）

(7) ナフタレン（$C_{10}H_8$）[12), 37), 48)]

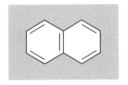

ナフタレンは，水には溶けにくい（32 mg/L（25℃））常温・常圧では昇華性を有する白色結晶であり，特有の刺激臭を持っている。沸点は218℃であり，室内環境においてさまざまな建材や衣服などに吸着しやすい。おもに衣服の防虫剤として使用されているが，樹脂や合成染料の原料としての用途もある。

ナフタレンは，呼吸器や皮膚，眼に対する刺激性があるとされている。WHOの室内濃度ガイドライン値は，動物試験における炎症や悪性腫瘍に至る呼吸器傷害にもとづいて，10 μg/m³（年平均値）に設定されている。IARCは，ナフタレンをグループ2Bに分類している。

(8) 樟脳（$C_{10}H_{16}O$）[49), 50), 51)]

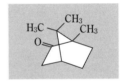

樟脳は，水にわずかに溶ける（1.2 g/L（25℃））常温・常圧で昇華性を有する白色結晶であり，特有の刺激臭を持っている。沸点は204℃であり，室内環境においてさまざまな建材や衣服などに吸着しやすい。数百年前から使用されてきた防虫剤で，クスノキなどの樹木から水蒸気蒸留により精製される精油の一種である2-カンファノンを指す。アロマや芳香剤などに含まれていることもある。樟脳は，眼や皮膚に対する刺激性があるとされている。

(9) トリクロロエチレン，テトラクロロエチレン（C_2HCl_3，C_2Cl_4）[12), 37), 52), 53)]

トリクロロエチレンとテトラクロロエチレンは，どちらも常温・常圧で無色透明な液体である。トリクロロエチレンは，水にわずかに溶け（1.28 g/L（25℃）），テトラクロロエチレンは，水には溶けにくい（206 mg/L（25℃））。高い揮発性を有している（86.9℃，121℃）ことから，環境中に排出された内の大部分は気体として存在している。両物質ともに，代替フロンの合成原料やドライクリーニング溶剤，金属機械部品の脱脂洗

浄剤として用いられている。

　トリクロロエチレンは，神経毒性や肝毒性などが報告されている。テトラクロロエチレンは，中枢神経系への影響が報告されている。両物質の発がん性については，実験動物においては十分な証拠があるとされており，ヒトに対してもおそらく発がん性があるとされている。トリクロロエチレンのWHOによる室内濃度ガイドライン値は，遺伝毒性を有する発がん性物質として，10^{-7}，10^{-6}，10^{-5}リスクレベルの230，23，2.3 µg/m^{3}が示されている。テトラクロロエチレンのWHOによる室内濃度ガイドライン値は，ドライクリーニング労働者における腎疾患にもとづいて，250 µg/m^3（年平均値）に設定されている。IARCは，トリクロロエチレンをグループ1に，テトラクロロエチレンをグループ2A（ヒトに対しておそらく発がん性がある）に分類している。

(10) クロルデン（$C_{10}H_6Cl_8$）[37),56)]

　クロルデンは，常温常圧では淡黄色の液体である塩素化合物である。水には不溶で，沸点は175℃である。戦後，農薬として広く使用されていたが，1968年に農薬としての登録が失効して，農薬としては使用されなくなった。住宅の防蟻剤としては，1986年の化審法による特定化学物質の指定まで使用され続けたが，現在では，全く使用されていない。

　短期的に高濃度に暴露すると，錯乱，痙攣，吐き気，嘔吐。目の発赤，痛みを起こすことがあるほか，痙攣や呼吸機能不全から死に至ることもあるとされている。長期影響としては，肝臓や免疫系への影響があり，組織疾患や肝障害を起こすとされている。IARCは，クロルデンをグループ2Bに分類している。

(11) クロロピリフォス，ダイアジノン（$C_9H_{11}Cl_3NO_3PS$，$C_{12}H_{21}N_2O_3PS$，）[17),41),45),55),56)]

　クロロピリフォスは常温常圧では無色または白色の結晶であり，ダイアジノンは無色の液体である。どちらも有機リン化合物であり，水にはほとんど溶けず（0.73，1.4 mg/L（20，25℃），40 mg/L（25℃）），沸点以下（160℃および120℃）で分解する。どちらの物質も，農薬や防蟻剤として広く用いられてきたが，現在では防蟻剤としては使用されていない。

　クロロピリフォスは，動物試験で遺伝毒性を示す報告があるが，発がん性は認められていない。また，アセチルコリンエステラーゼ抑制による中枢神経系への

疾患が報告されている。**ダイアジノン**は，コリンエステラーゼ阻害作用を有しており，大量投与では，自発運動低下，鎮静作用，呼吸困難，運動失調，振戦，筋痙攣，全身痙攣，流涙，流涎，下痢などの副交感神経系の興奮作用にもとづく典型的な有機リン中毒症状が報告されている。ダイアジノンは，動物試験において遺伝毒性も発がん性も示さず，ヒトに対しても発がん性がないものと考えられている。

クロロピリフォスについては，母ラット曝露における新生児の神経発達への影響および新生児脳への形態学的影響にもとづいて，2000年に室内濃度指針値が$1.0\,\mu g/m^3$（小児に対しては，$0.1\,\mu g/m^3$）と設定され，2003年には建築基準法により住宅における使用が禁止された。ダイアジノンについても，ラット吸入曝露における血漿および赤血球コリンエステラーゼ活性への影響にもとづき，2001年に室内濃度指針値が$0.29\,\mu g/m^3$と設定された。

(12) フェノブカルブ（$C_{12}H_{17}NO_2$）[57), 58)]

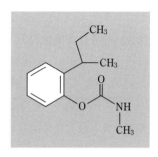

フェノブカルブは，常温常圧では無色の結晶で，わずかに芳香を持つカルバミン酸エステル（カーバメート）である。水には少し解ける物質（420 mg/L（20℃））で，沸点は112〜113℃である。農薬として多く用いられている。

フェノブカルブは，ほかのカーバメート系殺虫剤と同様にコリンエステラーゼ活性阻害作用を有している。フェノブカルブは，動物試験において遺伝毒性も発がん性も示さず，ヒトに対しても発がん性がないものと考えられている。

フェノブカルブは，ラットの経口曝露におけるコリンエステラーゼ活性などへ

の影響にもとづき、2002年に室内濃度指針値が33 μg/m³と設定された。

(13) 酢酸エチル，酢酸ブチル（$CH_3CO_2C_2H_5$，$CH_3CO_2C_4H_9$）[59),60)]

酢酸エチルと**酢酸ブチル**は、どちらも常温・常圧で無色透明な液体である。酢酸エチルおよび酢酸ブチルの水溶解度（25℃）は、80 g/Lおよび8.3 mg/Lである。高い揮発性を有している（77℃，120℃）ことから、環境中に排出された大部分は気体として存在している。どちらの物質も、塗料や接着剤などの溶剤、医薬品原料、食品添加物などの用途に用いられている。また、酢酸エチルは、悪臭防止法の特定悪臭物質に指定されている。

どちらの物質についても、眼、気道を刺激し、中枢神経系に影響を与えることがあるとされているが、毒性は強くないと考えられる。発がん性については、十分な情報は得られていない。

(14) テルペン類[61),62)]

テルペン類は、複数のイソプレンからなる有機化学物質で、植物や菌類などに含まれている。イソプレンの数によってさらに分類され、モノテルペン（C_{10}）、セスキテルペン（C_{15}）、ジテルペン（C_{20}）、セステルテルペン（C_{25}）などと称される。針葉樹の代表的な香りの成分の1つである***α*-ピネン**（$C_{10}H_{16}$，沸点155〜156℃）や柑橘類に含まれている**リモネン**（水溶解度＜0.1 g/L、沸点176〜177℃）などは、モノテルペン類の一種である。これらの物質は、芳香剤や香水などに使用されることが多いが、室内においては天然の木材からの放散が大きな寄与を占めている。大気環境においては、光化学反応に大きく寄与することから、森林の樹木から放散されるテルペン類について多く測定がなされている。室内においても、二次生成への寄与が大きいと考えられ、研究が進

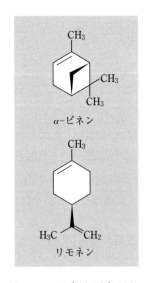

められている。

α-ピネンやリモネンは，粘膜刺激性を有しているが，毒性は強くないと考えられる。ただし，二次生成物の有害性を考慮すると，室内であまりに高い濃度となるのは避けるべきだという考え方もある。IARCは，リモネンをグループ3に分類している。

(15) ピレスロイド類[63),64)]

ピレスロイド類は，菊酸エステルやノル菊酸エステルなどのエステルであり，アレスリンやエムペントリンやピレスリンやメトフルトリンなど数多くの種類がある。除虫菊などの植物に含まれているほか，さまざまな物質が合成されており，高い殺虫能を有している。ピレスロイド類は，概して哺乳類への有害性は低いとされているが，毒性がわかっていない物質も多く，感受性の高い新生児や乳児については注意が必要である。

2.2.4　揮発性有機化合物の室内濃度と規制

(1) 室内汚染実態調査

厚生省（現在の厚生労働省）では，1997年度および1998年度に，ホルムアルデヒド以外のVOCsについて，全国の一般家屋の居住環境中における実態調査を実施した(1997年度：180戸，1998年：205戸)。トルエンおよびp-ジクロロベンゼンの平均濃度が比較的高く，1997年では$93.3\ \mu g/m^3$および$128.4\ \mu g/m^3$，1998年では$98.3\ \mu g/m^3$および$123.3\ \mu g/m^3$であった[65)]。2005～2006年のNEDOによる室内濃度調査では，多くの物質の室内濃度が夏は高く冬は低い傾向がみられた[66)]。また，新築住宅では減少している指針値対象のホルムアルデヒドやp-ジクロロベンゼンなどの化学物質の室内濃度も，既存住宅では依然高い住宅が多く存在していることなどが明らかになっている(表2.5)。

表2.5 わが国における室内濃度分布調査結果

物質名	厚生省調査(1999)				NEDO調査(2007)									
	1997年度		1998年度		2005年 夏		2005年 秋		2006年 冬		2006年 春		2006年 夏	
	平均値 (μg/m³)	中央値 (μg/m³)	平均値 (μg/m³)	中央値 (μg/m³)	平均値 (μg/m³)	中央値 (μg/m³)	平均値 (μg/m³)	中央値 (μg/m³)	平均値 (μg/m³)	中央値 (μg/m³)	平均値 (μg/m³)	中央値 (μg/m³)	平均値 (μg/m³)	中央値 (μg/m³)
ホルムアルデヒド	7.4	-	-	-	94.4	71.5	49.4	36.4	27.8	23.3	58.2	41.9	56.7	37.0
アセトアルデヒド	7.7	-	-	-	47.5	31.1	37.9	29.2	43.1	29.8	38.6	29.2	29.2	12.1
ヘキサン	7.4	3.6	7.0	2.9	2.09	N.D.(<0.21)	1.94	N.D.(<0.21)	10.8	4.66	9.46	2.56	6.69	1.85
ヘプタン	7.7	2.0	7.8	2.5	5.30	2.33	5.67	2.81	6.73	2.01	5.40	2.46	5.08	2.13
オクタン	11.5	1.6	12.7	1.8	2.75	1.08	4.64	1.30	5.98	t.r.(<0.85)	3.25	t.r.(<0.85)	1.79	t.r.(<0.85)
ノナン	20.9	3.3	20.8	4.8	8.52	2.71	12.8	3.44	13.0	1.70	8.38	2.27	4.77	1.45
デカン	23.1	4.2	21	7.4	24.3	22.2	12.4	8.59	4.53	N.D.(<0.22)	6.79	3.49	5.51	2.90
ウンデカン	14.6	2.9	13	4.6	11.9	4.19	8.13	3.52	16.0	6.18	7.36	1.13	4.79	2.47
ドデカン	9.5	2.6	10.2	4.8	13.5	5.32	7.27	N.D.(<0.42)	2.95	N.D.(<0.42)	7.68	N.D.(<0.42)	5.99	3.48
トリデカン	7.3	1.9	13.1	5.7	-	-	-	-	-	-	-	-	-	-
テトラデカン	5.7	2.8	18.7	4.4	842	240	457	8.37	31.6	8.37	929	8.37	468	117
ペンタデカン	2.0	0.5	5.3	1.4	-	-	-	-	-	-	-	-	-	-
ヘキサデカン	1.3	0.3	2.3	0.8	-	-	-	-	-	-	-	-	-	-
ベンゼン	5.9	3.1	7.2	2.6	1.71	1.58	2.90	2.46	3.60	2.92	2.01	1.84	1.82	1.51
トルエン	93.3	26.9	98.3	25.4	36.1	22.1	36.6	23.9	36.4	26.9	26.8	16.4	22.7	15.6
エチルベンゼン	21.6	6.8	22.5	6.8	11.9	7.41	11.0	8.75	7.42	5.67	19.2	7.24	6.74	5.60
m,p-キシレン	26.7	9.6	24.3	10.2	24.8	15.7	24.7	19.1	22.9	12.8	17.7	13.3	13.4	10.5
o-キシレン	11.5	4.2	10	3.8	5.61	3.60	5.52	4.01	5.19	2.42	4.17	2.81	3.05	2.31
スチレン	4.5	0.6	4.9	0.2	t.r.(<1.1)	N.D.(<0.33)	1.66	0.515	1.09	N.D.(<0.33)	2.67	t.r.(<0.70)	2.34	t.r.(<1.1)
1,3,5-トリメチルベンゼン	9.6	1.3	3.1	1.3	1.75	1.13	6.69	3.99	3.63	N.D.(<0.21)	1.16	t.r.(<0.70)	0.983	t.r.(<0.70)
1,2,4-トリメチルベンゼン	29	4.1	12.8	4.8	6.85	4.60	1.60	1.08	1.08	1.53	4.06	2.59	3.86	2.98
1,2,3-トリメチルベンゼン	5.8	1.0	4.2	1.2	1.67	1.07	1.60	t.r.(<1.0)	1.08	N.D.(<0.34)	1.03	t.r.(<1.0)	t.r.(<1.0)	t.r.(<1.0)
α-ピネン	12.9	3.6	77.6	4.7	139	13.5	60.0	12.1	37.8	8.20	67.9	13.1	61.4	12.0
リモネン	26.5	6.1	42.1	12.8	32.9	17.6	25.3	16.2	12.7	7.40	49.6	12.5	32.1	14.3
ジクロロメタン	7.5	2.6	-	-	206	1.15	161	2.39	95.9	1.81	44.1	1.50	28.5	0.954
トリクロロエチレン	7.9	0.2	2.4	0.3	1.67	t.r.(<0.94)	3.42	2.26	2.89	2.12	1.45	1.11	1.71	t.r.(<0.94)
テトラクロロエチレン	1.8	0.4	1.9	0.3	1.01	t.r.(<1.0)	1.11	t.r.(<1.0)	t.r.(<1.0)	t.r.(<1.0)	1.15	t.r.(<1.0)	t.r.(<1.0)	t.r.(<0.94)
クロロホルム	2.1	0.4	1.0	0.3	0.831	N.D.(<0.19)	N.D.(<0.29)	N.D.(<0.19)	N.D.(<0.29)	N.D.(<0.19)	1.60	1.00	0.687	N.D.(<0.32)
1,2-ジクロロプロパン	1.1	0.2	0.5	0.2	N.D.(<0.29)	N.D.(<0.29)	N.D.(<0.29)	N.D.(<0.29)	N.D.(<0.29)	N.D.(<0.29)	N.D.(<0.96)	N.D.(<0.29)	N.D.(<0.29)	N.D.(<0.29)
p-ジクロロベンゼン	128.4	12.3	123.3	16.1	352	16.3	96.7	8.63	29.1	2.81	327.9	7.64	209.8	13.4
四塩化炭素	3.6	0.4	1.5	0.6	1.28	1.34	1.26	1.26	t.r.(<1.1)	t.r.(<1.1)	1.16	1.10	t.r.(<1.1)	t.r.(<1.1)
クロロジブロモメタン	5.3	0.2	2.0	0.2	t.r.(<1.1)	N.D.(<0.34)	t.r.(<1.1)	N.D.(<0.34)	t.r.(<1.1)	N.D.(<0.34)	t.r.(<1.1)	N.D.(<0.34)	t.r.(<1.1)	N.D.(<0.34)
酢酸エチル	9.0	3.8	11.9	3.7	29.2	6.41	24.5	17.8	15.8	9.48	19.3	1.11	16.6	8.74
酢酸ブチル	10.3	2.1	11.7	1.9	22.3	2.84	5.09	1.85	2.14	1.30	5.00	2.77	5.76	2.23
メチルエチルケトン	32.3	18.3	-	-	42.1	24.4	31.9	24.6	23.3	20.7	33.7	28.3	38.5	31.1
メチルイソブチルケトン	6.6	2.3	5.8	1.6	13.9	7.13	17.1	13.1	9.76	6.94	9.51	7.75	8.63	6.47
エタノール	7.3	0.8	4.8	0.8	7.57	2.07	4.43	1.58	1.75	t.r.(<1.1)	4.00	1.61	2.97	1.25
i-ブタノール	281.2	84.7	-	-	58.0	20.9	326	180	198	140	131	60.8	90.6	43.9
n-ブタノール	5.1	1.9	6.8	1.4	1.27	N.D.(<0.14)	0.726	N.D.(<0.47)	0.798	N.D.(<0.14)	1.11	0.930	0.981	0.670
ノナナール	5.9	3.4	15.8	6.8	4.03	2.37	1.60	1.19	24.8	0.617	2.46	1.66	2.76	2.11
					52.7	49.0	23.8	20.0		20.7	70.1	64.8	50.5	46.8

(2) 室内濃度指針値（厚生労働省）

　シックハウス問題の顕在化を受けて，厚生労働省では**室内濃度指針値**の設定に乗り出し，1997年にホルムアルデヒドの室内濃度指針値を設定したのを皮切りに，2002年までに13物質の室内濃度指針値と**総揮発性有機化合物**（TVOC：Total Volatile Organic Compounds）の暫定目標値が定められた（表2.6）[36), 41), 45)]。室内濃度指針値は，その時点での科学的な知見にもとづいて設定されており，「一生涯その化学物質について指針値以下の濃度の曝露を受けたとしても，健康への有害な影響を受けないであろうとの判断により設定された値」というのもあるため，一時的に指針値を超えたとしても直ちに健康への有害な影響を生ずるものではな

表2.6　厚生労働省により定められている我が国の室内濃度指針値とその毒性指標

物質	毒性指標	室内濃度指針値
ホルムアルデヒド	ヒト曝露における咽喉頭粘膜への刺激	$100\,\mu g/m^3$ (0.08 ppm)
トルエン	ヒト曝露における神経行動機能および生殖への影響	$260\,\mu g/m^3$ (0.07 ppm)
キシレン	曝露妊娠ラットからの子の中枢神経系発達阻害	$870\,\mu g/m^3$ (0.20 ppm)
エチルベンゼン	マウス曝露による肝臓・腎臓などへの影響	$3800\,\mu g/m^3$ (0.88 ppm)
スチレン	ラット曝露による肝臓・腎臓などへの影響	$220\,\mu g/m^3$ (0.05 ppm)
パラジクロロベンゼン	ビーグル犬曝露による肝臓・腎臓などへの影響	$240\,\mu g/m^3$ (0.04 ppm)
クロロピリフォス　　　　　（小児）	母ラット曝露により生れてくる子の神経発達阻害あるいは脳への形態学的影響	$1.0\,\mu g/m^3$ (0.07 ppb) (小児)$0.1\,\mu g/m^3$ (0.007 ppb)
ダイアジノン	ラット吸入曝露における血漿および赤血球コリンエステラーゼ活性への影響	$0.29\,\mu g/m^3$ (0.02 ppm)
テトラデカン	C8-C16混合物のラット経口曝露における肝臓への影響	$330\,\mu g/m^3$ (0.041 ppm)
フタル酸ジ-n-ブチル	母ラット曝露によりの子の生殖器の構造異常	$220\,\mu g/m^3$ (0.02 ppm)
アセトアルデヒド	ラットの経気道曝露における鼻腔嗅覚上皮への影響	$48\,\mu g/m^3$ (0.03 ppm)
フェノブカルブ	ラットの経口曝露におけるコリンエステラーゼ活性などへの影響	$33\,\mu g/m^3$ (3.8 ppb)
フタル酸ジ-2-エチルヘキシル	ラット経口曝露における精巣への病理組織学的影響	$120\,\mu g/m^3$ (7.6 ppb)
総揮発性有機化合物	国内の室内VOC実態調査の結果から，合理的に達成可能な限り低い範囲で決定	(暫定目標値) $400\,\mu g/m^3$

い。また，シックハウス症候群のメカニズムや閾値についてはわかっていないため，ヒトもしくは動物に対するさまざまな毒性指標についての既存の有害性データにもとづいて求められているおり，シックハウス症候群そのものを対象とした指針値ではない。また，この中で，可塑剤として用いられるフタル酸ジ-n-ブチル（DBP）とフタル酸ジ-2-エチルヘキシル（DEHP）は次節で述べる準揮発性有機化合物（SVOCs）であるが，指針値が13物質としてまとめて示されていることから合わせてここに示した。

TVOCは，VOCsの総量を意味するものである。暫定目標値の400 μg/m^{3}については，国内家屋の室内VOCs実態調査の結果から，達成可能な限り低い濃度として設定されたものである[41]。この目標値は，毒性に関する科学的知見にもとづいて求められたものではないが，指針値対象物質以外の化学物質に対しても一定以下の濃度にして，新たな物質による健康被害をできる限り抑えようとするものである。現在のところ，測定法によって大きく値が異なることや，有害性の極めて低い物質や天然起源で下げることが困難な物質なども含まれていることなど，いくつかの課題がある。ただし，スクリーニングのための目標値として非常に有用なものであり，今後，これらの課題を解決しながらうまく活用されることが望まれている。

(3) そのほかの各種規制

前述のように，シックハウス問題の高まりを受けて，1997年から2002年にかけて，厚生労働省による室内濃度指針値の制定がなされた。1997年のホルムアルデヒドの室内濃度指針値の制定以降，各省庁によりさまざまな法規制が制定され，室内空気質の改善が図られてきた。

1999年には，**「住宅の品質確保の促進などに関する法律」**（通称，品確法）が制定され，住宅の性能評価およびラベリング表示ができるようになった[67]。具体的には，住宅構造の安定性や，火災時の安全性や省エネ性能や室内空気質などの9項目の性能について専門家が評価し，消費者に対して性能を表示する仕組みである。この制度の活用は任意のものであるが，消費者が室内空気質の情報を取得しやすくするとともに，建設業者に対しても，よりよい住宅の提供を促すものとなっている。室内空気質については，ホルムアルデヒドの放散量等級，家全体お

よび局所における換気性能，室内空気中の化学物質濃度（ホルムアルデヒド，トルエン，キシレン，エチルベンゼン，スチレンの5物質）について表示することになっている[68]。アセトアルデヒドについては，2003年に測定対象に追加された[69]が，2004年に削除されている[70]。

2003年には，**建築基準法**が改正され，室内空気質を改善するための項目が3点追加された[18]。1点目はクロロピリフォスの使用禁止，2点目はホルムアルデヒド放散建材の使用制限，3点目は24時間機械換気設備の義務化である。クロロピリフォスは防蟻剤として床下に使用されていた化学物質であり，神経毒性が強いことから，住宅建築時の使用が禁止されることとなった。ホルムアルデヒドについては，建材からの放散量別に表示なし～F☆☆☆☆の4等級に分けられ，等級別に使用制限が設けられた（2.2節，表2.2参照）。換気については，換気回数0.5回/h以上の性能を持ち，24時間稼働できる機械換気設備を設置することが義務付けられている。換気回数とは，1時間に部屋の空気のうちどれだけの割合を外気と交換できるかの指標であり，0.5回/hは1時間に部屋の空気の半分を外気と交換できるという性能を意味している。

シックスクール関連については，**学校環境衛生**の基準が2002年および2004年に改訂され[71],[72]，室内空気に関する基準が追加されている。具体的には，ホルムアルデヒドおよびトルエンの教室内濃度を毎年測定し，基準値を超えた場合には換気の励行と発生量の低減化を図ることとなっている。また，キシレン，エチルベンゼン，スチレン，パラジクロロベンゼンについても，特に必要と認める場合には同様に測定と対策を行うこととなっている。発生源となりうる学校備品の納入があった際にも，同様の測定を行うこととされている。

(4) 規制の効果

国土交通省は，2000～2005年にかけて，新築住宅におけるホルムアルデヒド，アセトアルデヒド，トルエン，エチルベンゼン，m, p-キシレン，スチレンの室内濃度の調査を行った。これらの化学物質の新築住宅における室内濃度については，アセトアルデヒドを除き激減しており，厚生労働省の指針値を超過する住宅は極めて少なくなっている（図2.20）[68]。これは，厚生労働省指針値の設定による企業の使用化学物質変更や建築基準法の改正による換気量増によるものと考え

られる。アセトアルデヒドに関しては，木材などの天然起源からの放散量が減らせないため，室内濃度が低減していないものと考えられる。

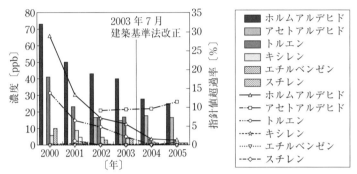

棒グラフが室内濃度(左縦軸)を，線グラフが指針値超過件数の割合(右縦軸)を示している

図 2.20　新築住宅の室内濃度

2.2.5　測定方法

室内空気中VOCs濃度の測定法は，時間平均値(ある一定時間における平均値)と連続測定値(瞬時値の経時変化)を求める場合とで2つの方式に大別される(図2.21)。前者は感度・精度に優れ，多点同時測定も可能である。後者は，同一地点での濃度変化を調べるのに適しているが，感度や物質選択性(目的物質以外の応答が加算されてしまう)に課題がある。

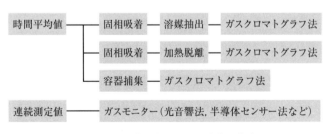

図 2.21　室内空気中 VOCs 濃度測定法

2.2 揮発性有機化合物 (VOCs)

時間平均値を求める方法は，捕集形式の違いにより固相吸着法と容器捕集法に大別される。容器捕集は，真空にした容器（キャニスター，真空瓶）を測定地点で開放し，室内空気を採取する方法である。固相吸着法は，固体の吸着剤に室内空気を接触させ，VOCsを吸着剤に分離濃縮して採取する方法である。また室内空気を強制的に接触させる方法をアクティブ法，受動的に接触させる方法をパッシブ法という (2.1節の2.1.7項参照)。VOCsの分離定量には，一般に**ガスクロマトグラフ** (GC) 装置が用いられ，検出器には**質量分析計** (MS) や**水素炎イオン化検出器** (FID) などが利用される。以下，もっとも一般的に用いられる固相吸着法について詳述する。

(1) サンプリング

室内空気中のVOCsはホルムアルデヒド同様，アクティブ法またはパッシブ法によりサンプリングする。捕集には吸着剤が用いられ，吸着剤から分析対象物を脱離してGC装置に導入する際，溶媒を用いて抽出する溶媒抽出法と吸着剤を加熱して脱離する加熱脱離法に大別される。アクティブ法，パッシブ法とともに溶媒抽出法を用いる場合が多く，アクティブ法の場合は，市販のVOCs用サンプラーを空気採取ポンプに取り付けて，0.5〜1.0 L/minで30分間，おおむね15〜30 Lの空気を採取する。パッシブ法の場合には，市販のVOCs用サンプラーを用いて8〜24時間採取する。

(2) 溶媒抽出法

溶媒抽出法は，捕集管が安価で管理しやすく，GC装置に特別な機能を追加せずに分析できるので広く利用されているが，抽出溶媒の影響により測定感度の低下する物質がある点や抽出効率を考慮する点などの留意点もある。

(a) 吸着剤

溶媒抽出法で使用される吸着剤は一般的にヤシ殻活性炭である。活性炭を利用したVOCsの吸着は物理吸着によるものである。この方法の適用範囲は，炭化水素類，ハロゲン化炭化水素類，エステル類，グリコールエーテル類，ケトン類およびアルコール類を含む広範囲となっている。しかし，低沸点化合物の破過容量が小さく，SVOCsのような化合物の場合はごく一部しか抽出できないなどの注意点がある。表2.7に溶媒抽出法での代表的な吸着剤の種類を示す。

表2.7 溶媒抽出法で用いられる吸着剤

吸着剤名	吸着材料
Charcoal	ヤシ殻活性炭
	石油系活性炭
Carbotrap	グラファイトカーボン
CarbosieveS Ⅲ	カーボンモレキュラーシーブ
Carboxen569	カーボンモレキュラーシーブ
Anasorb CMS	カーボンモレキュラーシーブ

捕集時の湿度の影響については，低沸点の極性が大きなVOCsに影響をおよぼす可能性があるので，低沸点極性VOCsを対象とする場合は，捕集管の前段部分に過塩素酸マグネシウムを充填するなどの措置を検討する。また，活性炭を利用した捕集で，スチレンの回収率が問題視されるケースがあるので，適した吸着剤であるかを確認（抽出工程も含めて）したうえで，使用することが望ましい。

(b) 溶媒抽出

捕集後，清浄な試験室内で試験管などに活性炭を取りだし，1～2 mLの二硫化炭素を加えて抽出する。二硫化炭素を用いる理由としては，比表面積の大きい炭素系の吸着材から多種のVOCsが抽出できること，カラム分離においては，沸点が低くおおむねほかのVOCsより早く溶出すること，検出においてはFIDおよびMSでの感度が低いことなどが挙げられる。アルコール系の化合物の抽出にアセトンを用いる場合があるが，炭化水素系の抽出効率が低い。無極性のn-ヘキサンはGCの検出器に**電気化学検出器**（ECD）を用いる場合，トルエンは高沸点VOCsを対象とする場合に限り使用される。また溶媒を加える際に，トルエン-d8などの内部標準物質を添加することで，内部標準法を用いることもできる。

(c) 分離定量

分離操作にはGC装置を用いる。検出器はFIDまたはMSを用いる。GC装置に設置されたキャピラリーカラム中を流れる移動相と固定相の相互作用により試料中成分を分離する。移動相には不活性ガスを用いるため，一般的にはヘリウムガスを利用する。固定相の分離カムには，無極性の100%ジメチルポリシロキサンおよび100%メチルポリシロキサン，微極性の（5%-フェニル）-ジメチルポリシ

ロキサンが一般的に使用される。GC装置の場合には，温度の昇温条件やカラムの種類，カラムのサイズ，移動相流速をコントロールすることによって適切な分析条件を組み立てる。分離を決定する因子に移動相組成は考慮しないのが高速液体クロマトグラフ（HPLC）との相違点である。また，検出器にMSを使用することによってマススペクトルが得られる。一般的には電子イオン化法（EI法）というイオン化法のMSが用いられる。MSの特徴は，対象化合物とは異なった未知の化合物が検出されたときに，その未知化合物の推定ができることである。

(3) 加熱脱離法

(a) 捕集材

加熱脱離法によるVOCsの測定では一般的にはステンレス鋼製またはガラス製のチューブにTenax TAを充填した加熱脱離用サンプラーが利用される。Tenax TAは，2,6-ビフェニル-p-フェニレンオキシド構造の耐熱性樹脂のことで，広範囲のVOCsを捕集できる。本法の特徴は，サンプラーに捕集後，加熱脱離による分析装置への一斉導入が可能であるため低濃度の室内空気中化合物対しても一種の濃縮分析として測定を行える点である。吸着剤もTenax TAに限らずほかの吸着剤に代用または，二重構造捕集，同時捕集等行うことで広範囲にわたる化合物の微量測定が可能となる。一方，加熱による吸着剤の分解物生成や水分存在下でオゾンや窒素酸化物に接触することでのベンズアルデヒドやアセトフェノンの生成の可能性があるため，あらかじめ妨害となるような因子の確認をしておく必要がある。

(b) 加熱脱離

加熱脱離用捕集管で捕集した化合物を分析装置に導入するには**加熱脱離装置**（TD：Thermal Desorber）を使用する。TDはサンプラーを加熱することで化合物を脱離する。脱離後の化合物は，再び冷却トラップで保持をされ，再脱離後に不活性ガスによって移送管（トランスファーライン）を通って，GCに導入される。加熱脱離装置内からのスプリット導入も可能な機種もあるため，想定される濃度域にもとづき試料導入量を設定することが可能である。後述する農薬・フタル酸などのSVOCsを分析する際には，吸着点を作らないよう配慮する必要があり，不活性化処理したサンプラーの使用やトランスファーラインの温度管理をは

じめ，接続部の不活性化処理，可塑剤の有無への配慮が必要である。
(c) 分離定量

分離定量操作は抽出溶媒法での測定と同様の手順で行う。本法のメリットは，抽出操作がないことから，溶媒の影響を受けないことである。加熱脱離による試料導入は脱離後の再捕集機能を有した特別な装置以外は，再分析が不可能であるので注意が必要である。したがって，加熱脱離法を用いる場合は，予備のサンプルを用意する。予備分については捕集流量を低くしておくなどの措置をとり，スプリット条件が合わない場合や装置の不具合に備える。

(d) 留意点

加熱脱離法は捕集した化合物を直接GCに導入できるため，感度のよい分析が可能であるが，高価な加熱脱離装置が必要であることや熱による操作なので吸着剤自身の分解物に配慮する点，基本的に再分析が不可能である点などの留意点もある。また，特に高濃度が予想される場合には，空気採取量を減らすことや予備サンプルを用意して複数の空気再採取量で測定を行うことが必要である。

この点について，さらに詳しく述べると，サンプラーの**保持容量**（retention volume）と**安全採取量**（SSV：Safe Sampling Volume）について考える必要がある。

保持容量とは，GCのキャリヤーガスによりサンプラーから溶出した少量の有機ガス成分のピーク頂点があらわれるまでに流れたキャリヤーガスの体積である。

一方，安全採取量とは，使用するサンプラーの最大試料採取量のことで，破過容量の70％または保持容量の50％に等しい採取空気体積のことである。

破過容量は，溶出成分濃度が，注入試料濃度の5％に達するまでにサンプラーを通過した空気の体積である。つまり，サンプラー内に留まることのできる程度を示すのが破過である。対象とする化合物や使用するサンプラーによって破過容量も変化することから，サンプリング以前に，それらの確認を行っておく必要がある。ただし，通常の室内において作業環境のような高濃度となるケースはほとんどないのが現状である。

2.3 準揮発性有機化合物(SVOCs)

2.3.1 準揮発性有機化合物とは？

　準揮発性有機化合物(SVOCs：Semi-Volatile Organic Compounds)は，沸点が240〜260℃から380〜400℃で，常温常圧でわずかに揮発する有機化学物質の総称である[74]。揮発性が低いことから，室内発生源からの放散量はVOCsと比べて低く，室内空気中へ放散された後，建材や家具等の表面やダストの表面に吸着して存在していることが多く，可塑剤や難燃剤・防炎剤，防蟻剤・殺虫剤，殺菌剤・抗菌剤などとして用いられている物質が多い。

2.3.2 準揮発性有機化合物の室内発生源

(1) 可塑剤

　可塑剤は，樹脂を変形して加工しやすくするために添加される材料である。壁紙や床材，電線被覆材，家具やテーブルクロス，カバンや履物，掃除機のホース，おもちゃなど，室内のさまざまなプラスチック製品中に使用されている[75]。可塑化のメカニズムは，可塑剤が電気的に強く結ばれている樹脂の配列の間に入り込むことで，その規則正しい配向を阻害し，分子間距離を広げることにより，可塑化させるというものである(図2.22)。そのため，可塑剤は，極性部分と非極性部分を持っていることが求められる。また，樹脂と相溶性があることや水・空気中への移行が小さいこと，電気の絶縁性がよいことなども可塑剤として求められる性質である[76]。

　可塑剤は，さまざまなプラスチック製品に含まれており，室内でもよく検出される。特に，塩化ビニル樹脂(PVC)は，可塑剤の添加量を変えることで柔軟性を制御できるため，多く使用されている。塩化ビニルに添加されるフタル酸エステル類やリン酸エステル類やアジピン酸エステル類などが広く知られている。

　2013年に国内で生産された可塑剤の80％がフタル酸エステル類(50％はフタル酸ジ-2-エチルヘキシル(DEHP)，25％がフタル酸ジイソノニル(DINP))，10％がリン酸エステル類，6％がアジピン酸エステル類とされている[77]。

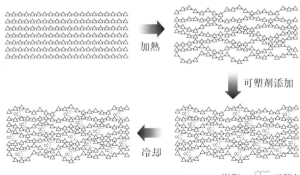

加熱して歪んだ樹脂の配列の間に可塑剤が入り込み，失った配向を安定化させることで，冷却後も可塑化した樹脂が得られる

図 2.22　可塑剤の原理の概念図

(2) 難燃剤[78)～81)]

難燃剤は，プラスチックや繊維，木材などを燃えにくくして，火災を防止するために用いられる材料である。燃焼には，燃焼物質の存在，熱，酸素（空気）の三要素が必要とされており，難燃剤はそれらを阻害することで燃焼を困難にする（図 2.23）。リン酸エステル系，ハロゲン化炭化水素系，無機系の化合物が用いられている。

リン酸エステル類は，燃焼時に酸化して断熱層となるチャーの生成や燃焼で生成する活性ラジカルと反応することによる酸化反応の阻害により，燃焼の継続を

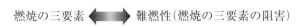

・燃焼物の除去
　［燃焼ガスの希釈／分解の阻害］
・熱の遮断・冷却
　［断熱層の生成，酸化反応阻害，脱水／吸熱反応］
・酸素（空気）の遮断
　［酸素遮断層の生成，酸素（空気）の希釈］

燃焼ときに燃焼の三要素を阻害する働きが起こるような物質が難燃剤として使用される

図 2.23　難燃剤の原理の概念図

2.3 準揮発性有機化合物（SVOCs）

困難にする。ハロゲン化合物は，活性ラジカルとの反応による酸化反応の阻害，臭化水素や塩化水素などの不燃性ガスの生成，断熱層の炭化物生成により難燃効果を発揮する。金属の水酸化物は，脱水・吸熱反応による温度上昇阻害，不燃性ガスの生成による燃焼ガスの希釈，生成チャーによる断熱効果にもとづく難燃性を有している。そのほかに，燃焼時に架橋を促進することで発火点の低い低分子化合物への分解を阻害するものもある。

消防法の規定により，高層建築物や地下街，劇場や映画館，展示場や病院などにおけるカーテンやじゅうたんなどの繊維製品や，展示用の合板，どん帳，そのほか舞台において使用する幕および大道具用の合板には，防炎製品の使用が義務付けられており[82]，多くの難燃剤が使用されている。一般住宅の内装に対しては，防炎製品の使用は義務付けられていないが，難燃剤が使用されている材料は少なくない。消防法では，残炎時間（着炎後，炎を上げて燃える状態がやむまでの経過時間）が，20秒以下であることや残じん時間（着炎後，炎を上げずに燃える状態がやむまでの経過時間）が30秒以下であることなどの要件をすべて満たすものが防炎性能の基準とされている[82]。建築基準法においては，加熱開始後5分間

① 燃焼しない
② 防火上有害な変形，溶融，き裂などの損傷を生じない
③ 避難上有害な煙またはガスを発生しない

この3要件を満たすものが難燃材料と定義されている[83]。また，多くの電気製品に対して，難燃性の付与が求められており，米国のUL規格などが定められている。

2.3.3 室内に存在している準揮発性有機化合物

室内には，多くのSVOCsが存在していると考えられる。次に，代表的な物質について示す。

(1) フタル酸エステル類[84〜92]

フタル酸エステル類は，フタル酸とアルコールからなるエステルである。代表的なものとして，フタル酸エチル（DEP），フタル酸ジ-*n*-ブチル（DBP），フタル酸ジ-2-エチルヘキシル（DEHP），フタル酸ジイソノニル（DINP）などが挙げられる。これらはいずれも，常温常圧では無色の粘性を持った液体である。DEP，

DBP, DEHP, DINPの沸点は，285℃，340℃，385～386℃，403℃であり，いずれも水に溶けにくいもしくはほとんど溶けない（水溶解度1.1～1.2 g/L（25℃），13 mg/L（25℃），1 mg/L（25℃），0.0006 mg/L（20℃））。DEHPやDINPは，樹脂製品の可塑剤として利用されており，住宅内装材やレザー製品，電線被覆材，農業用シートなどに広く使用されている。また，可塑剤としての用途以外に，DEPは香料や化粧品原料として，DBPは接着剤や塗料の加工性向上添加剤としても用いられている。

フタル酸ジエチル（DEP）

フタル酸ジ-*n*-ブチル（DBP）

フタル酸ジ-2-エチルヘキシル（DEHP）

フタル酸ジイソノニル（DINP）

2002年の評価では，DEHPへの曝露は，食品経由の経口曝露の寄与が大きく，室内外における吸入曝露の寄与は小さいとされており，塩ビ製手袋から食品への移行の可能性が示唆されていた。ただし，近年では，食品を取り扱う工程での手袋，食品包装や幼児用おもちゃ，医療用器具には，DEHPはほとんど用いられなくなっている。

　DEPやDBPは，遺伝毒性がないものとされているが，発がん性は実施されていないため，発がん性の有無については判断できない。DEHPおよびDINPとそれらの代謝物は，ほとんどの試験で遺伝毒性を示していない。発がん性については，げっ歯類で肝細胞がんがみられているが，げっ歯類特有の発がんであること

から，ヒトに対する発がん性を示す可能性は低い。いずれのフタル酸エステル類も，急性毒性は低いものとされている。DBPやDEHPの有害性としては，精巣毒性と生殖毒性が報告されているが，DEPやDINPがそれらの毒性を持つ可能性は低い。ただし，DINPは，ラットに対する2年間の混餌試験において，15 mg/kg-bw/dayで肝機能障害が観察されている。また，欧州などでは，室内のフタル酸エステル類の濃度と喘息の発生率の間に相関がみられたとの報告もある。厚生労働省によるDBPの室内濃度指針値は，母ラット経口暴露における新生児の生殖器の構造異常などへの影響，$220 \mu g/m^3$と設定されている。厚生労働省によるDEHPの室内濃度指針値は，ラット経口暴露における精巣への病理組織学的影響にもとづいて，$120 \mu g/m^3$と設定されている。IARCは，DEHPをグループ2B（ヒトに対する発がん性が疑われる）に分類している（経済産業省の評価書や厚生労働省の報告書では，「IARCは2000年2月にDEHPをグループ2Bからグループ3（ヒトに対する発がん性について分類できない）に変更している」と記載されているが，IARCが公開しているモノグラフでは2Bのままであるため，ここでは2Bと記載した）。2002年および2004年の環境省の初期リスク評価では，DEHPへの曝露によるリスクは低いものの詳細な評価が必要としており，DEPやDBPへの曝露によるリスクは低く現時点で何らかの作業は必要しないとしている。また，2005年の産業技術総合研究所の詳細リスク評価では，リスクの懸念は小さいとされている。

(2) リン酸エステル類[92]〜[96]

リン酸エステル類は，リン酸とアルコールからなるエステルである。代表的なものとして，リン酸トリブチル（TBP），リン酸トリフェニル（TPP），リン酸トリクレジル（TCP），リン酸トリス（2-クロロエチル）（TCEP）などがある。常温常圧では，TPPは無色無臭の粉末，TCPとTCEPは無色無臭の液体である。TBP，TPP，TCP，TCEPの沸点は，289℃（分解），245℃，265℃（m-体），300℃であり，いずれも水に溶けにくいもしくはほとんど溶けない（水溶解度280 mg/L（25℃），1.9 mg/L（25℃），0.36 mg/L（25℃），7.0 g/L（20℃））。ちなみに，TCPには，原料によりo-体（オルト体），m-体（メタ体），p-体（パラ体）が存在するが，現在ではo-体は含まれないように製造されている。これらの物質は，さまざまな樹

脂や合成ゴムの難燃性可塑剤として広く使用されており、建材などにも広く使用されている。特にTCEPはほとんどがウレタン樹脂用の難燃剤として用いられている。また、これらのリン酸エステル類は、オイル添加剤としての用途もある。

　TBP、TCP、TPPおよびTCEPは、動物試験などから遺伝毒性および発がん性はないものと考えられるが、ヒトについての知見はない。TBPやTPP、TCEPへの高用量曝露では、体重増加や臓器重量増加、生殖発生毒性が報告されているが、概して毒性は低いと考えられる。o-体のTCPは、急性毒性として、頭痛や腹痛や嘔吐、そして中枢神経系や末梢神経系に対する機能障害を引き起こすとされている。中長期毒性としても、o-体のTCPは代謝物による神経毒性を引き起こす。o-体以外のTCPについては、o-体ほど有害性は高くないが、コリンエステラーゼ活性阻害が報告されている。IARCは、TCEPをグループ3に分類している。ちなみに、かつては難燃材として使用されていたが、現在では規制などによりほとんど使用されていないリン酸トリス(2,3-ジブロモプロピル)は、IARCによりグループ2A(ヒトに対しておそらく発がん性がある)に分類されている。環境省の初期リスク評価では、TBP、TCP、TPPおよびTCEPへの曝露によるリスクは低く現時点で何らかの作業は必要しないとされている。

2.3.4 準揮発性有機化合物の室内濃度

東京都健康安全研究センターは,1999〜2000年にかけて,住宅およびオフィスビル内での10種類のフタル酸エステル類濃度を調査し,フタル酸ジ-n-ブチル(DBP)およびフタル酸ジ-2-エチルヘキシル(DEHP)の住宅室内濃度が特に高かったとしている(中央値:471 ng/m^{3}および308 ng/m^3)(表2.8)[97]。東京都健康安全研究センターは,2000〜2001年にかけて,住宅およびオフィスビル内での11種類のリン酸エステル類濃度を調査し,住宅ではTBP,オフィスビルではTCIPP(リン酸トリス(2-クロロイソプロピル))が高かったとしている(中央値:7.1 ng/m^{3}および14.9 ng/m^3)(表2.9)[98),99]。

表2.8 室内空気中のフタル酸エステル類の濃度

	斎藤ら(1999〜2000年調査)[97]					
	住宅室内濃度(N=92)〔ng/m^3〕		オフィス室内濃度(N=92)〔ng/m^3〕		外気濃度(N=92)〔ng/m^3〕	
	中央値	最大〜最小	中央値	最大〜最小	中央値	最大〜最小
DMP	40.4	4.3〜6,290	55.4	7.7〜2,640	4.6	<0.50〜51.1
DEP	48.9	<5.0〜857	114	9.1〜334	<5.0	<5.0〜19.5
DBP	471	78.4〜7,220	684	170〜4,700	27.2	<15.0〜194
DEHP	308	51.6〜2,380	257	10.8〜829	59.4	<10.0〜547
DINP	-	-	-	-	-	-

表2.9 室内空気中のリン酸エステル類の濃度

	斎藤ら(2000〜2001年調査)[98),99]					
	住宅室内濃度(N=88)〔ng/m^3〕		オフィス室内濃度(N=44)〔ng/m^3〕		外気濃度(N=34)〔ng/m^3〕	
	中央値	最大〜最小	中央値	最大〜最小	中央値	最大〜最小
TEP	5.7	<0.5〜212	6.0	1.0〜41.6	0.57	<0.50〜6.2
TBP	7.1	0.78〜396	13.9	<0.50〜77.1	0.53	<0.50〜2.2
TCIPP	4.2	<1.0〜14,230	14.9	1.8〜171	2.0	<1.0〜26.9
TCEP	4.6	<1.0〜372	9.6	<1.0〜553	<1.0	<1.0〜3.0
TPP	<1.0	<1.0〜15.1	1.8	<1.0〜13.5	<1.0	<1.0〜2.9
TCP	<4.0	<4.0〜9.2	<4.0	<4.0〜5.0	<4.0	<4.0

これらのSVOCsは，ガスとしてより粒子に吸着して存在している量が多いことが報告されている[100),101)]。室内のハウスダスト中のフタル酸エステル類の調査では，DEHPやDINPの濃度が高いと報告されている（中央値 759～1,110 ng/g および 92～139 ng/g）（表2.10）[102),103)]。室内のハウスダスト中のリン酸エステル類の調査では，TCIPPおよびリン酸トリス（2-ブトキシエチル）（TBOEP）の濃度が高いと報告されている（表2.11）[104)]。

表2.10 室内ハウスダスト中のフタル酸エステル類の濃度

	Bamai et al.(2006年調査)[103)]				Bamai et al.(2009～2010年調査)[102)]	
	床上のハウスダスト(N=148)〔ng/g〕		さまざまな表面のダスト(N=120)〔ng/g〕		床上のハウスダスト(N=128)〔ng/g〕	
	中央値	最大～最小	中央値	最大～最小	中央値	最大～最小
DMP	＜DL	＜DL～61.3	＜DL	＜DL～5.2	＜0.5	＜0.5～7.6
DEP	0.28	＜DL～2.9	0.26	＜DL～9,000	＜0.5	＜0.5～58.7
DBP	19.3	＜DL～2,100	20.6	＜DL～3,640	16.6	＜2.0～1,670
DEHP	759	98.2～12,100	854	31.6～10,200	1110	213～7,090
DINP	95.0	9.1～5,820	92.3	＜DL～13,100	139	44.9～2,100

表2.11 室内ハウスダスト中のリン酸エステル類の濃度

	Tajima et al. (2009～2010年調査)[105)]			
	床上のハウスダスト(N=48)〔ng/g〕		高い場所の表面のダスト(N=128)〔ng/g〕	
	中央値	最小～最大	中央値	最小～最大
TEP	＜0.26	＜0.26～0.72	＜0.26	＜0.26～0.49
TBP	＜0.36	＜0.36～2.46	0.74	＜0.36～60.6
TCIPP	0.74	＜0.56～393	2.23	0.82～621
TCEP	＜0.65	＜0.65～38.8	1.17	＜0.65～92.2
TBOEP	30.9	3.89～937	26.6	12.1～1,933
TDCIPP	＜0.59	＜0.59～9,745	＜0.59	＜0.59～73.1

2.3.5 測定方法

室内空気中SVOCs濃度の捕集は，アクティブな固相吸着法によって行われることが一般的で（図2.24），溶媒抽出法または加熱脱離法により分析が行われる。捕集剤は，スチレンジビニルベンゼン共重合体およびオクタデシルシリル化シリカゲル，カーボン系吸着剤を用い，粒子状での存在も考慮して石英フィルターなどを組み合わせるのが望ましい。ガスクロマトグラフ（GC）装置に装着するキャピラリーカラムはVOCsと同様に無極性の100％ジメチルポリシロキサンおよび100％メチルポリシロキサン，微極性の(5％-フェニル)-ジメチルポリシロキサンが使用可能だが，一般的には微極性のカラムが使用される。検出器には質量分析計（MS）が汎用される。次に，測定対象ごとに詳述する。

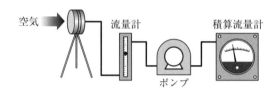

図2.24 アクティブ法によるSVOCsの固相吸着捕集（構成図）

(1) 厚生労働省測定マニュアル[91]

厚生労働省はフタル酸エステル類の2種（フタル酸ジ-n-ブチルおよびフタル酸ジ-2-エチルヘキシル），窒素系殺虫剤（フェノブカルブ），有機リン系殺虫剤（クロロピリホスおよびダイアジノン）について室内濃度指針値を設定し(2.2節，表2.6参照)，シックハウス検討会中間報告において標準的な測定方法を提示している。実務的にはこの室内濃度指針値を対照とした室内濃度測定が行われる機会が多く，固相吸着-溶媒抽出法が多く用いられる。

捕集剤は市販のTenax-TAとポリウレタンフォームから成る捕集剤がおもに使用され，10 L/minの流量で2時間吸引捕集する（空気捕集量1,200 L）。抽出方法はアセトンによる超音波抽出を用い，ガスクロマトグラフ質量分析計（GCMS）で定量する。

本法を利用してリン酸エステル類を測定することも可能である。検出器につい

ては，選択的検出感度の観点から特定の検出器を用いることも可能である。例えば，FPD（炎光光度検出器）を用いることによってリンを含んだクロルピリホスの検出感度を選択的に高めることが可能である。

(2) 臭素系難燃剤[106]

捕集は石英フィルターおよびODSフィルターを組み合わせたものを使用し，10 L/minで24時間捕集を行う。抽出方法はアセトンによる超音波抽出を用いるが，感度の観点から必要に応じて，窒素ガス吹き付けによる濃縮を行うとよい。分析はGCMSで可能で，分離カラムについてはジメチルポリシロキサンを主体とした耐熱温度の高い臭素系難燃剤分析用のものが市販されている。

(3) アルキルフェノール類およびビスフェノールA[107]

捕集は石英フィルターおよびODSフィルターを組み合わせたものを使用し，10 L/minで24時間捕集を行う。抽出方法はアセトンによる超音波抽出を用いるが，感度の観点から必要に応じて，窒素ガスによる濃縮を行うとよい。また，アルキルフェノール類およびビスフェノールAは，複数のOH基を有するため吸着性が強く，注入口での汚染や分解により再現性に乏しい場合が生じる。したがって，BSTFA（N,O-ビス（トリメチルシリル）トリフルオロアセトアミド）によるトリメチルシリル誘導体化を行う必要があることから，抽出操作後にBSTFAを添加して対象化合物のシリル化を行う。定量はGCMSで行う。

引用・参考文献

1) 日本建築学会：日本建築学会環境基準AIJES-A001-2005 ホルムアルデヒドによる室内空気汚染に関する設計・施工等規準・同解説 (2005)
2) Hoetjer J.J.: Introduction to a theoretical model for the splitting of formaldehyde from composition board, *Rept.Methanol Chemi*, Nederland (1978)
3) 小座野貴弘, 関根嘉香, 末永義明, 西村厚司, 小峯裕己：高気密住宅における室内ホルムアルデヒド濃度の挙動に関する考察, 日本建築学会計画系論文集, 541, 43-48 (2001)
4) 山田智美, 瀬戸博, 千代田守弘, 清水隆浩, 箭内慎吾：新築住宅室内空気のホルムアルデヒド及びアセトアルデヒド濃度の調査, 平成23年度室内環境学会学術大会講演要旨集, 122-123 (2011)
5) 井上明生：デシケータ法によるホルムアルデヒド放散量と気中濃度との相関, 木材工業, 45 (7), 313-319 (1990)
6) 厚生省生活衛生局企画課：平成9年度快適な暮らしのスタイル開発促進事業報告書 建材・機械等の揮発性有機化合物に関するガイドライン, 厚生省 (1998)
7) 日本臨床環境医学会編：シックハウス症候群マニュアル, 日常診療のガイドブック, 東海大学出版会 (2013)
8) McGwin G., Lienert J., Kennedy Jr., J. I.: Formaldehyde exposure and asthma in children: a systematic review, *Environ. Health Pespect.*, 118, 313-317 (2010)
9) WHO IARC: IARC Monographs on the Evaluation of Carcinogenic Risks to Humans, Formaldehyde, 2-Butoxyethanol and 1-tert-Butoxypropan-2-ol, 88, 39-325 (2006)
10) National Academy of Sciences: NAS Review of the Environmental Protection Agency's Draft IRIS Assessment of Formaldehyde (Final Report) (2011)
11) 一般社団法人日本建築学会編：健康・快適に住宅づくりのチェックポイント, オーム社, 148 (2013)
12) WHO Regional Office for Europe: Air Quality Guideline：Global Update 2005, WHO Press (2006)
13) 製品評価技術基盤機構 (NITE)：身の回りの製品に含まれる化学物質2, 塗料 (2012) http://www.safe.nite.go.jp/shiryo/product/productinfo.html (2015.1.9 閲覧)
14) 製品評価技術基盤機構 (NITE)：身の回りの製品に含まれる化学物質1, 接着剤 (2012) http://www.safe.nite.go.jp/shiryo/product/productinfo.html (2015.1.9 閲覧)
15) 国土交通省：建築基準法 (施行令38条) (1950)
16) 国土交通省：建築基準法施行令第49条第2項 (外壁内部等の防腐措置等) 改訂 (1972)
17) 国土交通省：建築基準法施行令第20条 (2003)
18) 右田健児, 野田和之：畳に発生するダニ類の研究：ダニ類やカビの発生した家屋構造と平面計画 (材料・施工), 日本建築学会研究報告, 九州支部1, 構造系, 26,

89-92（1982）
19) 日本規格協会（JIS）：JIS A 5901：稲わら畳床及び稲わらサンドイッチ畳床（2004）
20) 大嶋智子：健康被害事例から見た家庭用品中の有害物質，生活衛生，50（5），351-358（2006）
21) 井原望，濱田信夫：天然系抗菌・抗カビ剤の利用の現状と将来，生活衛生，54（4），304-311（2010）
22) 製品評価技術基盤機構（NITE）：身の回りの製品に含まれる化学物質 5．家庭用防虫剤（2012）
http://www.safe.nite.go.jp/shiryo/product/productinfo.html（2015.1.9 閲覧）
23) 遠藤伸一：GC/FI-TOFMSによる石油製品の定性分析（2）：灯油成分の精密質量測定（2005），JEOL MS Data Sheet, MS Tips No. 063
http://www.jeol.co.jp/applications/pdf/ms/mstips063.pdf（2014.12.11 閲覧）
24) 遠藤伸一：P.2.1.7 家庭用石油燃焼機器の未規制物質の測定方法に関する研究開発，石油エネルギー技術センター 技術開発研究成果発表会 テーマ別要旨集，石油燃焼機器クリーン・高度燃焼技術開発，2（2003-2007）
http://www.pecj.or.jp/japanese/report/tech_thema/rep01_p.html#p2
25) 大貫文，菱木麻佑，斎藤育江，保坂三継，中江大：線香から放出される化学物質の調査．平成26年室内環境学会学術大会講演要旨集，148-149（2014）
26) Aggazzotti G, Fantuzzi G, Predieri G, Righi E, Moscardelli S.: Indoor Exposure to Perchloroethylene（Pce）in Individuals Living with Dry-Cleaning Workers, *Sci. Total Environ.*, 156（2），133-137（1994）
27) Moschandreas D.J., Odea D.S.: Measurement of Perchloroethylene Indoor Air Levels Caused by Fugitive Emissions from Unvented Dry-to-Dry Dry-Cleaning Units, *J. Air Waste Manage. Assoc.*, 45（2），111-115（1995）
28) McDermott M.J., Mazor K.A., Shost S.J., Narang R.S., Aldous K.M., Storm J.E.: Tetrachloroethylene（PCE, perc）levels in residential dry cleaner buildings in diverse communities in New York City, *Environ. Health Perspect.*, 113（10），1336-1343（2005）
29) 製品評価技術基盤機構（NITE）：製品からのVOC等放散による事故原因究明技術の強化検討報告書（2013）
30) Weschler C.J., Hodgson A.T., Wooley J.D., Indoor Chemistry - Ozone, Volatile Organic-Compounds, and Carpets, *Environ. Sci. Tech.*, 26（12），2371-2377（1992）
31) Kagi N., Fujii S., Tamura H., Namiki N.: Secondary VOC emissions from flooring material surfaces exposed to ozone or UV irradiation, *Build. Environ.*, 44（6），1199-1205（2009）
32) Weschler C.J., Shields H.C.: The influence of ventilation on reactions among indoor pollutants: modeling and experimental observations, *Indoor Air*, 10, 92-100（2000）
33) 野崎淳夫：室内オゾン汚染に関する研究（3）各種オゾン発生源と室内オゾン濃度

予測, 日本建築学会大会学術講演梗概集, 北陸, 977-978 (2002)
34) 中西準子, 岸本充生：詳細リスク評価書3 トルエン, 丸善 (2005)
35) 製品評価技術基盤機構 (NITE)：初期リスク評価書Ver. 1.0. No.87. トルエン (2006)
36) 厚生労働省：シックハウス (室内空気汚染) 問題に関する検討会　中間報告書－第1回～第3回のまとめ について (2000)
37) IARC. IARC Monograpgs- List of classifications
http://monographs.iarc.fr/ENG/Classification/ClassificationsAlphaOrder.pdf (2014.12.11 閲覧)
38) 中西準子, 牧野良次：詳細リスク評価書25 キシレン, 丸善 (2009)
39) 製品評価技術基盤機構 (NITE)：初期リスク評価書Ver. 1.0. No.62 キシレン (2005)
40) 厚生労働省：詳細リスク評価書 No.43 (詳細) エチルベンゼン. 化学物質のリスク評価検討会 (2011)
41) 厚生労働省：シックハウス (室内空気汚染) 問題に関する検討会　中間報告書－第4回～第5回のまとめについて (2000)
42) 製品評価技術基盤機構 (NITE)：初期リスク評価書 Ver. 1.0 No.52 スチレン (2007)
43) 中西準子, 吉門洋, 川崎一, 東野晴行：詳細リスク評価書18 ベンゼン. 丸善 (2008)
44) 中央環境審議会大気部会ベンゼンに関わる環境基準専門委員会報告 (1997)
https://www.env.go.jp/air/kijun/toshin/02-3.pdf (2014.12.11 閲覧)
45) 厚生労働省：シックハウス (室内空気汚染) 問題に関する検討会　中間報告書－第6回～第7回のまとめについて (2001)
46) 中西準子, 小野恭子, 岩田光夫：詳細リスク評価書7 p-ジクロロベンゼン, 丸善 (2006)
47) Shinohara N., Ono K., Gamo M. : Measurement of Emission rates of p-Dichlorobenzene from Moth repellents and Leakage rate of the Cloth Storage Cases, *Indoor Air*, 18 (1), 63-71 (2008)
48) 厚生労働省：初期リスク評価書 No.51 (初期) ナフタレン, 化学物質のリスク評価検討会 (2013)
49) ChemicalBook：カンファー
http://www.chemicalbook.com/ProductChemicalPropertiesCB7159844_JP.htm (2015.1.8 閲覧)
50) 昭和化学株式会社：2014. SDS シート
51) メルク株式会社：2014. SDS シート
52) 中西準子, 梶原秀夫, 川崎一：詳細リスク評価書22 トリクロロエチレン, 丸善 (2009)
53) 製品評価技術基盤機構 (NITE)：初期リスク評価書 Ver. 1.0 No.65 テトラクロロエチレン (2006)
54) 国際化学物質安全性カード (ICSC) 日本語版

http://www.nihs.go.jp/ICSC/icssj-c/icss0740c.html（2015.1.9閲覧）
55) 環境省：化学物質の環境リスク評価 第8巻［1］クロルピリホス（2010）
56) 環境省：化学物質の環境リスク評価 第2巻［36］ダイアジノン（2003）
57) 環境省：化学物質の環境リスク評価 第2巻［54］フェノブカルブ（2003）
58) 厚生労働省：シックハウス（室内空気汚染）問題に関する検討会中間報告書－第8回～第9回のまとめについて（2002）
59) 環境省：化学物質の環境リスク評価 第10巻［2］酢酸エチル（2012）
60) 環境省：化学物質の環境リスク評価 第1巻［11］酢酸ブチル（2002）
61) ChemicalBook：α-ピネン
http://www.chemicalbook.com/ProductChemicalPropertiesCB8209087_JP.htm（2015.1.9閲覧）
62) ChemicalBook：リモネン
http://www.chemicalbook.com/ProductChemicalPropertiesCB2178358_JP.htm（2015.1.9閲覧）
63) 東京都生活文化局消費生活部：家庭内で使用される化学物質の安全性等に関する調査（2002）
64) 松尾憲忠, 氏原一哉, 庄野美徳, 岩崎智則, 菅野雅代, 吉山寅仙, 宇和川賢：新規ピレスロイド系殺虫剤メトフルトリン（SumiOne®, エミネンス®）の開発, 住友化学 技術誌, 2005 – II, 4-16（2005）
65) 厚生省：居住環境中の揮発性有機化合物の全国実態調査について（1999）
66) NEDO：NEDO化学物質総合評価管理プログラム「化学物質のリスク評価及びリスク評価手法の開発」（平成13～18年度）成果報告書（2007）
67) 国土交通省：住宅の品質確保の促進等に関する法律（平成11年法律第81号）（1999）
68) 国土交通省：日本住宅性能表示基準（平成13年国土交通省告示第1346号）（1999）
69) 国土交通省：日本住宅性能表示基準改正（2003）
70) 国土交通省：日本住宅性能表示基準改正（2004）
71) 文部科学省：「学校環境衛生の基準」の改訂について．スポーツ・青少年局学校健康教育課（2002）
72) 文部科学省：「学校環境衛生の基準」の改訂について．スポーツ・青少年局学校健康教育課（2004）
73) 住宅リフォーム・紛争処理支援センター：平成17年度室内空気に関する実態調査報告書（2005）
74) WHO Regional Office for Europe: Air Quality Guideline：Global Update 2005, WHO Press（2006）
75) 製品評価技術基盤機構（NITE）：身の回りの製品に含まれる化学物質 子供用おもちゃ（2012）
http://www.safe.nite.go.jp/shiryo/product/productinfo.html（2015.1.9閲覧）

引用・参考文献

76) 可塑剤工業会：暮らしの中の可塑剤 フタル酸エステルの性質と働き（2004）
77) 塩ビ工業・環境協会：可塑剤の種類と使われ方
http://www.vec.gr.jp/anzen/anzen2_2.html（2015.2.23 閲覧）
78) 難燃剤協会：難燃剤とは．http://www.frcj.jp/whats/index.html（2015.2.23閲覧）
79) 葭原法：樹脂用添加剤・配合剤ガイドブック 第7回 燃焼で生成する活性ラジカルと反応することによる酸化反応の阻害．月間ポリファイル，2010 7月号，46-48（2010）
80) 全国危険安全協会：平成26年度版 危険物取扱必携 実務編（2014）
81) 東京都生活文化局消費生活部：家庭内で使用される化学物質の安全性等に関する調査（2002）
82) 総務省：消防法施行令 改正 平26政357（2014）
83) 国土交通省：建築基準法に基づく告示 H12建告1402（2000）
84) 中西準子，吉田喜久雄，内藤航：詳細リスク評価書1 フタル酸エステル −DEHP−，丸善（2005）
85) 環境省：化学物質の環境リスク評価 第3巻［17］フタル酸ジエチル（2004）
86) 環境省：化学物質の環境リスク評価 第1巻［29］フタル酸ジ（2-エチルヘキシル）（2002）
87) 環境省：化学物質の環境リスク評価 第1巻［30］フタル酸ジ-n-ブチル（2002）
88) 製品評価技術基盤機構（NITE）：初期リスク評価書 Ver. 1.0 No.11 フタル酸ジ-n-ブチル（2005）
89) 厚生労働省：器具及び容器包装並びにおもちゃの規格基準の改正に関する薬事・食品衛生審議会食品衛生分科会報告について（薬食審第0611001号）（2002）
90) 厚生労働省：シックハウス（室内空気汚染）問題に関する検討会 中間報告書−第4回〜第5回のまとめについて（2000）
91) 厚生労働省：シックハウス（室内空気汚染）問題に関する検討会 中間報告書−第6回〜第7回のまとめについて（2001）
92) IARC：IARC Monographs- List of classifications
http://monographs.iarc.fr/ENG/Classification/ClassificationsAlphaOrder.pdf
（2015.2.27 閲覧）
93) 環境省：化学物質の環境リスク評価 第1巻［39］リン酸トリス（2-クロロエチル）（2002）
94) 環境省：化学物質の環境リスク評価 第4巻［18］リン酸トリクレジル（2005）
95) 環境省：化学物質の環境リスク評価 第4巻［19］リン酸トリフェニル（2005）
96) 環境省：化学物質の環境リスク評価 第4巻［20］リン酸トリ-n-ブチル（2005）
97) 斎藤育江，大貫文，瀬戸博：室内空気中フタル酸エステル類の測定．室内環境学会誌 5 (1), 13-22（2002）
98) 斎藤育江，大貫文，瀬戸博：有機リン酸トリエステル類の室内および外気濃度測定．

日本エアロゾル学会 16 (3), 209-216 (2001)
99) 斎藤育江，大貫文，瀬戸博，上原眞一，鈴木孝人：住宅オフェスビルにおける室内空気中有機リン系難燃剤・可塑剤の測定．平成13年度室内環境学会総会講演集，194-197 (2001)
100) 香川 (田中) 聡子，田原麻衣子，川原陽子，上村仁，斎藤育江，武内伸治，五十嵐良明，神野透人：室内外空気中の粒子状およびガス状準揮発性有機化合物に関する研究．平成26年室内環境学会学術大会講演要旨集，124-125 (2014)
101) 田中佑佳，鍵直樹，並木則和，藤井修二：DEHPの模擬ダストへの吸着経路と吸着特性．2014年度日本建築学会大会 学術講演梗概集 2014 (環境工学II), 947-948 (2014)
102) Bamai A, Araki A, Kawai T, Tsuboi T, Saito I, Yoshioka E, Kanazawa A, Tajima S, Cong S, Tamakoshi A, Kishi R. : Associations of phthalate concentrations in floor dust and multi-surface dust with the interior materials in Japanese dwellings, *Science of the Total Environment,* 468-469, 147-157 (2014)
103) Bamai A, Shibata E, Saito I, Araki A, Kanazawa A,Morimoto K, Nakayama K, Tanaka M, Takigawa T, Yoshimura T, Chikara H, Saijo Y, Kishi R.: Exposure to house dust phthalates in relation to asthma and allergies in both children and adults, *Science of the Total Environment*, 485-486, 153-163 (2014)
104) Araki A, Saito I, Kanazawa A, Morimoto K, Nakayama K, Shibata E, Tanaka M, Takigawa T, Yoshimura T, Chikara H, Saijo Y, Kishi R.: Phosphorus flame retardants in indoor dust and their relation to asthma and allergies, *Indoor Air*, 24 (1), 3-15 (2014)
105) Tajima S, Araki A, Kawai T, Tsuboi T, Bamai A, Yoshioka E, Kanazawa A, Cong S, Kishi R.: Detection and intake assessment of organophosphate flame retardants in house dust in Japanese dwellings, *Science of the Total Environment*, 478,190-199 (2014)
106) 斎藤育江ほか：東京都安全健康研究センター研究年報, 59, 27-38 (2008)
107) 斎藤育江ほか：東京都安全健康研究センター研究年報, 52, 208-212 (2001)

第3章
暮らす－日用品と化学物質

3.1 農薬・殺虫剤

3.1.1 家庭で使用される農薬

農薬は，作物の安定した収穫量の確保，あるいは衛生面の改善を目的として広く使用される。年間に排出される農薬に関わる化学物質は35,000 t（平成23年度）に上り，このうち全体のおよそ70％は畑，次いで果樹園，田で使用され，家庭で使用されたものは，全体の約1.6％（約600 t）である[1]。家庭で使用される農薬

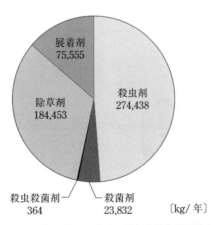

図3.1 家庭で使用される農薬に係る用途別・対象化学物質別排出量推計結果[1]
（平成23年度，環境省）

に関わる化学物質の内訳をみてみると図3.1に示した通り,全体のおよそ50%は**殺虫剤**として使用されたものである[1]。本章では,屋内外で頻繁に使用される殺虫剤を中心にその特徴について述べる。

　日常生活における殺虫剤の使用は,作物の安定した収穫だけでなく,病気の防疫や衛生面,家屋の保持のため,多くの利益をもたらす。2014年,デング熱防疫のための蚊の駆除は記憶に新しいところであり,地球温暖化に伴い病気を媒介する害虫の駆除はますます必要とされる可能性がある。また,シロアリは,日本の環境に適した建物である木造住宅に火災と同等の被害をもたらすため,防蟻剤による駆除は不可欠である。しかし,このような利益をもたらす殺虫剤は,同時に私たちに深刻な健康影響を与える可能性がある。多くの殺虫剤は病害虫の神経を錯乱させることにより効果を発揮するため,ヒトにおいても神経伝達物質であるアセチルコリンの代謝に影響を与えるなどの神経毒性を有する。したがって,殺虫剤は,できるだけ毒性の少ないものを使用し,日常生活においては曝露量を極力少なくすることが必要である。

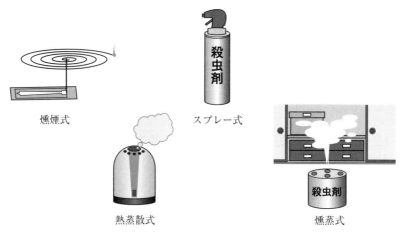

図3.2　家庭で使われる殺虫剤製品

3.1.2 殺虫剤の種類と健康影響 [2), 3), 4)]
(1) 有機塩素系

ジクロロジフェニルトリクロロエタン（DDT）やベンゼンヘキサクロリド（BHC）などは，分子内に塩素原子を含む有機化合物であり，1946年にシラミなどの防疫対策として日本に導入され，その後農業用としても使用された。しかし，これらの物質は動植物や微生物により代謝されにくく，化学的にも安定であるため，環境中において長期間残留することが知られている[5)]。Rachel Carsonの『沈黙の春』[6)]はDDTによる環境影響を訴えた著書として有名である。さらに，国際がん研究機関（IARC）による発がん性評価では，グループ2B（ヒトに対する発がん性が疑われる）に分類されたため，1971年には農薬取締法の改正により製造が中止された。しかし海外では使用を続けている国もあるため，輸入作物に残留しているケースがある。また，環境中に排出されたDDTは，生体内にも残留するため，胎児や母乳を介した世代間での移行，さらに食物連鎖の繰り返しによる生体濃縮が起こると考えられている。一方で，DDTの使用禁止によりマラリアへの感染が大きく増加したとの説もあり，リスクバランスを考えるうえで課題となっている。

(2) 有機リン系

分子内にリン酸エステル結合を含む有機化合物であり，現在使用されている主要な殺虫剤の1つである。神経伝達物質**アセチルコリン**を分解するための酵素である**アセチルコリンエステラーゼ**の働きを不可逆に阻害することにより，効果を発揮する。ヒトの体内においても同様に作用するため，曝露することにより交感神経や副交感神経に影響をおよぼし，筋肉の興奮，倦怠感，頭痛，めまい，胸部圧迫感などを引き起こす。特に小児では，いったんコリンエステラーゼ活性が阻害されると，その毒性が長期間にわたってあらわれるため問題視されている[7)]。屋外においては，無人ヘリコプターを用いた空中散布による有機リン農薬の高濃度曝露が問題とされており，近隣住民に対する対応が求められる。かつてシロアリ対策としても多く使用されたが，2003年の改正建築基準法では，居室を有する建築物でのクロロピリホスを含んだ建材の使用を禁止している。ただし，改正以前にシロアリ駆除のための防蟻剤として使用されていた場合，薬剤が徐々に

揮発して室内空気を汚染する可能性がある。厚生労働省では，クロロピリフォスについて$1.0\,\mu g/m^3$（小児では$0.1\,\mu g/m^3$），ダイアジノンについて$0.29\,\mu g/m^3$の室内濃度指針値を提示している。屋外においても一部の有機リン系農薬は，現在使用禁止となっているが，園芸用殺虫剤として市販されているものもある。

(3) ピレスロイド系

除虫菊の有効成分として知られており，現在は合成ピレスロイドが開発・使用されている。ピレスロイド系殺虫剤の使用量は現在農業用を含めた殺虫剤の約1/3を占めている。家庭内で使用される殺虫剤では，その90％以上を占め，蚊取り線香など日常生活の中で頻繁に使用されている。米国では有機リン系殺虫剤の室内での使用が禁じられたため，ピレスロイド系殺虫剤への移行が進められており，日本国内でも同様の傾向がみられる。化学構造はアルコール成分と酸成分からなるエステル系化合物が主であり，昆虫の神経系情報伝達を阻害することにより効果を発揮する。抵抗性を獲得しやすい蚊などに対しては，新しい構造のものが次々に開発されている。分解しやすい化学構造をもっており，ガスクロマトグラフ（GC）法などの機器分析が難しい化合物であるため，室内空気中の正確な濃度は把握されていない。毒性について，温血動物では酵素の働きにより分解されるため無害とされているが，動物実験で，発達段階におけるピレスロイド曝露によるコリン受容体の減少や，アセチルコリンエステラーゼ活性の増加など脳神経系に不可逆的な痕跡を残すとの報告があり，ヒトに対する健康影響について懸念する意見もある。日常生活では，衣料用防虫剤や家電，畳床，蚊やゴキブリなどの殺虫剤としてさまざまなタイプのピレスロイド製品の使用が増加しており，ヒトの健康影響に関するデータの有無にかかわらず，個人曝露量，特に乳児や小児への曝露量が最小となるような使用方法を行うべきである。

(4) カーバメート系

塩素やリンを含まない化学物質であり，有機リン系と同様にコリンエステラーゼの働きを阻害するが，可逆的である。また，昆虫は殺すがクモ類には効かないなど種特異性が高い。室内濃度指針値は，フェノカルブについて$33\,\mu g/m^3$が提示されている。

3.1 農薬・殺虫剤

(5) ネオニコチノイド

天然物であるニコチンの毒性がヒトに対しては低くなるように開発された殺虫剤で，園芸用から農業，ペットのシラミ・ノミ取り，ゴキブリ駆除，シロアリ駆除など広範囲に使用されている。アセチルコリンの受容体に作用し，昆虫の神経を興奮させ続けることにより殺虫効果を発揮するが，アセチルコリンは，ヒトの神経伝達物質でもあるため小児や胎児の脳への影響が懸念されるとする報告もある。室内空気中濃度について，まだ分析法が確立しておらず，調査データは多くない。また，ミツバチの大量死などの原因であるとする報告があり，EU全域で，一部のネオニコチノイド系殺虫剤について使用禁止となっている。

(6) そのほか

木質建材の腐食やシロアリの発生を防ぐ目的で使用される薬剤[8]としては，前述のピレスロイド系薬剤がもっとも多く使用されており，そのほかの薬剤では，蒸気圧が低いため室内空気を汚染する可能性は低いとされる4級アンモニウム化合物や銅アンモニウム化合物，脂肪酸金属塩などが使用されている。防蟻剤は床下で使用されるものであることから，屋外建材として扱われ，フェノール類やクレオソートなど室内空気質を汚染することにより健康影響が強くあらわれるものが使用される場合がある。近年の高断熱・高気密の建物では，床下の空気が室内の空気に影響を与えることが多いため，これらの物質も有機リン化合物と同様に使用することを避けるべきである。

衣料用防虫剤では，衣装ケースやタンス内に薬剤を設置し昇華させることに防虫効果を示す設計のものが採用されており，古くから樟脳やナフタレンなどが使用され，現在ではパラジクロロベンゼンやピレスロイド系薬剤が多く使用されている。このため，室内空気中の化学物質濃度が高い物質としてパラジクロロベンゼンが挙げられる[9]。

ゴキブリ用殺虫剤では，ホウ酸団子も多く使用されており，室内空気を汚染する可能性はないが，小児の誤食などに注意が必要である。

3.1.3 法規制

農薬を含めた殺虫剤は，表3.1に示した通り，複数の省庁による複数の法規制によって，その安全性および使用法について規定されている。

(1) 農薬取締法

農林水産省による登録制度で，薬効やヒト，動物に対する毒性，作物・土壌に対する残留性を検査したうえで，登録された農薬だけが製造，輸入および販売が

表3.1 殺虫剤の種類と法規制[4]　（出典：農薬工業会HPより抜粋）

分類		対象害虫	法律など	用途と剤型（有効成分）	
厚生労働省	医薬品	衛生害虫　蚊，ハエ，ゴキブリ，ノミ，ナンキンムシ，イエダニ，シラミ，屋内塵性ダニ	薬事法	家庭用	燻煙剤，エアゾール剤，粉剤（ピレスロイド，有機リン剤）
				防疫用	乳剤，粉剤（有機リン剤）
	医薬部外品	衛生害虫　蚊，ハエ，ゴキブリ，ノミ，ナンキンムシ，イエダニ，シラミ，屋内塵性ダニ	薬事法	家庭用	蚊取り線香，電気蚊取り，エアゾール剤（ピレスロイド）
				防疫用	油剤，乳剤（ピレスロイド）
経済産業省	化成品	不快害虫　クロアリ，シロアリ，ハチ，ブユ，ユスリカ，ケムシ，ムカデ，クモなど　衣料害虫　イガなど　建築害虫　シロアリなど	化審法　生活害虫防除剤協議会自主基準　日本シロアリ対策協会認定	エアゾール剤，粉剤（ピレスロイド，有機リン剤，カーバメート剤）	
農林水産省	動物用医薬品または医薬部外品	動物外部寄生虫　犬ノミ，畜鶏舎のハエ，蚊，マダニなど	動物用医薬品等取締規則	蚊取り線香，乳剤，粉剤（ピレスロイド，有機リン剤）	
	農薬	農業害虫　ウンカ・ヨコバイ類，ニカメイチュウ，ハダニ，ヨトウムシ，ケムシ類など	農薬取締法	粉剤，液剤，乳剤，水和剤（ピレスロイド，有機リン剤，カーバメート）	

できる。

(2) 薬事法

厚生労働省より示されている登録制度で，ハエ，蚊，ゴキブリ，ノミ，ダニなどいわゆる衛生害虫に対し家庭およびその周辺で使用される殺虫剤を対象としている。これらの製品は，製品の形状上吸入されるケースが多いことから，吸入毒性，有効成分の気中濃度測定などの安全性の審査が行われる。

(3) 化審法（化学物質の審査および製造などの規制に関する法律）

厚生労働省，経済産業省，環境省が所管しており，化学物質による環境の汚染を防止することを目的としている。

環境中で分解され難く，生体内に蓄積されやすい物質は，継続的に摂取されることによりヒトの健康に影響をおよぼすおそれがあるため，その輸入，製造，使用が規制されている。

また，食品中の残留農薬については，ヒトが摂取しても安全と評価される範囲の基準値が厚生労働省食品安全委員会により設定されており，これらの基準を超えることのないよう農林水産省より使用基準が設定されている[10]。さらに，基準値が設定されていない農薬が残留する食品（一律0.01 ppm以上）についても，販売，輸入などが食品衛生法により禁止されている（**ポジティブリスト制度**）[11]。

農薬の気中濃度については，環境省から動物実験をもとに算出したヒト許容1日経気道曝露量とヒトの呼吸量を用いて，物質ごとの気中濃度評価値が示されている。また，厚生労働省では，表3.2に示したとおり，「室内濃度指針値（13物質）」のなかで，家庭内で殺虫剤として使用される化学物質の指針値を提示している[12]。

表3.2 殺虫剤の室内濃度指針値

物質名	室内濃度指針値
ホルムアルデヒド	0.08 ppm (100 µg/m^3)
パラジクロロベンゼン	0.04 ppm (240 µg/m^3)
クロロピリホス	0.07 ppb (1 µg/m^3) 小児　0.007 ppb (0.1 µg/m^3)
ダイアジノン	0.02 ppb (0.29 µg/m^3)

3.1.4 曝露経路と防止対策 [13]~[19]

　化学物質をヒトが体内に取り込む経路には，経口曝露，吸入曝露，経皮曝露の3種がある。経口曝露では，食品中に残留した農薬を食物と一緒に摂取する場合が考えられる。農作物などに付着した農薬は洗浄により，その多くを除去することができる。しかし，食物内の化学物質濃度を考えるとき，生物濃縮による摂取量の増大について知っておく必要がある[2],[5]。すなわち食物連鎖を繰り返すことにより，食物連鎖の上位に位置する生体内に代謝されにくい化学物質が次々に濃縮され，ヒトが摂取する時点では環境中濃度よりはるかに高い濃度で取り込むことになることに注意しなければならない（図3.3）。また，胎児や母乳を介した世代間での移行についても注意が必要である[5]。

　小児の経口曝露では，小児の手を介した曝露（Hand-to-Mouth）にも注意する必要がある。これは，化学物質，あるいは化学物質を吸着したハウスダストなどの粒子が小児の手に付着し，それを舐めることにより口から体内に取り込まれる過程である。殺虫剤の多くは，蒸気圧が低い有機化合物であるため，壁や床，ハウスダストなどに吸着しやすく，このような曝露経路の寄与が比較的大きいと考えられる。したがって，ゴキブリ用など燻蒸・燻煙型の殺虫剤を使用した後は壁床面の清浄を行うとともに，ハウスダストの除去も曝露量低下のための有効な手段となる。

　ヒトが体内に取り入れる化学物質の約80％が呼吸による吸入曝露であるとさ

図3.3　生物濃縮による化学物質の高濃度曝露

れている。殺虫剤では，呼吸によって取り入れられる形態として，ガス状，エアロゾル状，粒子状のものが考えられる。防虫目的の散布や防蟻剤を塗布した建材や畳床から揮発してくるピレスロイド系薬剤や，衣料に吸着したパラジクロロベンゼンなどの防虫剤成分は，室内空気中でガス成分として存在する。スプレーによる殺虫剤の噴霧や電子蚊取りから発生する殺虫剤成分では，ガス状のものとそれらの分子同士が凝集したエアロゾル状のものが存在すると考えられる。曝露濃度の観点からみるとスプレーによる殺虫剤噴霧の場合，一度に高濃度の殺虫剤成分を吸い込む危険性があるため注意が必要である[13]。またハエや蚊などの除去に使用される蒸散型では，周辺空気の流れを考慮して殺虫剤成分を直接吸入しないよう心がけることが必要である。特に小児の場合，薬剤の代謝機能が未熟であるため，この点について注意することが重要である。

室内に堆積したハウスダストや屋外から移流してくる土ぼこりなどには，高沸点の殺虫剤成分が付着している場合があり，小さい粒径のものは呼吸と一緒に肺胞まで運ばれる。これらの形態の殺虫剤の曝露を低減するためには，換気によって室内空気中の殺虫剤成分濃度を低減させるとともに，防蟻剤では床下の風通しをよくして室内に防蟻成分が流れ込まないようにする必要がある。また，屋外で農薬散布が行われた場合は，窓を閉め外気を遮断し，侵入した土ぼこりやハウスダストの除去を行うことも効果がある。

化学物質の体内取り入れに対する経皮曝露の寄与については，これまであまり論じられることがなかったが，近年の研究では，微小粒子や高沸点の化学物質は皮膚上での滞在時間が長く，化学物質が表皮，真皮を経て皮下組織まで到達すると，直接血流に溶け込む可能性があるため注意が必要であるとの報告がなされている[14]。

3.1.5 殺虫剤のリスクとベネフィット

これまで，述べてきたとおり農薬，殺虫剤の使用により防疫や衛生面など私たちは多くのベネフィットを得ている。しかしその一方で少なからず健康への影響，リスクを受けていると考えるべきである。また，健康影響のあらわれ方も，曝露時にはっきりとした症状があらわれるものから，低濃度で長期間曝露されてはじ

めて症状があらわれるものがあり，この場合曝露との関係をみつけにくいことが多い。したがって，農薬や殺虫剤の曝露はできるだけ避けるべきであるが，そのリスクバランスのとり方は，使用理由，使用対象によって大きく異なる。例えばデング熱やマラリアなど重篤な病気への感染と殺虫剤の曝露による健康影響を考えたとき，第一には防疫が優先されるが，同時に殺虫剤の曝露量を極力低減させる手法を考えるべきである。このようなリスクバランスをとるためには，薬効が認められ毒性の低い物質を使用するとともに，曝露量を低減するための居住者の化学物質の使用法や暮らし方に対する意識改革が重要となる。

3.1.6 農薬・殺虫剤の測定方法

家庭で使用される可能性の高い農薬・殺虫剤成分の分析では，おもに空気中の濃度測定と壁面・床面への吸着量測定，ハウスダスト中の含有量測定が行われる。空気中の農薬・殺虫剤の濃度測定では，VOCsの分析と同様に適当な捕集剤にポンプを用いて室内空気を導入することにより対象とする成分を捕集し，溶媒抽出した後ガスクロマトグラフ（GC）法によって分析する。ただし，成分の中には分解されやすい物質や，沸点が高くSVOCsに属する物質もあるので，捕集方法に関する研究が行われている。壁面・床面の吸着量測定ではガラスフィルターなどに捕集する方法が用いられる。ハウスダスト中の農薬・殺虫剤成分の測定は，掃除機などで収集したハウスダストからアセトンなどの溶媒を用いて直接対象成分を抽出し，GC装置を用いて分析する方法が用いられる。

コラム：植物の精油成分

　植物の花や葉などから抽出した**精油成分**はその芳香だけでなく，防虫や抗菌作用のあるものが存在することも古くから経験的に知られており，防腐・保存などを目的として日常的に広く利用されてきた。植物は自分で体を動かすことができないため，害虫などの外敵に常にさらされる危険がある。そのため，自分たち以外の植物の発育を阻止する物質や，細菌やカビを抑制する物質，受粉の手助けをする昆虫を引きつける物質などを作る自己防衛機構を持っている。これらの自己防衛物質を人間の日常生活に活用してきたものである[15]。

　例えば，シトロネラやゼラニウムなどは，蚊に対して忌避効果があることがよく知られているが，ヨーロッパで窓辺にゼラニウムの花を飾る習慣はもともと虫よけのためといわれている。そのほか，防虫作用を持つ精油としては，レモンユーカリ，ローズマリー，タイム，ラベンダー，バジル，ペパーミント，ヒノキなどがよく知られており，これらに含まれるテルペン化合物が蚊やハエ，ダニに対して忌避作用を示す[16]。一方，抗菌作用を持つ精油としては，シナモンバーク，タイム，レモングラス，ティートリーなどが挙げられる[17]。防虫作用を示す精油は，抗菌作用も示すものも多く，これは精油に含まれる主要成分が大きく関係している。抗菌作用については，アルデヒド基を持った成分が比較的活性が強く，次いでフェノール基，ヒドロキシル基などの官能基を持つ成分に強い抗菌作用が見られるとの報告もある[17]。このように植物から抽出された香り成分には，衛生害虫に対する忌避やにおいの原因となる細菌に対する抗菌作用など，住空間の衛生対策としても利用できるものも存在するが，住空間で使うことを考慮すると，安全性だけでなく，人間にとって快適な香りであること，長時間持続することなどさまざまな課題もみられる。しかし，人への安全性に対するニーズ懸念は高まっており，植物の自己防衛物質である香り成分を使用することで，アロマテラピーといわれる人へのプラスの心理的効果と同時に，害虫や細菌・カビなどに対しては防虫や抗菌など，人とは反対のマイナスの作用を発揮することも考えられ，今後の応用が期待される。

3.2 たばこ煙

3.2.1 たばこ煙の種類

喫煙者が吸い込むたばこ煙を**主流煙**といい，吐き出す煙を**呼出煙**，たばこの燃焼部から出る煙を**副流煙**と呼ぶ（図3.4）。**環境たばこ煙**（ETS：Environmental tobacco smoke）は，副流煙と呼出煙からなり，これを非意図的に吸い込むことを**受動喫煙**（Second-hand smoke）という。また，環境たばこ煙がいったん壁面や什器などに吸着し，そこから再放散するたばこ煙成分を吸い込むことを**三次喫煙**（Third-hand smoke）という。喫煙による健康影響は広く知られており，IARCや米国環境保護庁（USEPA）は，ETSを発がん物質として分類している。そのほか，受動喫煙の健康影響について多くの疫学的研究にもとづいた報告がなされているが，屋外でのETS曝露など低濃度のETS曝露と健康影響の定量的関係については，明らかにされていない。

図3.4 たばこ煙の種類

経済協力開発機構（OECD）の報告[18]によると日本は，韓国，ギリシャに次いで喫煙率の高い国に分類される（図3.5参照）。日本の喫煙者率は年々減少しており，図3.6に示した「平成26年全国たばこ喫煙者率調査」（日本たばこ産業株式会社）[19]によると，2012年における成人男性の喫煙率は30.3％とピーク時（昭和41年）の83.7％に比べ大きく減少している。これに対し，成人女性の喫煙率は9.8％であり，ピーク時（昭和41年）の18.0％に比べ減少しているが，近年はほぼ横ばいである。

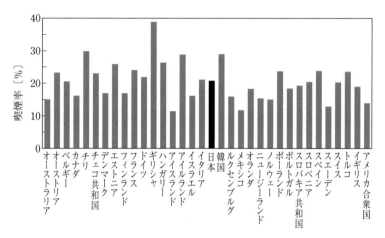

図 3.5 OECD 諸国の喫煙者率(15 歳以上)(2006-2013 の年最新データ)

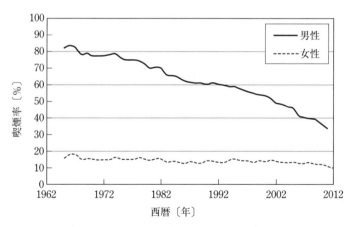

図 3.6 性別・年代別喫煙率の推移（平成 26 年日本たばこ産業株式会社報告）

3.2.2 たばこ煙を構成する物質と健康影響

たばこ煙中には,わかっているだけで4,000種以上の化学物質が含まれており,有害であるとされる物質が200種以上,そのうち約60種は発がん性物質であるとされている。さらに主流煙に比べ,副流煙にはほとんどの化学物質が高濃度で含まれている。したがって,喫煙者,非喫煙者に関わらず,副流煙の吸入は避けるべきである。図3.7に副流煙に含まれるおもな化学物質成分とその割合を示した。これらの物質は,それぞれの分子量,沸点,極性などの性質により,室内空間中で異なった挙動を示すと考えられる[20]。

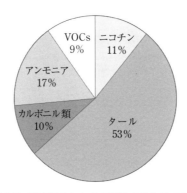

図3.7 副流煙のおもな有機化合物とその割合

副流煙中に含まれているおもな化学物質のうちタール分の割合がもっとも多く,その中にはベンゾピレンなどの分子量の大きい発がん物質が含まれており,室内壁面や衣服,髪,歯,さらに肺胞内に沈着しやすいと考えられる。

ニコチンは,たばこ煙の主要な成分であり,「毒物および劇物取締法」に明記されている毒物である[21),22)]。その毒性は,青酸にも匹敵するといわれており,乳幼児の場合,

3.2 たばこ煙

1本のたばこを誤って飲み込んでしまっただけでも死亡する可能性がある。また，ニコチンは，依存性のある物質であるため，電子たばこであっても未成年の使用は制限されるべきである。たばこ煙発生時のニコチンは，たばこ煙中に同時に含まれるタールや水分，粒子状物質とともに壁面などに付着する割合が大きいので，空気中のガス状ニコチン濃度はすぐに減衰する。しかし，壁面に吸着したニコチンは徐々に揮発することから，三次喫煙の1成分であると考えられる。

たばこ煙に多量に含まれており，健康影響が懸念される物質に**一酸化炭素**が挙げられる。一酸化炭素は，たばこ1本分の副流煙に約50 mg含まれており，血液中のヘモグロビンと結合することにより全身的な酸素欠乏を引き起こし，心疾患や呼吸器疾患とともに妊娠中の胎児への影響が心配される。

たばこ煙の健康影響が明らかにされてから，禁煙に対する関心が高まっている。2006年4月より喫煙者が禁煙を目的に外来で禁煙治療を受ける場合，保険の適用が認められている。適用が認められるためには，患者自身が禁煙を望むこと，**ニコチン依存症**と診断されていること，喫煙年数×1日の平均喫煙本数が200本以上であることなどの条件を満たす必要がある。治療方法としては，精神面での支援やニコチンパッチやニコチンガムの使用，薬剤（バレニクリン）の投与などが用いられる。禁煙成功率の実態調査（平成21年度）によると，禁煙治療プログ

表3.3 FTND（Fagerstrome Test for Nicotine Dependence）　（出典：Heatherton, 1991）

	質　問	回　答（得点）
1	起床後何分で最初の喫煙をしますか。	5分以内(3)，6〜30分(2)，31〜60分(1)，61分以後(0)
2	寺院や，図書館，映画館など，喫煙を禁じられている場所で禁煙することが難しいですか。	はい(1)，いいえ(0)
3	1日の喫煙の中でどれが1番やめにくいですか。	朝最初の1本(1)，その他(0)
4	1日に何本吸いますか。	31本以上(3)，21〜30本(2)，11〜20本(1)，10本以下(0)
5	ほかの時間帯より起床後数時間に多く喫煙しますか。	はい(1)，いいえ(0)
6	ほとんど1日中，床に伏しているような病気のときでも喫煙しますか。	はい(1)，いいえ(0)

ラムの全課程を終了した者のうち治療9か月後に禁煙が継続していたのは，約半数であったと報告されている。ニコチン依存症の判定法として，表3.3に示したFTND (Fagerstrome Test for Nicotine Dependence) 法があり，合計6点以上は重度のニコチン依存症とされる[23]。

3.2.3　たばこ煙の臭気

　ETS環境では，受動喫煙による健康影響とともに，たばこ煙の臭気除去もまた大きな課題となっている。喫煙者と非喫煙者がともに快適に暮らすためには，たばこ煙臭気の問題を解決することが必須となる。たばこ煙成分のうち臭気を有するおもな成分には，アセトアルデヒドなどのアルデヒド化合物，硫化水素など硫黄を含んだ化合物，ピリジンなど窒素を含んだ化合物などが挙げられる。また，発生から時間が経過したたばこ煙では，酸化生成物である酢酸も臭気成分として検出される。しかし，たばこ煙の中には，機器分析で検出できないほど低濃度であっても強い臭気をもつ物質が含まれているため，たばこ煙のおもな成分が検出されていないにも関わらず，たばこ臭が認知されるケースが多く，現在のところたばこ煙臭気の主要成分は明らかにはなっていない。たばこ煙成分は，壁や什器，衣服に吸着しやすいものが多いため，喫煙空間自体のETS濃度を低くすることによって，残留するたばこ煙臭気の低減を図ることが有効であると考えられる。

3.2.4　たばこ煙に関する法規制　－受動喫煙と分煙対策－

　厚生労働省による健康増進法（2003年5月施行）では，公共施設管理者に対し受動喫煙防止対策の努力義務を求めており，その対策として多くの公共施設ではさまざまな**分煙対策**がなされている。また，各自治体でも受動喫煙防止に関する独自の条例を制定しており，例えば神奈川県では，多くの人が出入りする学校，病院，劇場，官公庁などの公共施設での全面禁煙，飲食店，ホテルなどでの禁煙または分煙を義務付けている。「職場における喫煙対策のためのガイドライン」（2003年5月）では，非喫煙空間へのたばこ煙の流入を防ぐため非喫煙空間と喫煙空間の境界領域において非喫煙空間から喫煙空間へ向かう気流の風速を0.2 m/秒以上とすることを求めている。建築物内における分煙方法には，大きく分けて3

種類の種類がある。

① 飲食店などでよく行われる喫煙席と禁煙席を分けて設置する方法
② エアーカーテンなどを用いて気流を作ることにより喫煙空間と非喫煙空間を分ける方法
③ 喫煙室を独立した部屋とし，ドアによって非喫煙空間と分ける方法

　調査研究によれば，①では，分煙効果は室内の空調による空気の流れに依存するが，非喫煙者の受動喫煙の防止効果はあまり期待できない。②では，ある程度の分煙効果は期待できるが，人が出入りすることによりエアーカーテンの気流が乱れ，たばこ煙が非喫煙空間に持ちだされるため，喫煙空間と非喫煙空間の境界領域における分煙効果は不十分である。③では，ほぼ完全な分煙ができるが，人が出入りするときには，少なからずたばこ煙が持ちだされるため，喫煙室のETS濃度をできるだけ低く保っておくことが求められる。喫煙室空気の清浄化のためには，屋外へ排気をする仕組みの換気設備やたばこ煙除去に効果のある空気清浄機の設置が有効である。

　表3.4に示した通り，海外では，家庭内での受動喫煙だけでなく，職場における従業員の受動喫煙も防ぐ目的から，屋内における喫煙を全面禁止とする法律が成立しており，この動きは先進国だけでなく途上国にも広がっている。この点からみると，日本の受動喫煙防止規制は遅れているといわざるを得ない。しかし，高度な分煙技術，または喫煙空間の浄化技術の開発は，広い意味での室内空気質改善のために重要な技術であるといえる。

表3.4 主要国の受動喫煙防止法の施行状況（2012年時点）
（出典：厚生労働省　e-ヘルスネット http://www.e-healthnet.mhlw.go.jp/information/tobacco/t-05-002.html）

			各種施設						公共交通機関／自家用車							公共的施設					
			官公庁	医療施設	教育施設	大学	一般企業	業務用車両	飛行機	列車	フェリー	路面電車	バス	タクシー	自家用車	文化施設	ショッピングセンター	パブ・バー	ナイトクラブ	レストラン	
G8	イギリス	国法	○	○	○	○	○	○	○	○	○	○	○	○	×	○	○	○	○	○	ii)
	ドイツ	国法・州法	○	△	△	△	△	○	○	○	○	○	○	○	△	△	△	△	△	△	i)
	カナダ	国法・州法	○	○	○	○	○	○	○	○	○	○	○	○	○	○	○	○	○	○	i)
	フランス	国法	○	○	○	○	○	○	○	○	○	○	○	○	○	○	○	○	○	○	
	イタリア	国法	△	△	△	△	△	×	○	○	○	○	○	○	−	○	○	○	○	○	i) iii)
	アメリカ(52州)	州法	38				34								5		30	28		34	
	ロシア	国法	○	○	○	○	○	○	○	○	○	○	○	○	○	○	○	2014年6月全面禁煙			iii)
	日本	なし	×	×	×	×	×	×	×	×	×	×	×	×	×	×	×	×	×	×	
G20	韓国	国法・州法	○	○	○	○	−	○	○	○	○	○	○	×	○	○	△	△	×	△	ii)
	中国	国法	△	△	−	△	○	○	○	○	○	○	○	○	−	○	○	×	×	○	
	オーストラリア	国法・州法	○	○	○	○	○	○	○	○	○	○	○	○	○	○	○	○	○	○	iii)
	ブラジル	国法・州法	○	○	○	○	○	○	○	○	○	○	○	○		○	○	○	○	○	
	インド	国法・州法	○	○	○	○	○	○	○	○	○	○	○	○		○	○	○	○	○	
ほか	アイルランド	国法	○	○	○	○	○	○	○	○	○	○	○	○		○	○	○	○	○	
	ニュージーランド	国法	○	○	○	○	○	○	○	○	○	○	○	○		○	○	○	○	○	i)
	トルコ	国法	○	○	○	○	○	○	○	○	○	○	○	○		○	○	○	○	○	

WHOが実施した各国の担当者に対するFCTCの実施状況調査より作表：
［○］完全禁煙　［△］一部禁煙　［×］規制なし　［−］無回答

i)　「喫煙室の容認」がある。
　　カナダでは緩和病棟・精神科病棟など特殊な施設のみ喫煙室容認　ホテルの客室や居住に用いられている部屋は喫煙可能
　　ニュージーランドでは精神科病棟と終末医療施設で喫煙室を容認

ii)　「罰則」がある。
　　イギリスでは50ポンド（15日以内に支払えば30ポンド）
　　韓国では100,000ウォン

iii)　イタリアではバーなど「全席喫煙」の選択も可能であるが，それを選択しているのは3％以下
　　ロシアでは長距離客船のみ除外
　　オーストラリアでは子どもを乗せている場合に自家用車内の喫煙が禁止

3.2.5 たばこ煙と空気清浄機

前述のとおり，効果的に分煙あるいは臭気を含めたたばこ煙除去を行うためには，喫煙空間そのものの清浄化が効果的である。一般的な空気清浄機は，図3.8に示した通り，粉じんなどを除去するための集じんフィルターと後段に設置された活性炭などの吸着剤フィルターや化学物質を分解する目的でイオンなどを用いた反応部分から成る。たばこ煙は，タールなど清浄機本体に付着しやすい成分や，アセトアルデヒドなど活性炭に吸着しにくい成分を含んでいるため，多くの空気清浄機ではたばこ煙除去効果が低い。特に長期間使用した場合，装置内に付着したたばこ煙成分のため，排気される空気が汚染され臭気を伴うケースが少なくない。たばこ煙除去専用に設計された空気清浄機も販売されているが，定期的なフィルター交換などのメンテナンスを行う必要がある。

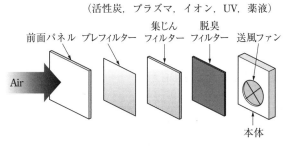

図 3.8　空気清浄機の基本構造

3.2.6 受動喫煙による個人曝露量（ETS個人曝露量）

屋外における受動喫煙，喫煙者と同席していない場合の受動喫煙など低濃度のETS個人曝露量については，定量的評価を行うための手法が確立されていないため，定量的報告例は少ない。また，たばこ煙には多くの成分が含まれているため，何を指標とするかによって，ETS濃度あるいは個人曝露量の評価が異なる。多くの調査では，空気中のたばこ煙由来の粒子濃度やニコチン濃度を測定することによって，ETS個人曝露量を推定している。ニコチン濃度をもとに受動喫煙による

ETS個人曝露量を推定した調査報告では，成人1人当たりの呼吸量を10 L/分，たばこ1本を喫煙することにより摂取するニコチン量を0.2 mg/本として，ETS個人曝露量をたばこの喫煙本数に換算している。報告では分煙されていない喫煙空間で受動喫煙があった場合では，1日に2〜4本の喫煙，ドアで仕切ることにより分煙された非喫煙空間では0.13本/日の喫煙に相当するETSを曝露していると報告されている[24),25)]。また，公共施設における喫煙を禁止する法律が施行された場合，バーやレストランで測定されたニコチン濃度は著しく減少し0.01〜0.28 μg/m^{3}であったとされる一方，そのような法律が施行されない場合，同様の施設のニコチン濃度は，15.76 μg/m^{3}であったことが報告されている[26)]。さらに，分煙手法や分煙に対して施設管理者の認識が不十分であった場合は，ETS濃度の著しい減少は得られないことも報告されている[27)]。他方，壁面や床に付着したたばこ煙から，再放散したニコチンなどのたばこ煙成分に曝露する三次喫煙についても懸念されており，低濃度のたばこ煙に長期曝露された場合の健康影響については，現在多くの調査研究がなされている。

3.2.7 環境中たばこ煙の測定方法

たばこ煙は多くの化学物質から構成されている。アルデヒド類やVOCsなどが高濃度で含まれるが，ここではETSのマーカーとして使用されるニコチンおよび3-エテニルピリジン（以下3-EP）の分析方法について記述する。

(1) 捕集方法

捕集はアクティブ法およびパッシブ法で行うことができる。アクティブ法による捕集の場合，XAD-4（スチレンジビニルベンゼン共重合体）を充填したガラス管状の吸着チューブを用い，ポンプ（0.5〜2 L/min）で試料空気を吸引する。アクティブ捕集用のサンプラーは市販品を用いることができる。一方，パッシブ法はサンプラーが市販されていないため，自作する必要がある。ETS用パッシブサンプラーの一例を図3.9に示す[28)]。捕集剤には，XAD-4とPDMS（ジメチルポリシロキサン）の混合物をガラス繊維フィルターに噴霧塗布したものを用いておりメンブレンフィルターを拡散層としている。サンプラーを構成する容器はポリプロピレン製円筒容器で，捕集時間は8〜24時間を目安とする。

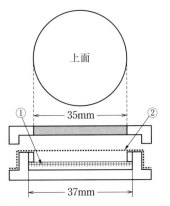

① 捕集剤（XAD-4/PDMC = 1/2, 60 mg）
② メンブレンフィルター（孔径 10 μm）

図3.9 パッシブ型ニコチンサンプラーの一例

(2) 分析方法

抽出溶媒には酢酸エチル（0.01％トリエチルアミン含有）を用い，内標準物質としてキノリンを適量添加する。アクティブ法の場合は吸着剤に抽出溶媒2 mLを加えて30分間超音波抽出を行う。超音波抽出時には水温が上昇するため，氷冷を用いて20℃付近を維持する。パッシブ法の場合は，基本操作はアクティブ法と同様であるが，サンプラーの捕集剤部分を取り出してハサミで細分したものを抽出用試料として用いる点と超音波抽出後に遠心分離操作（3,000 rpm, 10分）を必要とする点で異なる。

分離・定量は，ガスクロマトグラフ質量分析計（GCMS）によって行う。分析時に推奨される分離カラムとしては長さ30 m，内径0.32 mm，膜厚1.0 μmの5％フェニルメチルポリシロキサンで構成される微極性キャピラリーカラムがある。選択イオンモニタリング（SIM）法で測定する場合には表3.5に示すm/zで検出するとよい。

表3.5 SIM法で用いるm/z（質量/電荷）

4-EP		ニコチン		キノリン（内部標準）	
定量	参照	定量	参照	定量	参照
105	78	84	162	129	102

定量の際には，3-EPの代替として4-EPを標準物質として使用することができる。検量線作成では各物質とも二次多項式回帰モデルを適用する。精度管理の一環として，測定ごとのフィールドブランクおよび測定数の10％（最低3試料）の二重測定を実施する。

環境タバコ煙中のそのほかの化学物質の測定方法については，室内環境学会誌「室内環境」13巻別冊「日常生活におけるETS（Environmental Tobacco Smoke）個人曝露量測定マニュアル」(2012)に詳しく記述されている。

3.3　粒子状物質（ハウスダスト）

3.3.1　室内の粒子状物質

平成15年に厚生労働省が実施した保健福祉動向調査「アレルギー様症状」によると，日本国民の35.9％が皮膚，呼吸器，目鼻のいずれかにアレルギー様症状を感じることがあり（図3.10），アレルギーは国民病ともいわれている[29]。私たちの住まいに存在するアレルギーの原因物質の1つに，**ハウスダスト**が挙げられる。

ハウスダスト（室内塵）に対する興味・関心は，抗原性や病原性，化学物質自体あるいは担体としての物理・化学的特性，清掃の対象物としてのホコリの一種など学問分野によってさまざまであり，ハウスダストに対する統一された定義は定まっていない。それぞれの分野で用いられている代表的な意味あるいは用法を，表3.6に示した。大きく分けると，アレルゲンという意味でハウスダストという用語を使っている場合と，物理的性状を定義している場合とがある。

ハウスダストはさまざまな粒径や密度を持つ固体で構成されているため，日常的な生活行為により一部は室内空間に再飛散して室内浮遊粉じんとなる。また，再飛散した後に再び床面に舞い降りてハウスダストに戻る粒子もあるため，室内浮遊粉じんとハウスダストを厳密に区別することは困難である。そこで本書では，床面や家具の上に堆積している**粒子状物質**をハウスダストとし，室内に浮遊している粒子を**室内浮遊粉じん**，両者を合わせて室内の粒子状物質と呼ぶ。

3.3 粒子状物質（ハウスダスト）　　99

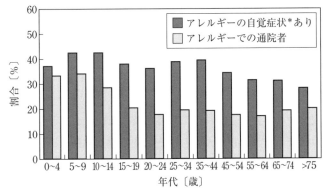

*アレルギーの自覚症状：
皮膚，呼吸器，目鼻に対しアレルギー様症状があると解答した場合を
自覚症状ありとした

（平成15年保健福祉動向調査「アレルギー様症状」の結果の概要[1)]を参考に作成）

図3.10　年代別にみるアレルギー様症状の有無

表3.6　各分野で用いられているハウスダストの代表的な意味あるいは用法
（出典：室内環境学会，室内環境学概論（2010）[30)]を一部改編）

分野	定義・説明
一般（国語辞典）	室内のほこり。イエダニの排泄物などが含まれ，気管支，ぜん息などアレルギー疾患のアレルゲンの1つ
生物学	床や棚に層を作り，ベッドやクッションに侵入する，原則として粒径10^{-3}〜1 mmの微粒子の集合体
室内環境学	室内空気中に浮遊するダストのうち，床・棚などの上に沈降したもの。さまざまな無機物，有機物の混合物である 「カビアレルゲン，ダニアレルゲン，ペットアレルゲンはカビ，ダニ，ペットによるアレルギー発症因子とされ，一般にはハウスダストとも呼ばれるが，…」 「…，室内のチリ，ホコリ，すなわちハウスダスト…」
保健衛生学	Allergic rhinitis may also be triggered by allergens found in the home, such as animal dander, indoor mold, or house dust mites.
建築学	室内塵のことで，アレルギーを引き起こすいくつかのアレルゲンが混合したもの
住宅・不動産	家の中のホコリ。その中に潜むダニ。その死骸，フン。カビ，花粉，ペットの毛，毛アカ。

3.3.2 粒径による分類

粒子状物質は，さまざまな発生源に由来する粒子の混合物であり，その存在量，粒径分布および化学組成は各発生源からの影響度合いによって複雑に変化する。したがって，粒子の粒径（サイズ）によって分類し，粒径ごとにその特性を知ることは重要である。

一般に大気中の浮遊粉じんは，二峰性を持つ粒径分布をとることが知られている（図3.11）。なお，浮遊粉じんの粒径とは**空気動力学径**を指し，対象とする粒子状物質と同一の終末沈降速度を有する球形粒子（密度：1 g/cm^3）の粒径のことである。粒径分布は粒径2 μmを境に二峰性を示す。粒径2 μmよりも大きな粒径を持つ粒子は粗大粒子といい，おもに自然起源の粒子がこのような粒径領域を占める。粒径2 μmよりも小さな粒径を持つ粒子は微小粒子といい，燃焼，高温処理，大気中での化学反応などによって生成した粒子がこのような粒径領域を占める。さらに小さい粒子の定義は研究領域により異なるが（ナノ粒子など，3.4節参照），大気環境に関する分野では，粒径が0.1 μm以下の粒子を**超微小粒子**（UFPs：Ultrafine particles）と呼んでいる。

粒子状物質は，主要な大気汚染物質の1つであるため，各国において許容曝露濃度（大気環境基準など）の設定や環境モニタリングが実施されている。このとき，測定対象とする粒径範囲に応じてTSP，SPM，PM$_{10}$，PM$_{2.5}$などの呼称がある。

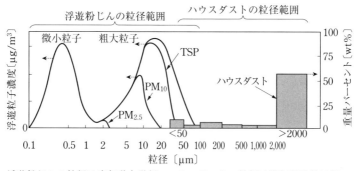

浮遊粉じんの粒径は空気動力学径，ハウスダストの粒径は幾何学的粒子径

図3.11 浮遊粉じんおよびハウスダストの粒径分布
（筏，吉田（2009）[31]と中村ほか（2008）[32]を参考に作成）

3.3 粒子状物質（ハウスダスト）

① TSP（総浮遊粉じん：Total Suspended Particles），粒径100 μm以下
② SPM（浮遊粒子状物質：Suspended Particulate Matter），粒径10 μmの粒子を100％除去する装置を通過した浮遊粒子状物質
③ PM_{10}（粒径10 μm：Particulate Matter 10）の粒子を50％除去する装置を通過した粒子
④ $PM_{2.5}$（粒径2.5 μm：Particulate Matter 2.5）の粒子を50％除去する装置を通過した粒子

室内浮遊粉じんを考える場合も，上記の粒径分類にもとづく場合が多い。

$PM_{2.5}$のような微小粒子は，呼吸により吸入されると鼻腔で除去されることなく細気管支や肺胞に沈着する。一部は血液に移行し，ヒトの死亡，呼吸器系疾患，循環器系疾患に関与すると考えられている。

一方，ハウスダストについては粒子の形状や粒径による明確な分類が未だ体系的になされておらず，表3.7のように各研究者がそれぞれに便宜的な表現をしている。掃除機で回収したハウスダストを対象とした粒径別重量分布測定結果によれば，粒径2 mm以上の粗大粒子が50％以上を占めており，53 μm未満の分画がほかより2倍程度多く存在している[32]。

なお，ハウスダストには粒径の定義がなじまない繊維体も含まれ，別個に取り扱われることが多い。例えば，石綿繊維（アスベスト）＊を計数する場合は，長さ5 μm以上，幅（直径）3 μm未満で，かつアスペクト比（繊維の長さと幅の比）3以上の繊維を対象としている。

表3.7 ハウスダストを扱った文献における粒径による分類[33]〜[35]

便宜的な分類	微 塵	細 塵	粗 塵
粒径分布	<75 μm	75 μm 〜 1 mm	>1 mm
	<75 μm	75 μm 〜 1 mm	>1 mm
	<53 μm	53 〜 300 μm	300 〜 1,000 μm

＊ 天然に産する繊維状けい酸塩鉱物のうち，クリソタイル（白石綿），クロシドライト（青石綿），アモサイト（茶石綿），アンソフィライト，トレモライト，アクチノライトの6種類の繊維状鉱物で，アスペクト比が3以上のものを指す。平成18年より石綿および石綿がその重量の0.1 wt％を超えて含有されるすべてのものの製造，輸入，譲渡，提供，使用が禁止されている。

3.3.3　発生および挙動

室内に存在する粒子状物質は，室内に持ち込まれた家具や寝具，居住者やペットなど室内発生源と，大気粉じんや土壌粒子など屋外に存在する室外発生源により発生する（図3.12）。室内空間では，換気や歩行などの生活行動，あるいは空間内の温度勾配による熱対流が生じ，絶えず空気の移動が起こっている。室内の浮遊粒子は空気の対流に伴い一部は拡散し，一部は沈降して床などに堆積する。ただし，浮遊粒子の空気中での挙動は粒径に大きく依存し，粗大粒子の場合，流体抵抗と慣性，重力，遠心力，静電気力，熱泳動，ブラウン運動などが関与し合うことで重力や気流に沿った運動をする。一方，粒径 $1\,\mu m$ を下回る微小粒子では，ランダムな運動をする。

拡散した微粒子の一部は天井や壁，家具などに吸着され，ホコリとなる。堆積あるいは吸着した微粒子も，居住者の行動によっては再飛散するなどして再び浮遊粉じんとなり，以降これを繰り返す。なお，浮遊粒子の一部は換気に伴い窓や扉を通じて室外に流出したり，清掃行動により回収され室外に排出されるなどして失われる。

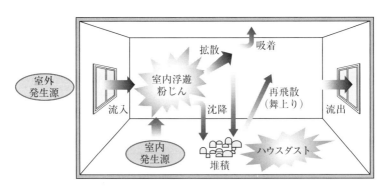

図 3.12　室内空間における粒子状物質の挙動

3.3.4　曝露経路

室内の粒子状物質への曝露経路としては，第1章で取り上げたように経口曝露，吸入曝露，経皮曝露の3つが挙げられる。しかし，粒子の物理的性状や化学組成

の違いが，各経路での曝露量に対し複雑に影響をおよぼす点に，ガス状物質と異なる大きな特徴がある。室内浮遊粉じんは室内空間に浮遊しているため，吸入曝露が大部分である。特に，小児は呼吸域が成人に比べて低い位置にあるため，ハウスダスト由来の浮遊粉じんに対しては吸入機会が多い。一方，ハウスダストについては，床や家具に堆積したものを直接吸入することはほとんどないが，皮膚への付着による経皮曝露，食べ物や食器に付着したものを経口摂取する場合もある。床に手をつき這いながら行動する幼児は，手に付着したハウスダストをHand-to-Mouthにより経口曝露しやすい。

化学物質の物性の違いにより，住まいの環境中でガス態として存在しやすい物質や，粒子態を取りやすい物質がある。フタル酸エステル類はプラスチックを柔らかくするための可塑剤として使用されるが，乳幼児の非意図的な経口摂取を防止する観点から，食品衛生法により玩具や食器への使用が規制されている。表3.8には，デンマークに住む3～6歳の小児(431名)を対象とした調査データを解析し，代表的なフタル酸エステル類の平均摂取量を曝露経路別に比率を算出した結果[36]を示す。DEPは吸入曝露の比率がほかより高いが，沸点がもっとも低くガス態での存在割合が高いためである。一方沸点がもっとも高いDEHPはほとんどが粒子態で存在するため，ハウスダスト中に存在する割合が高くなり，経口曝露されやすい。

表3.8 室内における小児のフタル酸エステル類平均摂取量の曝露経路別比率
(東(2014)[36]を参考に作成)

小児の曝露		平均摂取量の比率〔%〕		
媒体	経路	DEP[i]	DiBP[ii]	DEHP[iii]
粒子	経口	0.6	3.2	93.8
粒子・ガス	吸入	13.2	9.8	5.4
ガス	経皮	86.2	87.0	0.9
粒子	経皮	0.01	0.04	0.09
沸点〔℃〕		295	320	384

i) フタル酸ジエチル　ii) フタル酸ジ-イソブチル
iii) フタル酸ジ-2-エチルヘキシル

3.3.5　ハウスダスト中の化学物質

　図3.11に示したように，ハウスダストは大部分が粗大粒子であり，再飛散が生じても短時間で沈降する．一般的な住環境において，仕事や学校，レジャーのための外出時間，および睡眠時間には，ハウスダストの再飛散が起こりにくい．よって，室内の粒子状物質は，浮遊粉じんとして存在する量（機会）よりも，ハウスダストとして存在する量（機会）のほうが相対的に多くなりやすい．ハウスダスト中に存在する化学物質に関する情報は，室内の粒子状物質の経口曝露による健康影響についての基礎データとなるばかりでなく，再飛散による室内浮遊粉じん発生量の推定モデル[37]などを併用することで得られる，吸入曝露による健康影響評価にも有用である．

(1) アレルゲン

　アレルギーとは，生体が特定の抗原に曝露した際に作られる抗体が，再び同じ抗原に曝されたときに起こす抗原抗体反応のうち，病的な症状を伴う過敏反応のことである．抗原性物質は**アレルゲン**とも呼ばれる．アレルゲンは正常人に対しては無害だが，過敏な感受性を持つアレルギー体質者に対しては，曝露による細胞内への取り込みにより，ぜん息，くしゃみ，咳，白目の充血や目・鼻・皮膚などの，かゆみ，痛み，炎症といった症状を引き起こす．なお，正確な用法ではないが，例えば食品などアレルゲンを含む物質全体がアレルゲンと称されることもある．

　アレルゲンの名称は，由来する生物の学名にもとづく命名法で決められる．学名とは，生物の種ごとに付けられる世界共通の名称であり，その生物の属名と種小名を列記してあらわされる（**二名法**という）．例えばヒトは，属名が$Homo$であり，種小名が$sapiens$であるため，学名は$Homo\ sapiens$となる．属名は大文字から，種小名は小文字から書き始め，斜体（イタリック体）で表記する．なお，手書きなど斜体であらわせない場合は，Homo sapiensのように下線を記す．アレルゲンの命名では，属名の最初の3字と種小名の最初の1字をとり，さらにアレルゲンとして報告された順をアラビア数字で表現する．なお，アレルゲンを表記する際には斜体は用いない．例えば，スギ花粉を由来とするアレルゲンには主要な2種類があり，スギの学名である$Cryptomeria\ japonica$の属名からCryを，種

3.3 粒子状物質（ハウスダスト）

小名からjをとり，それぞれCry j 1，Cry j 2と呼ぶ。

ハウスダストに含まれるおもなアレルゲンとしては，ダニ，真菌（カビ），ペット，昆虫に由来する成分が挙げられる（表3.9）。アレルギーを引き起こすダニはチリダニ科に属し，コナヒョウダニ（*Dermatophagoides farinae*）とヤケヒョウダニ（*Dermatophagoides pteronyssinus*）が代表種である。それぞれDer f 1，Der f 2とDer p 1，Der p 2という2種類のアレルゲンが知られており，Der f 1およびDer p 1は排泄物由来，Der f 2およびDer p 2は虫体由来である。近年，イヌやネコをペットとして室内で飼育するケースがまれではない。ネコの主要アレルゲンとしては，皮膚（脂腺）で産生されるFel d 1，および唾液に含まれるFel d 4が挙げられる。他方，イヌの主要アレルゲンであるCan f 1は舌の上皮組織で産生されるため，唾液にアレルゲンが含まれる。

表3.9 ハウスダスト中のおもなアレルゲン

由来	和名	学名	アレルゲン
ダニ	コナヒョウダニ	*Dermatophagoides farinae*	Der f 1
			Der f 2
	ヤケヒョウダニ	*Dermatophagoides pteronyssinus*	Der p 1
			Der p 2
昆虫	チャバネゴキブリ	*Blattella germanica*	Bla g 1
			Bla g 2
ペット	イエネコ	*Felis domesticus*	Fel d 1
			Fel d 4
	イエイヌ	*Canis familiaris*	Can f 1
真菌	コウジカビ	*Aspergillus fumigatus* など	Asp f 1
	ススカビ	*Alternaria alternata* など	Alt a 1

(2) 有機化合物および重金属類

私たちは，住まいの中に内装を施したり家具や電子機器類，スプレーなどを持ち込むことで，生活をより便利で快適にする。しかし，持ち込んだ製品はやがて消耗や劣化が進み，塗料の剥がれ落ちや一部が欠けるなどする。脱離した一部が化学物質を含有する場合，ハウスダストの化学物質汚染の原因となる。

殺虫剤は害虫を駆除するための薬剤である（3.1節参照）。1930年代になると欧米で有機塩素系殺虫剤やクロロピリフォスなどの有機リン剤などが開発・販売された。しかし住宅での大量使用によりハウスダスト中に殺虫剤が残存し[38]，有機リン系の物質や多環芳香族炭化水素（PAHs）によるハウスダストの汚染が生じた。また，住宅周辺の田畑や庭に使用された農薬を含む土壌が，窓やドアを通じて室内に流入することにより，ハウスダスト中に有機塩素が含まれることもある[39]。

近年では，プラスチックやビニールにやわらかさや弾力を出すための可塑剤として添加されていたフタル酸エステル類や，PAHsなどの有機化合物がハウスダストに含まれる事例も増えている[40]。パソコンなど電子機器類の高温，高電圧になる部分には，難燃剤としてポリ臭素化ジフェニルエーテル類（PBDEs）が使用されている。低温燃焼で有害な臭素化物を発生することが知られているが，PBDEsへの曝露要因として，ハウスダストの寄与率が高いといわれている[41]。

かつては玩具やアクセサリーに塗布する塗料やペンキに鉛が含まれており，長期使用による劣化により鉛化合物がハウスダストに混入することがあった[42]が，近年塗料への鉛の使用量は減少している。

(3) たばこ煙

たばこの煙にはさまざまなガス状物質や粒子状物質が含まれており（3.2節参照），室内で喫煙行為が行われた場合，たばこの灰がハウスダスト自体になるだけでなく，たばこ煙中の有害成分がハウスダストに吸着して滞留する可能性がある。

3.3.6　室内の粒子状物質の除去方法

(1) ハウスダスト

ハウスダストの効果的な除去を考える際
① 生物など汚染物質自体が自発的な移動や増殖を伴うもの
② 自発的に移動しないもの

に分けて考える必要がある。いずれの場合でも，室内に存在が確認された後は室外に除去するしかないが，①については，発生を抑制する手段もある（図3.13）。

ダニやカビは①に挙げられる。ダニは高温多湿な環境で生息しやすく，ヒトの

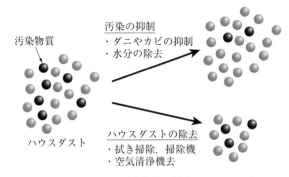

図 3.13 ハウスダストの汚染除去に対する 2 つのアプローチ

アカやフケ，食物のかすなどをエサにするため，それらが滞留しやすいカーペットや畳はダニの生息場所となり，繁殖しやすい環境となる。夏場など高温多湿になりやすい時期には，カーペットやラグを，アレルゲンが滞留しにくいござなどに取り換えることも対策の1つとなる。長期間にわたって湿度が高く，結露が生じる箇所があるような場合は，カビが発生しやすい (4.1 節参照)。こまめな換気を習慣づけるほか，家具の配置を風が通りやすいよう工夫することも推奨される。なお，毎晩使用者の大量の汗を吸収するベッドのマットレスは盲点となりやすく，ベッドフレームと接する面で水分が滞留しやすいため，定期的に裏返すなどしてカビの発生を抑制したい。

ペットの毛や昆虫の排泄物のほか，化学物質に汚染された粒子状物質は②にあたり，強制的な除去が必要である。掃除機を用いた吸引方式での除去やワイパー類での拭き掃除が効果的である。

(2) 室内浮遊粉じん

空気中の室内浮遊粉じん濃度を低減する技術に，空気清浄機がある。家庭用空気清浄機は，これまで花粉や再飛散したハウスダストをおもな除去対象にしてきたが，近年では「PM$_{2.5}$対応」の機種が増えてきた。集じん方式には大別してフィルター方式と電気集じん方式が採用されている。フィルター方式は，空気をろ過材に通過させて浮遊粉じんを捕捉するものであり，HEPA フィルター (High Efficiency Particulate Air Filter) をろ過材に用いたものは，0.3 μm 以上の粒子に

対するワンパス捕集効率が99.9％以上であると記されている。一般にフィルター方式は，捕集効率が高いが，圧力損失も大きくなるため，大風量を必要とする広い空間には適していない。一方，電気集じん方式は，粒子を負または正に帯電させ，正または負の電極板や静電気を帯びているフィルターに捕捉するものである。集じん効率は，フィルター方式に比べてやや劣るが，圧力損失が小さいため，広い床面積にも対応可能である。家庭用の場合，多くがHEPAフィルターを用いた方式である。事業者向けの比較的小規模な空気清浄機としては，集塵装置内部で水を噴射させ，エアワッシャー効果により粉じんや真菌を除去するタイプもある。これは多量の電力や排水設備が必要となる。

　近年わが国の住宅では，フローリング仕様が急速に広がってきた。清掃がしやすく，家具やインテリアとのデザイン調和性に優れ，バリアフリー施工にも対応しやすいなど多くの利点を有する。しかし一方で，平滑な表面に光沢維持のために塗布されるワックス類によりすべり摩擦抵抗が下がり，高齢者やペットが足を滑らせて転倒してしまうという課題があった。この対策として，すべり摩擦抵抗の大きいシリコーン樹脂製のフロアコーティング材が開発され実用化されているが，その一部の製品にハウスダストの再飛散抑制効果が見いだされた[43]。床面に堆積したハウスダストが再飛散しないため，適切に床面の清掃を行えば，特に小児や幼児の吸入曝露量を低減できると考えられ，興味深い技術である。

3.4　ナノ粒子

3.4.1　ナノ粒子とは？

　ISOの定義では，**ナノ粒子**とは「3つの次元のサイズがナノスケールである物質」，**ナノスケール**とは「およそ1 nm〜100 nmまでの大きさの範囲」とされている[44]。ナノは，国際単位系（SI：ほとんどの国で採用されている実用的な単位制度）として定められた接頭語の1つで，基礎となる単位の10^{-9}倍（＝10億分の1）を示すものであり，nm（ナノメートル）は，メートルの10億分の1の長さを意味している[45]。ヒトの毛髪の太さや食品保存用ラップの厚さ，花粉などは，ナノス

ケールより3桁大きいマイクロスケールの大きさを持っていることを考えると、ナノ粒子は非常に小さいことがわかる[45]。

ナノ粒子は，機能性材料，医薬品，食品などの幅広い分野での利用を期待して開発されている製品からの排出の可能性がある。室内に存在しているナノ粒子の多くは，ナノ粒子を含む消費者製品の使用，燃焼，VOCsやSVOCsからの二次生成などによると考えられる。ナノ粒子は，非常に凝集しやすいため，実際の環境中では凝集してミクロン粒子として存在していることも多い。

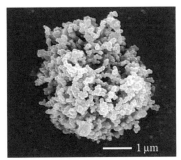 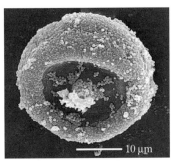

(a) たばこの煙　　　　　　　　　　　(b) 花粉
(微小な粒子が凝集したナノ粒子)　　　　　(ミクロン粒子)

図3.14　タバコの煙と花粉の比較

3.4.2　ナノ粒子の室内発生源

(1) 燃焼

有機炭素が燃焼する際，完全燃焼をすると二酸化炭素と水になるが，多くの場合，一部は不完全燃焼を起こして元素状炭素(煤)を生じる。その元素状炭素の一部は，ミクロン粒子やナノ粒子として放散される。また，燃焼で生成したVOCsやSVOCsが気中で凝集してナノ粒子となる場合も少なからずあるが，こちらについては次項の二次生成で示す。室内の燃焼源としては，ガスコンロ，ガスストーブ，石油ストーブ，たばこなどが挙げられ，それらの活動により粒子濃度が上昇することが報告されている[46]〜[48]。途上国では，薪などのバイオマス燃料を室内で燃焼させることが多いため，特に室内での微粒子への曝露が多いとされ

ている[49]。

(2) 二次生成

　室内空気中のVOCsやSVOCsが，核形成や凝集などの過程を経てナノ粒子やさらに大きな粒子を生成することもある。この二次粒子の生成には，気温や湿度や紫外線強度などが影響するため，屋外大気中における反応生成がよく知られているが，室内でも生じている。また，屋外では硫酸塩や硝酸塩やアンモニウム塩などの粒子も二次生成されるが，室内ではVOCsやSVOCs由来の二次粒子が多い。VOCsからの粒子生成は，オゾンが共存していない場合には，さほど大きくない[50]。また，木材などから放散されるα-ピネンやd-リモネンなどのテルペン類は，ほかの芳香族有機化合物やデカン類などよりもオゾンの反応での粒子生成量が多いとされている[50]。さらに，d-リモネンは粒子生成量がα-ピネンより多いことも報告されている[51]。核となる粒子上でDEHPが1分以内に吸着平衡に達することや，粒子への吸着により発生源からの放散が促進されることなども報告されている[52]。

(3) 消費者製品

　ナノ材料*が樹脂や金属などに練り込まれて使用されている製品やナノ材料が担持**されている触媒などからは，消費者が使用している間にナノ粒子として室内に排出される可能性は極めて低い。一方，ナノ粒子を直接噴霧して使用するような消費者製品では，室内空気中への排出が想定される。ミストを噴霧して使用する消費者製品の代表的なものとしては，**銀ナノ粒子**や**二酸化チタンナノ粒子**を水やエタノールなどの溶媒に分散させた抗菌・消臭スプレーがある[53]。これらの製品の液中の銀ナノ粒子の濃度としては，0.05 ppm未満では抗菌消臭効果が得られず，100 ppm以上では着色の問題が起こることから，0.05～100 ppmが一

---

*　ナノ材料（ナノマテリアル）は，国際標準化機構（ISO）の定義によると「少なくとも1つの次元がナノスケール（おおよそ1～100 nm）の外寸を有する物質もしくはナノスケールの内部構造や表面構造を持つ材料」とされている。二酸化チタンや酸化亜鉛のナノ粒子は前者，フラーレンやカーボンナノチューブは後者にあたる。ナノ材料と呼ぶ場合，産業的な利用を意図していることが多い。

**　触媒として利用するナノ材料をほかの固体（担体という）に付着させること。ナノ材料を担体表面に均一に分散させることにより，触媒効果を高めることができる。

般的とされている[54)〜56)]。化学物質評価研究機構による試算では，スプレーされたミストの溶媒がすぐに揮発して銀ナノ粒子だけが浮遊して沈降は起こらないという仮定を置いた場合，消費者のリスクが懸念されるという結果が得られているが，この試算では仮定が過大評価になっている可能性が高い[53)]。

トナーを使用したプリンタなどの機器の使用中に，ナノ粒子が排出されるという報告は少なくない[58),59)]。トナーには，着色剤としてのカーボンブラック，外添剤としての二酸化チタンや二酸化ケイ素などのナノ粒子が含まれており，それらが排出されている可能性を否定はできないが，機器使用時に発生するナノ粒子の多くは，加熱により機器本体や潤滑油などから発生するSVOCsの凝集による二次生成だと考えられている[53)]。

また，カーペットなどの繊維に使用されているナノ材料については，特に幼児では曝露が高くなる可能性があるという試算もある[57)]。

(4) 化粧品

ナノ材料の用途の1つに化粧品がある。無機系ナノ材料としては，酸化チタン，酸化亜鉛，シリカ系化合物，酸化鉄，酸化ジルコニウム，白金(図3.15)，カーボンブラックなどが使用され，日焼け止め製品，ファンデーション，クリーム・乳液，おしろい，眉目製品，口紅・リップクリーム，化粧品などに利用されている[60)]。酸化チタンや酸化亜鉛は，紫外線の遮断効果を持つ白色顔料として古くから使用されているが，ナノ粒子にすることによって透明感が高まり，紫外線遮断効果も大きくなるといわれている。

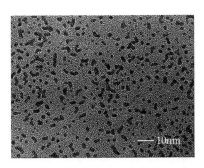

図3.15 化粧品原料に使用される白金ナノ粒子の電子顕微鏡写真

化粧品とは薬事法において「人の身体を清潔にし，美化し，魅力を増し，容貌を変え，または皮膚若しくは毛髪を健やかに保つために，身体に塗擦，散布その他これらに類似する方法で使用されることが目的とされている物で，人体に対する作用が緩和なものをいう」（第2条第3項）と定義されている。薬事法では特定成分の使用禁止や配合の制限を設けているが，サイズや形状については規定がない。酸化チタンや酸化亜鉛は，マイクロサイズの粒子であれば使用に問題ないと考えられているが，ナノサイズにした場合に未知の有害性が発現しないとは限らない。化粧品はヒトの皮膚に直接塗布して使用される製品であることから，消費者の安全性に対する意識は高く，化粧品業界では化粧品に使用されるナノ材料の安全性評価に積極的に取り組んでいる。

コラム：ナノテクノロジー

『ファインマン物理学』や『ご冗談でしょう，ファインマンさん』などの著書でわが国でも著名なRichard Phillips Feynman（アメリカの物理学者，1918～1988）は，1959年に行った講演「There's Plenty of Room at the Bottom」の中で，物質を原子レベルの大きさで制御してデバイスとして使用するという考えを示した。物質のサイズが小さくなれば，単位質量あたりの表面積（比表面積）が大きくなり，表面張力やファンデルワールス力がより重要になる。例えば，におい分子をより効果的に吸着したり，有害な化学物質の分解反応を触媒しやすくする可能性がある。さらに，ナノスケールになると量子効果（量子サイズ効果）の発現が期待される。物質の電気的，光学的，磁気的性質の多くは，電子の挙動に基づく。電子は粒子と波の両方の性質をあわせ持つ「量子」であり，この電子をナノ領域の狭い空間におくと，波としての性質がより顕著にあらわれることが知られている。例えば，ナノサイズの半導体結晶は入射した光を別の波長の光に変換でき，しかも粒子の大きさによって光の色を変えることができる。これは量子ドット（Quantum Dot）と呼ばれ，液晶カラーテレビのディスプレイ技術に使用されている。ナノテクノロジーは，私たちの住まいの環境に急速に入り込んでいる。

引用・参考文献

1) 環境省：PRTRインフォメーション広場，平成23年度届出外排出量推計結果
   http://www.env.go.jp/chemi/prtr/result/todokedegaiH23/suikei.html
2) 日本農薬学会：農薬の環境科学最前線 – 環境への影響評価とリスクコミュニケーション –，ソフトサイエンス社，230 (2004)
3) 東京都生活文化局消費生活部：家庭内で使用される化学物質の安全性等に関する調査，平成13年度委託調査報告書
4) 農薬工業会：ホームページ
   http://www.jcpa.or.jp/qa/a6_26.html
5) 森澤眞輔：環境の汚染とヒトの健康 – 健康のリスクをどう防ぐ –，コロナ社，88 (2011)
6) レイチェル・カーソン：沈黙の春，新潮文庫 (1974)
7) 加藤清司：有機リン化合物の遅発性神経毒性研究の現状，産業衛生学雑誌，37 (5), 309-319 (1995)
8) 公益社団法人日本しろあり対策協会
   http://www.hakutaikyo.or.jp/boujo/
9) 製品評価技術基盤機構：衣料用防虫剤
   http://www.nite.go.jp/chem/risk/exp_2_10.pdf
10) 厚生労働省食品安全委員会：食品安全総合情報システム
    https://www.fsc.go.jp/fsciis/evaluationDocument/list?
11) 厚生労働省：食品中の残留する農薬等の基準に係るポジティブリスト制度について
    http://www.mhlw.go.jp/houdou/2005/11/h1129-2.html
12) 厚生労働省：シックハウス（室内空気汚染）問題に関する検討会　中間報告書 – 第8回〜第9回のまとめについて
    http://www.mhlw.go.jp/houdou/2002/02/h0208-3.html
13) 国立大学法人　横浜国立大学　安心・安全の科学研究教育センター：網羅的な曝露シナリオ情報の調査・整理
    http://www.anshin.ynu.ac.jp/renkei/pdf/guide_11.pdf
14) Weschler C. J., Nazaroff W. W.: SVOC exposure indoors: fresh look at dermal pathways, *Indoor Air*, 22, 356-377 (2012)
15) 西村弘行：植物の香り成分と生理活性，化学と生物，42 (8), 538-545 (2004)
16) 橋本真哉：殺虫剤・防虫剤における香料素材の付加価値，香料，247, 73-82 (2010)
17) 井上重治：微生物と香り　ミクロ世界のアロマの力，フレグランスジャーナル社 (2002)
18) OECD Health Data: Non-medical determinants of health: OECD Health Statistics (database)
19) 一般社団法人日本たばこ協会：2014年度第3四半期累計（4月〜12月）紙巻たばこ販売実績について
    http://www.tioj.or.jp/data/pdf/150123_01.pdf

20) たばこの煙に含まれる有害物質について
    http://www.lares.dti.ne.jp/~yoki/nosmoking/smoking2.html#anchor158996
21) 公益財団法人日本学校保健会：喫煙防止教育パンフレットの解説
    http://www.hokenkai.or.jp/3/3-5/3-55-02.html
22) 厚生労働省：最新たばこ情報
    http://www.health-net.or.jp/tobacco/risk/rs130000.html
23) 中医協　厚生労働省：診療報酬改定結果検証に係る特別調査（平成21年度調査）ニコチン依存症管理料算定保険医療機関における禁煙成功率の実態調査報告書
    http://www.mhlw.go.jp/shingi/2010/06/dl/s0602-3i.pdf
24) Rajkumar S., Huynh C.K., Bauer G.F., Hoffmann S., Röösli M.: Impact of a smoking ban in hospitality venues on second hand smoke exposure: a comparison of exposure assessment methods, *BMC Public Health*, 13, 536 (2013)
25) Barnoya J, Arvizu M, Jones MR, Hernandez JC, Breysse PN, Navas-Acien A: Secondhand smoke exposure in bars and restaurants in Guatemala City: before and after smoking ban evaluation, *Cancer Causes Control*, 22 (1), 151-156 (2011)
26) Gorini G., Moshammer H., Sbrogiò L., Gasparrini A., Nebot M., Neuberger M., Tamang E., Lopez M.J., Galeone D., Serrahima E.; Italy & Austria Before and After Study Working Group. Italy and Austria before and after study: second-hand smoke exposure in hospitality premises before and after 2 years from the introduction of the Italian smoking ban, *Indoor Air*, 18 (4), 328-34 (2008)
27) Liu R., Jiang Y., Li Q., Hammond S.K.: Assessing exposure to secondhand smoke in restaurants and bars 2 years after the smoking regulations in Beijing, China, Indoor Air, 24 (4), 339-49 (2014)
28) 石津嘉昭：ニコチン・3-エテニルピリジン／パッシブ法，室内環境，13（別冊），17-21 (2010)
29) 厚生労働省：平成15年保健福祉動向調査（アレルギー様症状）(2003)
30) 室内環境学会編：室内環境学概論，東京電機大学出版局，東京 (2010)
31) 筏義人，吉田修編：住居医学（Ⅲ），米田出版，千葉 (2009)
32) 中村有希，高木麻衣，吉永淳，田中敦，瀬山春彦，柴田康行：日本の室内塵の元素組成と鉛の起源，室内環境，11 (1), 11-20 (2008)
33) 吉川翠：家屋内生息性ダニ類の生態および防除に関する研究(1)，家屋害虫，13 (2), 75-85 (1991)
34) 佐藤泰仁：室内塵（ハウスダスト）の性状とその挙動に関する調査，東京衛研年報，45, 159-164 (1994)
35) 池田四郎，及川雅史，関根嘉香：海洋性発光バクテリアの生物発光阻害を利用した室内微粒子汚染のバイオモニタリング，室内環境，12 (2), 133-141 (2009)
36) 東賢一：ダスト中の汚染物質による公衆衛生上の問題，空気清浄，52 (3), 164-169 (2014)

37) Ferro A.R., Kopperud R.J., Hildemann L.M.: Source strength for indoor human activities that resuspend particulate matter, *Environ. Sci. and Technol.*, 38, 1759-1764 (2004)
38) Lewis R.G., Fortune C.R., Willis R.D., Camann D.E., Antley J.T.: Distribution of particles and polycyclic aromatic hydrocarbons in house dust as a function of particle size, *Environ. Health Persp.*, 107, 721-726 (1999)
39) 吉田精作, 田口修三, 田中之雄：家屋内塵芥中の残留オクタクロロジプロピルエーテル, 衛生化学, 43 (1), 64-67 (1997)
40) Chuang J.C., Callahan P.J., Menton R., Gordon S.M., Lewis R.G., Wilson N.K.: Monitoring methods for polycyclic aromatic hydrocarbons and their distribution in house dust and track-in soil, *Environ. Sci. and Technol.*, 29, 494-500 (1995)
41) Jones-Otazo H.A., Clarke J.P., Diamond M.L., Archbold J.A., Ferguson G., Harner T., Richardson G.M., Ryan J.J., Wilford B.: Is house dust the missing exposure pathway for PBDEs? An analysis of the urban fate and human exposure to PBDEs, *Environ. Sci. and Technol.*, 39, 5121-5130 (2005)
42) Lanphear B.P., Weitzman M., Winter N.L., Eberly S., Yakir B., Tanner M., Emond M. and Matte T.D.: Lead-contaminated house dust and urban children's blood lead levels, *Amer. J. Pub. Health*, 86, 1416-1421 (1996)
43) 岡本浩一, 池田四郎, 関根嗣晃, 関根嘉香：シリコン樹脂フローリング用コーティング材のハウスダスト付着性に関する研究-その3, 平成24年度室内環境学会学術大会講演要旨集, A-02 (2012)
44) ISO: Developed Standards and projects under the direct responsibility of TC 229 Secretariat and its SCs - TC 229 Nanotechnologies - Standards catalogue (2013)
45) 篠原直秀：ナノ材料のリスク評価のおはなし, 日本規格協会 (2013)
46) Zhang Q. et al.: Measurement of Ultrafine Particles and Other Air Pollutants Emitted by Cooking Activities, *Intern. J. Environ. Res. Public Health*, 7, 1744-1759 (2010)
47) Shon H., Lee K.: Impact of smoking on in-vehicle fine particle exposure during driving, *Atmos. Environ.*, 44, 3465-3468 (2010)
48) Afshari A., Matson U., Ekberg L.E.: Characterization of indoor sources of fine and ultrafine particles: a study conducted in a full-scale chamber, *Indoor Air*, 15, 141-150 (2005)
49) Ezzati M., Kammen D.M.: Quantifying the effects of exposure to indoor air pollution from biomass combustion on acute respiratory infections in developing countries, *Environ. Health Perspect.*, 109, 481-488 (2001)
50) Fan Z.H., Lioy P., Weschler C., Fiedler N., Kipen H., Zhang J.F.: Ozone-initiated reactions with mixtures of volatile organic compounds under simulated indoor conditions, *Environ. Sci. Technol.*, 37 (9), 1811-1821 (2003)

51) Chen X., Hopke P.K., Carter W.P.L.: Secondary Organic Aerosol from Ozonolysis of Biogenic Volatile Organic Compounds: Chamber Studies of Particle and Reactive Oxygen Species Formation, *Environ. Sci. Technol.*, 45 (1), 276-282 (2011)
52) Benning J.L., Liu Z., Tiwari A., Little J.C., Marr L.C.: Characterizing Gas-Particle Interactions of Phthalate Plasticizer Emitted from Vinyl Flooring, *Environ. Sci. Technol.*, 47 (6), 2696-2703. D (2013)
53) 化学物質評価研究機構：平成24年度環境対応技術開発等（ナノ物質含有製品のケーススタディー）報告書 (2013)
54) 株式会社三菱化学テクノリサーチ：1. 消費者製品等に含まれるナノマテリアル情報の収集．ナノマテリアル安全対策調査事業報告書（平成23年度厚生労働省請負業務）(2012)
55) 株式会社三菱化学テクノリサーチ：1. 消費者製品等に含まれるナノマテリアル情報の収集．ナノマテリアル安全対策調査事業報告書（平成24年度厚生労働省請負業務）(2013)
56) 株式会社三菱化学テクノリサーチ：1. 消費者製品等に含まれるナノマテリアル情報の収集．ナノマテリアル安全対策調査事業報告書（平成25年度厚生労働省請負業務）(2014)
57) 国立医薬品食品衛生研究所：ナノマテリアル含有製品に関わるばく露量等の推計及びリスク評価手法検討のための予備調査の実施 (2007)
58) Lee C., Hsu D.J.: Measurements of fine and ultrafine particles formation in photocopy centers in Taiwan, *Atmos. Environ.*, 41 (31), 6598-6609 (2007)
59) デンマーク環境省：ナノテクノロジー消費者製品調査．消費者製品に含まれる化学物質調査．2007年第81号［厚生労働省 医薬食品局化学物質安全対策室 平成20年度厚生労働省委託業務における邦訳を閲覧］(2007)
60) 植月献二：ナノマテリアルの安全性-EUの化粧品規制制定をめぐって．外国の立法, 245, 3-43 (2010)

第4章
生きる−生命活動と化学物質

4.1 水

4.1.1 生命と水

水はもっとも身近に存在する化学物質の1つである。

ヒトの体の大部分は水から構成されており、体重に占める水分の割合は成人男性で60%、成人女性はやや少なく54%、乳児は77%である[1]。これだけの水分量を維持するには、毎日欠かさず水を摂取し続けなければならない。ヒトが1日あたりに摂取する量は約2.5 Lであり、その内訳は飲料水として1.2 L、食物から1.0 L、代謝水0.3 Lとなっている[1]。**代謝水**＊とは体内に摂取された栄養素が代謝されるときに生成する水のことである。体内の水は尿や汗として排出されるが、体液量の約20%を失うと生命の危険にさらされる。水の摂取が途切れたときの生存時間の目安は3日間(72時間)といわれており、災害などで行方不明になった場合、72時間が救助の目安となっている。このように、水は生命活動を維持する上で欠かせない重要な物質であり、人は水がない場所では生きていくことができない。

地球には水が存在し、かつ水が温度・圧力に応じて液体、気体(水蒸気)および固体(氷)の状態(三態)を取ることができる唯一の惑星と考えられている(も

＊ 酸化水ともいう。例えば、呼吸によって取り込まれた酸素は糖の代謝に利用され、水と二酸化炭素が生成される。このときに生成される水が代謝水である。この反応に伴って生成するエネルギーを用いて生命活動を維持している。

しほかに水の三態が存在する惑星があれば，生命体が存在する可能性がある）。私たちの生活環境においても水はその状態を変えながら存在する。特に空気中の水蒸気の量は，住まいの快適性やヒトの健康にも直接・間接的に関わっており，水蒸気が適切にないと乾燥や結露といった問題を引き起こす。また，建物の外部や，給排水設備など，住宅における漏水のトラブルも無視できない。4.1節では，生活環境中の水に着目し，水との上手な付き合い方について考える。

4.1.2 水の構造と挙動
(1) 水分子

水は，酸素(O)原子1個と水素(H)原子2個が共有結合してできた分子(H_2O)である。酸素原子は水素原子と結合する際に正四面体の各頂点に向かって伸びる4つの原子軌道を作る。その内の2つは水素原子との結合に関与しない非共有電子対によって占有されるため，結果的に水分子の形は折れ線形となる（図4.1）。

酸素原子と水素原子では共有電子対を引き付ける力（**電気陰性度**という）が異なるため，分子全体としては電気的に中性でも，酸素原子は負の電荷，水素原子は正の電荷を帯びている。このように分子内で電子分布に偏りを持つものを**極性分子**という。

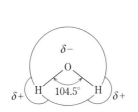

図 4.1　水分子の構造（分極）

図 4.2　水分子間の水素結合

(2) 液体の水

水が極性分子であることは水の構造や性質に強く関係している。今，不純物を含まない純水について考える。純水は多数の水分子から構成されているが，水分

子の間では酸素原子の負電荷と水素原子の正電荷の間で弱い静電的引力が生じる（図4.2）。これは**水素結合**と呼ばれており，水分子が同族元素の水素化物（硫化水素，セレン化水素など）に比べて異常に沸点が高いのは，気化熱に加えてこの水素結合を断ち切るだけのエネルギーを余分に必要とするからである。水素結合によっていくつかの水分子が集合している状態は**水のクラスター**と呼ばれる[2]。一時期，水のクラスターの大小が，美味しさや健康に関係すると宣伝されたが，現在は否定されている。なぜなら，この集合の状態は10^{-12}秒間の間に生成と消滅をダイナミックに繰り返し，磁場やろ過などの作用によって変化するような性質のものではない[2]からである。

　一方，自然界に存在する水は溶媒としての働きがあり，通常何か別の物質（溶質）を溶かし込み，水溶液の状態になっている。溶質が正または負の電荷を持ったイオンの場合，極性を持つ水は静電的引力によってイオンを取り囲む，**水和**という現象が起こる。FrankとWen[3]は，イオンの周囲にある水について，図4.3に示すA領域，B領域，C領域があると考えた。A領域の水はイオンと強い相互作用をし，イオンの周りに整然と配列しているので，構造形成領域といわれる。C領域はイオンとの相互作用がない純粋な水である。これらの接点にあるB領域の水は構造が破壊されている。A領域の水分子は，イオンと水和しているため，イオンの移動とともに移動する。水分子はイオンに束縛されているともいえる。このような水分子の構造形成は，タンパク質の周りでも見られる。タンパク質は表面が親水的なため，水分子が水和する。AやB領域の水は，タンパク質に束縛されているため，C領域の水のように自由に運動できず，物理的な性質を異にする。例えば，

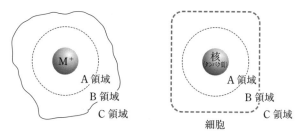

図 4.3　Frank-Wenモデルによる水和構造

C領域の水は純水であるため，0℃で凍結する。しかしA領域の水は−180℃，B領域の水は−80℃にならないと凍結しない[4]。冷凍したマグロを解凍したとき，組織（細胞）が崩れないのはこのためである。冷凍した際，タンパク質の周りのA領域の水は凍らず，C領域の水だけが凍るため，タンパク質の構造はもとの形が保持される。A領域の水を**結合水**（構造水），B領域の水を**中間水**，C領域の水を**自由水**と呼ぶことがある。

(3) 気体の水

水は熱すると気体分子となって空気中を舞う。気体分子の移動速度は非常に速く，1気圧（1.013×10^5 Pa），25℃において，水素（H_2）1,768 m/s，水蒸気（H_2O）590 m/s，窒素（N_2）474 m/s，酸素（O_2）443 m/s，二酸化炭素（CO_2）378 m/sである[4]。水蒸気の移動速度を時速に直すと2,124 km/hであり，新幹線（約200 km/h），旅客ジェット機（約900 km/h）よりもはるかに速い。しかしこの速さはあくまで気体分子が直進するときのものである。個々の気体分子はランダムな方向に運動しており，少し移動するとすぐにほかの分子に衝突して進路を変える。1回目の衝突から2回目の衝突までに進む距離の平均を**平均自由行程**といい，1気圧では数10 nmである。したがってある一定方向に対して気体分子の移動する速さ（拡散速度）は移動速度に比べて非常に遅い（図4.4）。

このように水はもっとも身近にありながら，化学的には非常に特徴的な物質といえる。次に，住まいの生活環境における水との関わりについてみていこう。

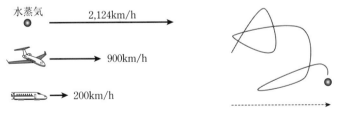

(a) 水蒸気の移動速度は速い　　(b) 水蒸気の拡散速度は遅い

図4.4　水蒸気分子の移動速度と拡散速度

4.1.3 乾燥

洗濯物を乾かしたり，入浴後，髪の毛をドライヤーで乾かしたり，また，干物やふりかけ，ドライフルーツなど生ものを乾燥し保存性をよくした食品など，**乾燥**という行為は，日常生活の中で身近なものである。乾燥は，一般に材料から液体（一般には水分）を除去し乾燥製品を得る操作と定義される。その目的は用途によっても異なる。

(1) 食品の乾燥

私たちは，食品から水分を除去することによって長期に保存できることを古くから経験的に身につけてきた。生の魚は，数日もしないうちに腐ってしまうが，乾燥物である煮干しや干物は腐らない。なぜ，食物を乾燥することで保存ができるかといえば，食品を腐敗させる微生物などは水分がないと活動ができないからである。

食物が腐敗する要因は，食品中の水分量が関係している。食品においても結合水，自由水という概念があてはまり，微生物が活発に動くことができる場所は自由水である。自由水は乾燥により減少させることができ，腐敗の原因となる微生物の活動を抑制することができる。食品における乾燥による効果は，このような保存性のほかにも，例えば，水分を除去し食品の質量が軽くなることで運搬しやすくしたり，乾燥によって食品中の成分が凝縮されてうまみが増したり，栄養価の高い食品ができたりするなどの複合的な効果もあり，乾燥は食品工業において，重要である。

(2) 木材の乾燥

住まいにおいて身近なものとして，家や家具などに使われる木材（木材製品）がある。木材を利用する場合，水分の吸収・放出による収縮・湿潤が生じ，それによる重さや強度，耐久性などの水（水分）の変化がさまざまな場面において影響する。木材に含まれる水の割合を示す場合，一般的には水分を含めない木材重量（全乾重量）に対する水分重量の割合を示す**含水率**を用いる。

$$\text{含水率} = \frac{\text{水分の重量}}{\text{全乾重量}} \times 100 \ [\%]$$

$$= \frac{\text{乾燥前の重量} - \text{全乾重量}}{\text{全乾重量}} \times 100 \ [\%]$$

木材に含まれる水分にも，食品同様，細胞内腔と呼ばれる空隙に液体状の水として存在する自由水と，木材組織（細胞壁）内に水分子として入り込んでいる結合水とがある。そして，結合水が組織内に存在が最大可能な含水率を**繊維飽和点**と呼ぶ。この含水率は，木材の構造や化学組成によって若干の違いはあるが一般的に28％が用いられている。

木材利用における乾燥の目的の1つは，寸法の安定性を保つことである。この含水率が，繊維飽和点より低いと含水率の増加・減少に応じて変形（膨張・収縮）する。そのため，あらかじめ乾燥をして使用環境に適した含水率としておくことにより，含水率の変化による変形を最小限に抑えることができる。

表4.1　日本産樹種の生材含水率[5]

広葉樹	生材含水率〔％〕		針葉樹	生材含水率〔％〕	
	辺材	心材		辺材	心材
コナラ	75	67	カラマツ	83	41
ミズナラ	79	72	アカマツ	145	37
トチノキ	123	166	ヒノキ	153	34
シナノキ	92	108	スギ	159	55
マカンバ	77	65	エゾマツ	169	41
ヤチダモ	53	71	モミ	163	89

木材に，一定の力を長期間加えたままにしておくと変形が進む。これを**クリープ変形**という。このクリープ変形は，乾燥材よりも未乾燥材の方が大きくなる。変形は，木材製品が使われる過程で不具合の原因になるので，その不具合を極力なくすため乾燥材を用いることが必要となる。木材は，含水率が高いまま放置す

ると，食品と同様菌類が発生しやすくなるため腐朽しやすくなる。そのため，建築時の乾燥はもとより建築後も乾燥状態を維持することで耐久性の低下を防ぐ役割がある。また，木材は繊維飽和点を境にして強度に対する性能も変化し，繊維飽和点を下回ると強度性能は向上する。そのほかにも，加工容易性（接着性向上）や食品と同様，運搬の容易性（重量の軽減）などの面から，乾燥は，木材にとって重要な技術要素である（表4.2）。

表4.2 木材の含水率が1%変化することに対する強度の変化率[6]
（無欠点小試験材の場合）

曲げ強さ	4%	せん断強さ		3%
曲げ比例限応力	5%	硬さ	木口面	4%
縦圧縮強さ	6%		縦断面	2.5%
縦圧縮比例限応力	5%	ヤング率		22%
横圧縮比例限応力	5.5%			

(3) ヒトの乾燥

不快指数（DI：Discomfort Index）はアメリカ気象台で開発された指数であり，温度 T〔℃〕と相対湿度 RH〔%〕とすると次式であらわされる[7]。

$$DI = 0.81T + 0.01RH(0.99T - 14.3) + 46.3$$

不快指数が75を超えると人口の10%が不快になり，80%を超えると全員が不快になるといわれる。快いと感じるのは65～70%である（図4.5）。日本人の場合も最近ではアメリカ人の体感に近づいているといわれる。相対湿度が50%を下回ると肌が乾燥しはじめる。皮膚は角層，表皮，真皮，皮下脂肪の4層構造になっている。角層の水分は見た目の美しさにもっとも作用し，水分含有量は表皮や汗からの水分補給，スキンケアなどによる保湿，不感蒸泄（無自覚のまま水分が損失されること）と汗の蒸発のバランスによって決まる[7]。内側からの水分補給は血行によって左右され，また不感蒸泄と汗の蒸発は角質表面と空気中の水蒸気分圧の差に比例する。冬になると血行が悪くなり，汗もかかなくなり，乾燥した空気が皮膚の水分を奪うため，肌荒れ（乾皮症）が生じやすい。相対湿度が40%以下になると呼吸器系の口や鼻の粘膜が乾燥し，ウイルスに対する防御機能が低下

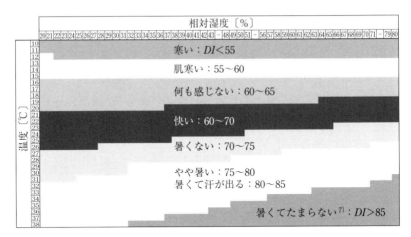

図 4.5 不快指数にもとづく体感におよぼす相対湿度と温度の影響

する。さらに相対湿度が35％以下になると，静電気が起こりやすくなり，本来は静電気が起こりにくいといわれている物質，例えば，木や木綿などの天然素材にも静電気が発生しやすくなる。

4.1.4 結露

結露とは，暖かい空気に含まれる水蒸気が冷たいものの表面に触れることにより，水滴となってあらわれる現象のことである。結露の原因となる「暖かく湿った空気」は，冬は室内に，夏は屋外に存在する。そのほか，浴室や台所など日常的に水蒸気が発生する場所もある。従来の日本の住宅は，隙間風の吹き込みが多かったため，室内で発生した水蒸気もとどまることなく外部に排出されていた。しかし，省エネルギー性や快適性の向上のために断熱性と気密性が格段に高くなった現在の住宅では，換気への配慮なしに大量の水蒸気を発生させるような生活を続けると，結果として大量の結露を室内に発生させてしまうこととなる。

結露はカビやダニの発生要因になるだけでなく，住宅の寿命を縮めてしまう可能性もあるため，充分な対策が必要である。

(1) 結露発生のメカニズム

結露は相対湿度が100％を超えたときに発生する（図4.6）。**相対湿度**とは，ある温度の空気に含まれている水蒸気量と，その温度における飽和水蒸気量の比をパーセンテージ〔％〕であらわしたものである。飽和水蒸気量は温度が高いほど増える。同じ水蒸気量でも温度が上がると相対湿度は下がるため，結露は発生しづらくなる。

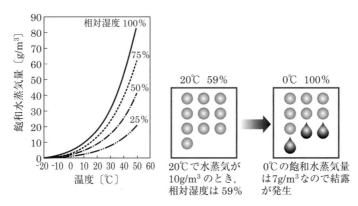

図 4.6 結露の発生メカニズム

(2) 住宅での結露発生要因

住宅内における結露の発生は，水蒸気の発生源や季節的・場所的な要因で次のように分類される。

(a) 水蒸気の発生源

水蒸気の発生源は，室内由来と外気由来の2種類に大別される。室内由来の水蒸気の発生源には，人体や観葉植物，暖房器具（開放型），加湿器に加え，炊事や食事，洗濯，入浴などの人間活動に伴うものがある。一方，外気由来の水蒸気は，外気の水蒸気量が多くなる夏季に，換気，浸透などで住宅内に入ってくる。

(b) 季節的・場所的な要因

冬季に室内由来の水蒸気を含んだ空気が，外気で冷やされた箇所に接触することで発生する結露を**冬型結露**と呼び，夏季に外気由来の暖かく湿った空気が住宅

内に侵入し,比較的温度の低い箇所に接触することで発生する結露を**夏型結露**と呼ぶ。このほかに,大量の水蒸気が発生する水まわり(台所・浴室など)や,空気が滞留しやすい家具のうしろや収納部などは,1年を通して結露が発生しやすい場所であり,通年型の結露といえる。

(3) 表面結露と内部結露

住宅における結露には,「室内の壁やガラスなどの室内表面に発生するもの」と,「構造体の内部などで発生するもの」とがある。前者を**表面結露**,後者を**内部結露**と呼ぶ。これらが建物に与える影響として,次のような例が挙げられる。

(a) 表面結露

1) 窓(サッシ)　　窓が曇り,外がみえにくくなる程度であれば問題ないが,放置すると水滴が窓下の壁面や床を濡らし,シミやカビの原因となることがある。さらに,和室では障子紙が剥がれる,寒冷地では結露水が凍結して開閉がしづらくなることもある。

2) 壁・天井(特に北面)　　水分によるシミやカビの原因となる。収納部では,収納物に汚染や劣化などの影響を与える可能性もある。

3) 畳(和室)　　表面が水分を含みやすい材質であるため,カビおよびダニの発生要因となる。

　　表面結露を防ぐには,発生要因が室内由来の場合は「室内の水分発生の抑制」「断熱性能の向上」「通風」「換気(特に局所換気)」外気由来の場合には「除湿」が有効である。

(b) 内部結露

室内外の水蒸気が構造体の中に拡散浸透するなどして液化する現象である。表面結露とは異なり,外壁内や小屋裏内,床下などで発生するため発見されにくい。

内部結露を防ぐには,水分発生を抑制するとともに

①室内由来の水蒸気を構造体の中に入れないよう室内側にバリア層を設ける

②外壁については,構造体の中に入ってしまった水蒸気を速やかに排出できるよう,外壁通気構造とする

③小屋裏については,小屋裏換気口を設けて小屋裏換気を促進する

④床下については,地盤面を防湿シートで覆ったり,土間コンクリートを打っ

て地盤からの水蒸気の発生を防ぎつつ，床下換気口，換気台輪などを設けて，
　　床下換気の促進を図る

という構法上の対策が必要である。

　このように，わたしたちの生活環境を維持するためには，適切な湿度を保つことが必要になってくる。

4.1.5　水分の制御－加湿と除湿

　これまで，対象となるものや状態における水分の存在割合によって，その性質や効果を左右することについて話してきた。特に，私たちの住まいにおいては，空気中に含まれる水分量を制御することが，住まいの耐久性や住まう私たちの健康，快適に大きく影響をおよぼすことから重要である。そのため，空気中の現在の水分状態に対し，不足している場合には加湿し，多い場合には除湿することによって，室内空気中の湿度を保つことが必要である。それでは，加湿と除湿の方法についてみてみよう。

(1) 加湿

　加湿の方法としては，蒸気式加湿，気化式加湿，透湿膜式加湿，水噴霧式加湿が挙げられる（表4.3）。

　蒸気式加湿は，水をヒーターなどで沸騰させ，その蒸気を空気中に吹き出す加湿方式である。蒸気は，蒸発にすでに必要な熱を加えられているガス状の水蒸気である。したがって，空気中に放散されると蒸発が早いことから加湿能力が高い方式である。また，水を沸騰させて蒸気に変えるので衛生的である。室温も上昇する作用になることから，冬季の住環境においては望ましい。ただし，加熱のためにヒーターなどを用いることから消費電力は，ほかの方式に比べて大きい。

　気化式加湿は，水と空気との接触面を多くし，その接触面で水を気化させる方式である。気化熱現象によって室温よりも低い空気が吹き出されるため，室温が少し低下する。加湿能力は，蒸気式に比べて小さいために室内が適湿になるまでに時間がかかる。特徴としては，比較的安全な方式である。まず，加熱を行わないので熱くならない。また，水そのものが蒸発するだけであるので，ミネラル分や雑菌が吹き出されることも基本的にはない。ただし，その気化部分はスポンジ

表4.3 加湿方式の比較

加湿方式	蒸気式	気化式	透湿膜式	水噴霧式
原理	水をヒーターで加熱し，水蒸気を送風機で空気中に吹き出す	水を含んだフィルターに送風機で風を当て空気中に水蒸気を吹き出す	膜を介して水を蒸発させ，空気中に吹き出す	水に細かい振動を与えて霧状にして空気中に噴霧
加湿能力/特徴	・室温に影響されにくく，加湿能力は高い ・温暖な加湿が可能（吹出口の高温蒸気に触れると危険） ・比較的清浄	・急速な加湿が難しい ・大空間では大風量の送風ファンが必要 ・気化熱作用により室温低下	・急速な加湿が難しい ・比較的清浄 ・過加湿が少ない	・低温時の加湿能力が高い ・水中の不純物も一緒に吹き出すため，白粉（ミネラル分など）や雑菌が飛散 ・低温時に水滴が機器周辺に落下する懸念
メンテナンス	水垢が硬いスケールとして付着するため定期的な除去が必要（能力低下につながる）	フィルターに雑菌が増殖するため，フィルターの定期的なメンテナンスが必要	透湿膜の目詰まりや付着した雑菌の繁殖がすることがあるため，定期的な清掃が必要	水タンク内で雑菌繁殖が生ずるため，こまめな水替えや清掃が必要

状のフィルターになっており，そこにカビなどが繁殖すると，その胞子（いわゆるカビ菌）が吹き出される場合がある。そのため，定期的な掃除が必要である。

透湿膜式加湿は，水が透湿膜を水蒸気の状態で透過し，流れる風で加湿する方式である。気化方式と同様，急速な加湿は難しい。水中の不純物は，非常に目が細かい透湿膜によって遮断されるので，清浄な水蒸気によって加湿ができる。ただし，継続的な使用によって透湿膜にその不純物が残留していくため，定期的に透湿膜を交換（または洗浄）する必要がある。

水噴霧式加湿は，水に超音波の振動を与え霧状にして気中に吹き出す加湿方式である。水加湿であるその霧は一見蒸気にみえても，これから空気の熱を奪って蒸発をしようとする水の粒子である。水加湿は，気化時に熱を奪い室温を下げることになるので，野菜や果物などの鮮度を保つため，冷蔵庫に使われる方式である。特徴としては，構造がシンプルなため，比較的安価な製品が多く，製品も小

型のものが比較的多いことである。また，消費電力も小さいため，ランニングコストも少なく済むなど利点は多い。ただし，水に含まれるミネラル成分も振動によって吹き出すため，ミネラル成分が白粉として室内に付着する。また，長時間タンクに貯水しているなど水の管理が不十分であるとその水に雑菌が繁殖するため，それも室内に飛散するなど欠点もある。

それぞれの加湿方式にはメリットやデメリットがある。使用にあたっては，目的にあった方式を選択することが重要である。

(2) 除湿

除湿の方法としては，冷却式除湿，吸着式除湿，吸収式除湿，圧縮式除湿が挙げられる。

冷却式除湿は，空気を冷やして相対湿度を高くし，飽和状態に達したところで水蒸気が凝縮して水になる原理を利用した除湿方式である。家庭用の除湿機に多く採用されており，エアコンの除湿機能もこの方式が多く採用されている。

吸着式除湿は，ゼオライトやシリカゲルなどの乾燥剤を用いて空気中の水分を吸着することで除湿を行う方式である。吸着剤は，表面にとても細かい孔が多く空いている物質でこの細孔に水蒸気が吸着する。吸着する際に熱を発する性質があるため，周囲の温度が上昇すると吸着された水分は放出されることになる。この方式は，デシカント方式とも呼ばれ，産業用の除湿や空調にも用いられている。最近では，家庭用の除湿機にもこの方式を採用している製品がある。

吸収式除湿は，水分を吸収する性質を持つ物質（トリエチレングリコールや塩化リチウムなどの吸収剤）を空気と接触させ，空気中に含まれる水分を吸収することで除湿する方式である。水分を含んだ吸収剤は，加熱すると吸収した水分を放出するので再び水分を吸収することができる。吸収剤は，水分を吸収するときに放熱をするため，除湿された空気の温度は上がることになる。

圧縮式除湿は，空気を圧縮し加圧すると空気に含むことができる水分量である飽和水蒸気量が低下するという原理を利用した方式である。飽和水蒸気量の変化によって除湿するということで「冷却式除湿」に似ている方式であるが，この方式は，圧縮をする際に必要とする動力がほかの方式に比べてとても大きくなるため，一般的な除湿や空調にはほとんど使用されていない。非常に特殊用途であり，

産業用としては圧縮空気自身の除湿として用いられている。

住まいでは，紹介した冷却式除湿や吸着式除湿が主流で，エアコンの除湿機能として梅雨時などの高湿度時に私たちが利用する機会が多い。

発汗はヒトの体温上昇を防ぐ手段であるが，発汗しても汗が蒸発しないと体温は下がらない。熱中症の原因の1つとして，相対湿度の増加により発汗による体温調節できないことが挙げられる。したがって，夏季の湿度管理としての除湿の役割は重要である。

4.1.6　漏水

住宅における**漏水**の発生は，屋根や外壁，バルコニーなど建物の外部によるものと，キッチンやトイレ，洗面所，浴室などの給排水設備からの大きく分けて2つに分類できる。前者の場合，原因はおもに

①設計の配慮不足

②施工ミス

③防水材の劣化

がある。

住宅のおもな構成材料は木材・鉄・コンクリートであるが，水はこれらの材料すべての劣化要因となる。

木材は，腐朽菌の繁殖により腐朽し本来の材料強度が失われてしまう。腐朽菌は木材の含水率が30～50％の状態で繁殖する。そのため，通常，住宅に使用する木材は15％近くまで含水率を下げた材料を使用している。漏水により一時的に濡れ，その後すぐに乾いてしまう場合には木材に与える影響は少ない。逆に，少量の水であっても長い間木材を濡らしている場合，木材の含水率が部分的に高くなり腐朽してしまう。

鉄は大気中の酸素が溶け込んだ水に触れることにより酸化反応を起こし錆が発生する。そのため，通常，住宅に使用する鉄はメッキ処理により錆びの発生を抑えている。メッキ処理には，亜鉛やアルミニウムなどの鉄より酸化反応しやすいもので鉄を覆い，鉄に酸化反応を起こさせにくくする方法と，ニッケルやスズなどの鉄より酸化反応が起こりにくいもので鉄を覆うことにより，鉄に酸化反応を

起こさせにくくする方法がある。

　コンクリートは表面にできたひび割れから侵入した水が劣化の原因となる。寒冷地域などでは，気温が下がるとコンクリート内部に侵入した水が凍結し膨張する。また，気温が上がると溶けてさらにコンクリート内部に侵入していく。これを繰り返すことによりコンクリートを破壊する。また，鉄筋コンクリートの場合には，浸入した水が内部の鉄筋を錆びさせ膨張することにより周りのコンクリートを破壊する。

　漏水は見えない場所で発生することが多く。発見されたときにはすでに住宅の劣化がかなり進行しており，大がかりな修復工事が必要になってしまう場合がある。また，室内環境の面においても，カビの大量発生などによる悪影響が懸念されるため，充分な対策が必要である。

(1) 漏水のメカニズム

　水は，重力，毛細管現象，表面張力，内外の圧力差により移動する(図4.7)。雨風に起因する漏水は防水上の欠点から，次のような現象で水が建物内に移動するものである。

(a) 重力

　雨水は重力により，建物の高い部位から地面に流れていく。その途中で，シールの切れや，防水材の剥離，防水シートの破損などの欠陥があるとそこから侵入し漏水となる。

(b) 毛細管現象

　水は細い管の中や2枚の板の細い隙間の間を浸入しやすい性質があり，毛細管現象という。勾配屋根や外壁の防水材の重ね部分で重ね代が不足していると毛細管現象で水が防水材を超え漏水となる。また，コンクリートやALCパネルなどのひび割れからも毛細管現象で材料内部に水が浸入する。

(c) 表面張力

　水は表面張力により物体から離れ難い性質がある。そのため，外壁の最下端で水が外壁材から離れず裏面まで回り漏水となる。水切りを設けることにより，裏面への回り込みを防ぐことができる。ただし，水切りの形状によっては効果を得られないことがあるため注意が必要である。

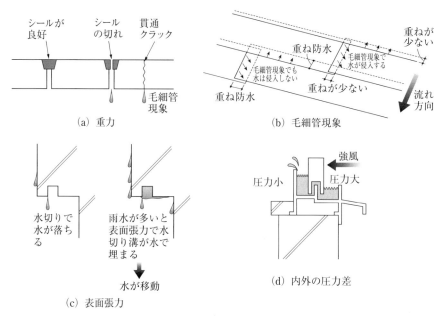

図 4.7　漏水のメカニズム

(d) 内外の圧力差

　水は内外の圧力差があると，サッシ枠の立ち上がり部を超えて移動し漏水となる。ほかにも，外壁材で用いるサイディング材相互の召し合わせ部においても，内外の圧力差が生じ漏水となる。

(2) 建物の外からの漏水

　建物の外からの漏水は各部位において次のような原因と対策が挙げられる（図4.8）。

(a) 勾配屋根

　勾配屋根の多くは屋根仕上げ材の下に設けられた防水材により防水を確保している。屋根の部位に応じ適切な処置を施す必要がある。

1）　複雑な屋根形状　　棟や隅棟など屋根同士の取り合いでは雨水が防水材の重ね部分に入りやすく漏水の危険性が高い。そのような部位では，防水材の増し

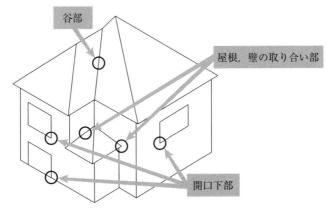

図 4.8 戸建て住宅において漏水の発生しやすい箇所

張りをすることにより防水性能を向上させる必要がある。また，建物の平面形状がL型になる場合に発生する谷や隅棟など水が集まりやすい部分には，水受け用の板金を施す必要がある。寄棟屋根や数寄屋など屋根の取り合いが多い屋根では特に注意が必要である。

2) **屋根と壁との取り合い** 下屋などの屋根と壁が交わる部分では，屋根を流れる水が壁面を登り漏水となる危険性が高い。そのような部位では，防水材を壁面にまで立ち上げ，屋根から登ってくる水を防ぐ必要がある。また，屋根の軒先と壁との取り合い部では，壁に水が広範囲に回り込む危険がある。そのため，取り合い部に水切りを設け水を壁から離す対策が必要である。壁に対し屋根の水下側を向けることは防水上もっとも処理が難しく，漏水の危険性が極めて高い。そのため，そのような屋根形状とならないよう配慮が必要である。

3) **トップライトなど部品との取り合い** トップライトや煙突，排熱塔など屋根部品との取り合いでは，流れてきた水を適切に水下に流す必要がある。防水材だけではその重ね部分から漏水してしまうため，防水テープや水切りを設けるなどの設計上の配慮が必要である。

(b) 外壁

昔の住宅は屋根の軒の出が大きく，壁面に雨が当たることは少なく壁からの漏

水の心配は少なかった。それに比べ，近年の住宅では軒の出が小さく，壁面に雨が直接あたってしまう場合が多い。壁面の仕上げには，金属系サイディングや，窯業系サイディングを用いる場合が多い。木造の場合，これらの外壁材と躯体の間に通気層を設け耐久性を向上させている。このような仕様を**通気工法**という。

通気工法では，外壁材と外壁材の隙間を埋めるシーリング材で一次防水を確保している。また，外装材の内側に防水透湿シートを張り建物躯体にまで水が到達しないよう二次防水を施している。

一次防水であるシーリングは紫外線による劣化によりひび割れが発生し，内側に水を浸入させてしまう。内側に入った水が長時間に渡り排出されない場合，防水透湿シートがあったとしても構造躯体の劣化が進行してしまう場合がある。シーリングは定期的なメンテナンスを行い，内側に水を浸入させないことが重要である。外壁に使用されるラスモルタル仕上げの場合，地震などにより生じたひび割れから雨水が浸入してしまう危険がある。また，ツル性植物を外壁にはわせた場合には，植物の根から雨水が浸入するため注意が必要である。フラワーボックスや庇，サッシなど，外壁に取り付く部品は水受けとなり漏水の危険性が高いため注意が必要である。

(c) バルコニー

バルコニーの下に居室がある場合の漏水は防水材の劣化により発生する場合が多い。また，バルコニーの床と壁が交わる部分や，排水口部分など防水材の納まりが複雑になる部分が多いため設計上の配慮が必要である。防水材の劣化の要因は紫外線による劣化がおもで，防水材を保護する表面の清掃や塗装など定期的なメンテナンスが重要である。放置すると，防水層にまで劣化が進行しひび割れが発生し漏水してしまう危険性がある。また，排水口に落ち葉などが詰まると漏水の危険性が増すため，定期的な清掃を行う必要がある。

(3) 給排水設備からの漏水

給排水設備からの漏水は，日々の清掃不足が引き起こすことが多い。

洗濯機の排水口は糸くずや髪の毛がたまりやすく，定期的に掃除を行わないと排水がつまり，洗濯の排水の際に漏水してしまう危険がある。

洗面器の水受け部上部にはオーバーフロー防止の排水口があり，洗面器からの

漏水を防止する機能が備わっている。

給排水設備の漏水は床下など目に見えない部分で発生することも多い。そのおもな原因としては，配管接続部の劣化や，地震などによる配管の外れがある。

コラム：カビとダニ

　カビは，それだけでも汚れやアレルギーの原因になるなどの問題があるが，連鎖的に起こるほかのさまざまな「快適な室内環境を損なう現象」のバロメータにもなる。例えばカビの繁殖条件は，糞や屍骸がアレルゲンとなるチリダニの繁殖条件とほぼ一致する。このため，カビが発生すると，チリダニも発生する可能性がある。また，畳にカビが生えると，チャタテムシなどカビを食べる虫も大量発生することがあるが，これらの虫が増えると，今度はそれを餌にして，いわゆる「ダニ刺され」の原因となるツメダニも発生することがある。カビは，湿度と養分（ホコリやフケ・アカなどの有機質のゴミ）の条件がそろうと繁殖するため，カビおよびそこから派生するこれらの不快な要因を排除するには，「掃除」と「湿気対策」が重要なポイントとなる。

カビが好む条件	温度20〜25℃ 湿度80％以上
チリダニが好む条件	温度25〜28℃ 湿度65〜80％以上

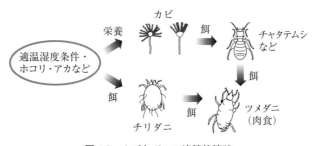

図4.9　カビとダニの連鎖的繁殖

4.2 二酸化炭素

4.2.1 二酸化炭素と室内環境問題

人の生活時間は，戸外よりも室内で過ごす時間が長く，幼児や老人はさらに多くの時間を室内で過ごしている。室内の空気は，人の生活に起因して発生する汚染物質や，建築材料から発生するガスによって汚染されている。そのため，人は，汚染された室内空気を吸うことになる。

世界保健機関（WHO）の憲章では「人は健康的な室内空気を呼吸する権利」を唱え，日本建築学会では清浄空気・建築憲章を制定し，「清浄な室内空気環境を提供する努力」を宣言している[8]。室内空気が清浄であることが，健康で快適な住まいの条件である。

大気の二酸化炭素の組成は0.3％であるとされてきたが，大気中の二酸化炭素濃度は，1980年頃は350 ppmであった。年々上昇し2013年の測定値は396 ppmであり，前年に比べて2.9 ppm増えている[9]。**二酸化炭素**は化石燃料の燃焼や，人間の身体から排出され，大気中では温室効果ガスとして働き，地球温暖化防止策により削減の対象となっている。

室内の空気汚染の清浄化には，新鮮外気による換気の効果が大きいが，その効率を算出する際，大気の二酸化炭素濃度レベルを400 ppmとしなければならないといった状況に遭遇している。

二酸化炭素は無色無臭のガスであり，嗅覚で感知できるガスではない。人間からは二酸化炭素のほかに体臭や汗，喫煙者からは喫煙臭などが発生し公衆衛生上好ましくない（図4.10）。すなわち，室内における二酸化炭素は，さまざまな汚染ガスの抑制において，空気環境の**汚染指標**となり[10]，二酸化炭素濃度が外気に近いことが不健康でない空気の指標となる。

図4.10　人間からの汚染発生

4.2.2 室内の発生源

室内における二酸化炭素の発生源は人間の生活に起因するもので，第1に居住者自身の呼気からの発生が大きい。呼気からの二酸化炭素発生量は，**エネルギー代謝率**（RMR：Relative metabolic rate）によって異なる。エネルギー代謝率は活動に必要としたエネルギー量が基礎代謝量の何倍にあたるかを示したもので次式であらわされる。

$$RMR = \frac{活動時のエネルギー消費量 - 安静時のエネルギー消費量}{基礎代謝量}$$

$$= \frac{活動代謝量}{基礎代謝量}$$

エネルギー代謝率を，活動状態にあてはめ，JIS A 1406（日本工業規格屋内換気量測定方法（炭酸ガス法））[11]とHASS 102（空気調和衛生工学会　換気規格）[12]に記載された時間あたりの成人男子の二酸化炭素発生量を表4.4に示す。女子は表の値の90％，児童は50％程度になる。

表4.4　人間から発生する二酸化炭素量（成年男子）

エネルギー代謝率(RMR)	JIS A1406		HASS 102	
	活動状態	二酸化炭素発生量 $[m^3/h]$	活動状態	二酸化炭素発生量 $[m^3/h]$
0	安生息時	0.011	安静時	0.0132
0〜1.0	着座事務作業	0.0129〜0.0230	極軽作業	0.0132〜0.0242
1.0〜2.0	徐歩行	0.0230〜0.0330	軽作業	0.0242〜0.0352
2.0〜4.0	軽労働	0.0330〜0.0538	中等作業	0.0352〜0.0572
4.0〜7.0	中労働	0.0538〜0.0840	重作業	0.0572〜0.0902
7.0以上	重労働	0.0840以上		

第2の室内の二酸化炭素の発生源に**燃焼器具**がある。室内の暖房に開放型燃焼器具を用いると排気ガスがそのまま放出されるので，室内の二酸化炭素の発生源となる。表4.5はHASS 102で示された時間あたり発熱量あたりの燃料別の二酸化

炭素の容積発生量の値である。また，参考として地球温暖化に寄与する二酸化炭素排出量の試算のための**排出係数**[13]を示す。排出係数の単位はエネルギー〔GJ〕あたりの二酸化炭素重量〔t〕であり，両者の換算方法を表の注に示す。

表4.5　開放型燃焼器具の二酸化炭素発生量

発生源	燃料種類	HASS102二酸化炭素発生量〔m^3/kWh〕	燃料の使用による排出係数〔t/GJ〕
開放型燃焼器具	都市ガス	0.094	0.050
	液化石油ガス	0.108	0.059
	灯油	0.120	0.068

(注) 単位の換算　〔kWh〕= 3.6×10^3kJ　25℃，大気圧のとき，二酸化炭素1.8 kgが1m^3に相当する。

第3の室内の二酸化炭素の発生源に喫煙がある。室内の環境中のたばこ煙は，副流煙と呼出煙の混合物である。たばこ煙から発生する二酸化炭素は，たばこの葉が燃焼するのに伴い発生するが，個人の吸い方（吸引速度）や，燃焼の部分（先端からの長さ），銘柄，製造年によって異なり，発生量はばらつきがある。また，呼出煙についても喫煙が口腔喫煙か肺喫煙かによって異なる。発生する各種の有害物質は，主流煙より副流煙のほうが多く，人工喫煙装置での結果では二酸化炭素は主流煙から63.5 mg/本，副流煙から79.5 mg/本の発生があり，副流煙／主流煙の比は1.3である[14]。

喫煙による室内空気汚染で対象としなければならないガスは，一酸化炭素，窒素酸化物，アンモニアや有機成分ガスなどである。厚生労働省での銘柄別の主要汚染物質1本あたりの主流煙，副流煙の発生量が公開されているが[15]，二酸化炭素の発生量は示されていない。HASS 102で，たばこ煙を二酸化炭素発生源として換気計算に採用している値は，0.0022 m^3/本であり，在室者が1時間に1本吸った場合では，喫煙者自身からの呼気発生量を表4.4の活動状態を極軽作業とした場合，その1/10程度である。

事務所ビルなどでは2003年5月に施行された健康促進法により，建物内では禁煙や分煙が徹底されるようになった。また，厚生労働省から喫煙場所からの汚染流出を防ぐガイドラインが出されており，喫煙による二酸化炭素の発生による室

内汚染対策は，一酸化炭素などのガスを対象とした対策により対応できる。

4.2.3 環境基準
(1) 許容濃度

二酸化炭素のガスそのものの人体に対する毒性は，吸入した場合，めまい，頭痛，血圧上昇，心拍数増加，窒息，意識喪失に至る。(国際化学物質安全性カードCAS登録番号：124-38-9)二酸化炭素濃度の人体に対する影響を日本産業衛生学会と米国産業衛生専門家会議(ACGIH)，米国国立労働安全衛生研究所(NIOSH)と米国労働安全衛生庁(OSHA)の値を表4.6にまとめた。

表4.6 二酸化炭素の許容濃度

許容濃度	濃度	出典
長期安全限界値 (TLV・TWA)	5,000 ppm 9,000 mg/m^3	日本産業衛生学会 勧告値2014 ACGIH
短時間曝露限界値 (TLV・STEL)	30,000 ppm	ACGIH
脱出限界濃度 (IDLH)	40,000 ppm	NIOSHとOHSHAの提案

(注1) 濃度の単位は出典の値。二酸化炭素(分子量44)の体積濃度と重量濃度換算は次式による。二酸化炭素の重量濃度1 mg/m^{3}は0.556 ppm(室温25℃，1気圧)であり，次式による。

$$1 \,[\text{mg/m}^3] = \frac{10^{-3}\,[\text{g}]}{44.01} \times 22.4\,[\text{L}] \times \frac{273+25}{273} \times \frac{1013}{1013} \times \frac{1}{10^3\,[\text{L}]} \times 10^6$$

1ppmは1.800 [mg/m^3] である。

(注2) 濃度
- TLV：Threshold Limit Values (大部分の労働者が作業環境中で被害を受けることなしに曝露することが可能な空気中の化学物質の許容濃度。加重平均(TWA)，短時間曝露限界(STEL)などで示される)
- TWA：Time Weighted Average (時間加重平均 通常8時間労働または40時間週労働にわたって時間平均を求めた許容できる曝露濃度)
- STEL：Short Term Exposure Limit (短時間曝露許容濃度 労働者が短時間の間に連続的に曝露したときに刺激や慢性または非可逆的な臓器障害を受けずに済む濃度。一般的に15分間)
- IDLH：Immediately Dangerous to Life and Health (脱出限界濃度 主として人のデータをもとに30分以内に脱出不能な状態，あるいは不可逆的な健康障害をきたすことなく脱出できる限界濃度。この濃度を超す場合は

完全な呼吸保護具を必要とする)

(出典)
・日本産業衛生学会許容濃度勧告値,2004年
・ACGIH:American Conference of Governmental Industrial Hygienists, Inc. 米国産業衛生専門家会議
・NIOSH:National Institute of Occupational Safety and Health 米国国立労働安全衛生研究所,労働災害の予防を目的とした研究・勧告を行う米国連邦政府の研究機関
・OSHA:Occupational Safety and Health Administration 米国労働省労働安全衛生庁,米国労働省の一機関

(2) 室内環境基準

わが国において厚生労働省から,**建築物衛生法**(正式名称「建築物における衛生的環境の確保に関する法律」)が定められている。この法律は,昭和45年4月に公布され,公衆衛生の視点から,人が快適に過ごすため,多数の者が使用し利用する建築物における衛生的な環境の確保を図り,もって公衆衛生の向上および増進に資することを目的に定められたもので,多数人利用の建築物の衛生基準の法律として成立した。特定建築物(特定用途の床面積3,000 m^2以上,学校の場合8,000 m^2以上)の衛生的管理に係わる法律である。表4.7に示す項目の空気環境基準があり,二酸化炭素濃度は1,000 ppm以下である。

この基準値は,人体に対する直接的な健康影響から定めたものではなく,人が快適に過ごすため,人体に影響のある十分明らかでない汚染物質の総合的な汚染指標として扱われている。すなわち,室内では色々な化学物質で汚染されていること,二酸化炭素発生と相関がある人間の臭気や体臭による不快さを取り除くために衛生面から決められた。室内には空気汚染の影響を受けやすい幼児,老人もおり,目標とする基準値という意味合いも含んでいる。

表4.7に示すホルムアルデヒド濃度はいわゆるシックハウス症候群が問題となり,平成15年4月1日にこの法律の改正で追加されたものである。

教室内の空気は,**学校保健安全法**(文部科学省)により二酸化炭素1,500 ppm以下を望ましい値とし,推奨値として扱っている。教室では,外気との入れ換えがなければ,在室する生徒らの呼吸などによって,教室の二酸化炭素の量が増加するが,同時にほかの汚染物質も増加することが考えられることから,教室の換気

表4.7　建築物衛生法の環境に係る維持管理基準値

項　目	基準値
温度	17℃以上28℃以下 居室における温度を外気より低くする場合は，その差を著しくしないこと
相対湿度	40%以上70%以下
気流	0.5 m/sec以下
浮遊粉塵	0.15 mg/m^{3}以下
二酸化炭素	1,000 ppm以下
一酸化炭素	10 ppm以下
ホルムアルデヒド	0.1 mg/m^{3}以下

の基準として出された。基準の適用範囲は学校での生活時間を8時間とし，個体差や病弱な状態の生徒もいるが，原則として通常の児童生徒を対象として適用している。この推奨値は，目標値と許容値の中間の濃度として扱い，さまざまな条件があっても，法律制定時の段階では実質的には到達可能な値と考えて定められた[16]。現法では示されていないが，授業中の平均値で1,000 ppm以下，最高値で1,500 ppm以下という考えである。

許容濃度は健康への悪影響がない濃度で，環境基準は人の健康を保護し生活環境を保全，維持することが望ましい基準[17]という考えから，室内環境基準においては，望ましい基準としての目標値1,000 ppm，推奨値1,500 ppm，許容限度5,000 ppmというように分けて解釈するのが妥当である。

二酸化炭素の室内の基準値は諸外国でも定めらており，併せて表4.8に示す。WHOでは建築物衛生法と同じ1,000 ppmであり，フィンランド室内空気質気候学会ではランク分けをしており，S1の最良質な室内空気質は病弱な居住者がいる室内であり，S2は良質な室内空気質，S3は満足できる室内空気質で，日本の目標値，推奨値よりやや低い濃度である。カナダ保健省の室内基準の3,500 ppmは二酸化炭素の単独指標であり，HASS 102では換気で採用する基準にこの値を用いている。日本でも目標値1,000 ppmに対して，「外気濃度＋700 ppm」とする案や[18]，カテゴリー分類する案も検討されている[19]。

表4.8 室内空気汚染濃度の二酸化炭素基準値

	濃度	備考
建築物衛生法（厚生労働省）	1,000 ppm	総合的な汚染質指標
学校保健安全法（文部科学省）	1,500 ppm	学校環境衛生の基準
WHO Headquarters (1999)	1,000 ppm	
フィンランド室内空気質気候学会 (2001)	S1 1,300 mg/m³ (720 ppm)	S1：最良質な室内空気質（アレルギーや呼吸器系疾患などを有する居住者の要求を満たす濃度）
	S2 1,650 mg/m³ (920 ppm)	S2：良質な室内空気質
	S3 2,200 mg/m³ (1,220 ppm)	S3：満足できる室内空気質
カナダ保健省の室内基準 (1987)	6,300 mg/m³ (3,500 ppm)	単独の指標

4.2.4 換気による室内の二酸化炭素対策

（1）換気の方法

室内の二酸化炭素基準値を満足させるには新鮮空気による換気が必要であり，換気を行うことにより同時に臭気やほかの汚染物質の浄化にもつながる。

室内濃度は，室内に一定のガス発生がある場合，ガスが瞬時に一様に拡散し，内部で吸着や脱離がない定常状態を仮定すると，室内にあるガス量の収支がバラン

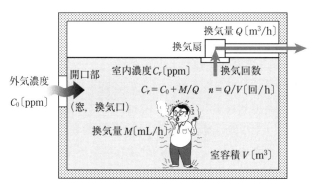

図4.11 室内の濃度予測式

4.2 二酸化炭素

スすることから図4.11に示す式(4.1)が導かれる。式(4.1)は，換気量を算出したり，室内濃度の予測の基本となる式である。

室内の空気汚染レベルを下げるには，Mの室内汚染物質発生量を減らすか，Qの換気量を増やすことである。このとき，C_oの外気が清浄であることも条件であり，いくら換気量をあげても外気濃度C_oよりは下がらない。

$$C_r = C_o + \frac{M}{Q} \tag{4.1}$$

M：室内汚染物質発生量〔mL/h〕
C_r：室内濃度〔ppm〕
Q：換気量〔m³/h〕
C_o：外気の濃度〔ppm〕

また，換気回数は式(4.2)であらわされる。

$$n = \frac{Q}{V} \tag{4.2}$$

n：換気回数〔回/h〕
V：部屋の容積〔m³〕

換気の方法は，**自然換気**と，**機械換気**がある。自然換気は図4.12に示すように室内との温度差によるものと，外部風によるものがあり，換気量は部屋の気密性に左右される。

機械換気は換気設備によって行うもので，図4.13に示すように換気扇の取り付

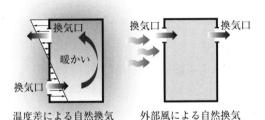

温度差による自然換気　　外部風による自然換気

図4.12 自然換気

け位置で，第1種換気，第2種換気，第3種換気に分類される。

第1種換気は給気も排気も送風機を用いて行う方式である。室内を外気より正圧とするか負圧とするかを，給気量と排気量を変えることで変更でき，また，安定した換気量を確保できる。**第2種換気**は給気のみ送風機を用いて行う方式で，外部からの汚染空気を侵入させないように室内が正圧に保たれ，外部からの汚染の流入を防ぐのに向いている。**第3種換気**は排気のみを送風機で行い，室内の汚染空気を排出する。トイレや浴室，厨房の換気がこの方式であり，室内が負圧になるので部屋の気密性を上げることが重要である。

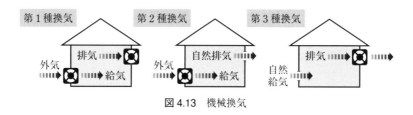

図4.13　機械換気

（2）必要換気量

必要換気量はある汚染レベル以下にするために必要とする最小限の取り入れ外気量であり式(4.1)を変換し式(4.3)から求められる。建築物衛生法では室内の二酸化炭素濃度を1,000 ppm以下，学校環境衛生基準では1,500 ppm以下とするための換気量である。人間を汚染源として，人間から発生する二酸化炭素量と取り入れ外気濃度から，在室者あるいは生徒1人あたりの必要換気量を式(4.3)より算出する。

$$Q_1 = \frac{M_1}{C_{r1} - C_{o1}} \tag{4.3}$$

Q_1：1人あたりの必要換気量〔m³/h〕

M_1：1人あたりの二酸化炭素発生量〔mL/h〕

C_{r1}：室内二酸化炭素基準値〔ppm〕

C_{o1}：外気の二酸化炭素濃度〔ppm〕

外気の二酸化炭素濃度400 ppmとしたときの1人あたりの必要換気量の計算結果例を表4.9に示す。居室の在室者の二酸化炭素呼出量は表4.4より0.020 m³/h・人とし，教室の生徒からの発生量は文部科学省の調査結果[20]の値を用いている。これからさらに必要換気回数を求めるには，1人あたりの二酸化炭素発生量に在室者数を乗じて部屋の必要換気量を求め，部屋の容積を除して求める。教室のモデルケースとして，生徒数40人，教師1名から二酸化炭素発生量を求め，教室容積を面積60 m²，天井高さ3 mとした場合，必要換気回数は，幼稚園・小学校においては，2.3回/h，中学校においては，3.3回/h，高等学校においては，4.6回/hとなる。

表4.9 必要換気量の試算

法規と基準値	対象	二酸化炭素呼出量〔m³/h・人〕	1人あたりの必要換気量〔m³/h・人〕
建築物衛生法 (1,000 ppm)	居室　成人男子	0.020	33.3
学校保健安全法 (1,500 ppm)	教室 幼稚園・小学生（低学年） 小学生（高学年）・中学生 高校生・大人	0.011 0.016 0.022	10.0 14.5 20.0

(3) 換気の問題

ビルの機械換気設備による換気は，省エネルギーを目的として，外気と室内の排気を全熱交換器で介して外気を導入する空調方式が多い。また，外気導入量を削減するビルが増えている。

図4.14は平成19年以降の建築物衛生法で二酸化炭素濃度の不適合率を示したものである[21]。平成23年以降，特に平成24年が事務所ビルの不適合率が20％を超え高い。これらの不適原因の多くは，居室内の人員数に見合った外気導入が行われていないことによる。特に，2011年（平成23年）3月11日の東日本大震災後，節電を目的として空調を止めたり，空調機の間欠運転，さらに外気導入量の制御をきめ細かく行うビルが多かったことによるものといえる。外気量の制御は，還気ダクト内に二酸化炭素濃度センサーを設置し外気導入量の調節を行うが，夏季

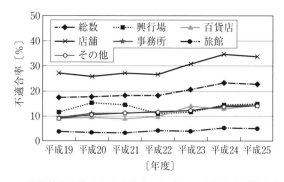

図 4.14　建築物衛生法立ち入り検査における二酸化炭素不適合率の推移

は省エネルギーを考慮して居室の二酸化炭素濃度が800 ppmを超えないと外気を導入しないといった制御を行うなど，ぎりぎりの節電を実施しているビルの例もある．また，室内で利用者がエアコンを停止すると連動して外気取り入れが行われないといったシステムの問題，排気口が外気取入れ口近傍にあり，外気が排気の影響を受けるといった建物自体の問題によるものもある[22]．

　住宅の二酸化炭素濃度も換気を怠ると高濃度になる．住宅の換気は，発生位置が特定できる場合は局所排気により汚染物を効率的に除去できる．例えば厨房では調理臭，水蒸気，燃焼ガスの排気，浴室，洗面所，便所では水蒸気，臭気を排気するが，発生源の位置が特定しにくい一般居室では，新鮮外気を各所に供給する常時小風量の全体換気を行う．これには換気ルートを給気から排気口へ確保するようドアアンダーカットを工夫する必要がある．換気の運転は入居者に委ねられ，夏は窓明けなどの自然換気で1,000 ppm以下に保たれる．冬は窓を閉めての換気運転によるが，外の冷気が入ることから常時換気運転をしない場合が多い．こういった問題に対して，住宅にも全熱交換機を備えた換気システムを採用し常時換気を行うようにすることが対策となる．

　全熱交換型換気装置は図4.15に示すように室内の空気を外へ排気する際に，排気する空気から顕熱と潜熱を回収し，給気へ戻すので，外気の冷気でなく温まった空気が供給される．その際室内の汚染空気が移行しないことが重要である．全

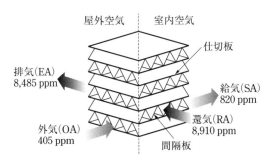

図 4.15 全熱交換型換気装置の二酸化炭素の移行試験結果

熱交換機の還気に二酸化炭素ガスを放出させ，排気と給気と外気の濃度を測定した結果を図4.15に併記した[23]。外気より給気の方が高くなっており，熱交換する際に，室内の排気の二酸化炭素が給気に5％程度移行したことになる。全熱交換型換気装置を運転する際には室内二酸化炭素濃度が上昇する前の早い段階で運転する必要がある。

4.2.5 対策例

(1) 教室内の二酸化炭素濃度と植物導入効果

植物を積極的に室内に取り入れアメニティ空間を創出することが行われているが，植物が持つガス吸収作用による空気浄化の効果については明確ではない。植物のガス吸収作用は，大気中の二酸化炭素を気孔から吸収して光合成作用により糖を合成し葉内の水分を気孔から大気に蒸散作用によって放出して葉の温度の上昇を防いでいる。さらに，植物は光合成，蒸散作用を行うと同時に大気中の汚染物質を気孔から葉内に取り込んでいる。

ここで示すのは，学校では室内の生徒数と教室面積から短時間で教室内の二酸化炭素濃度が上昇し，生徒の集中力の低下が懸念されることから，教室内に大量の観葉植物のポトスを置いて，空気質を評価した例[24]である。

測定した教室の概要と測定項目を併せて表4.10に示す。授業の開始と終了時に窓開けにより換気し，室内の温度調整は個別のパッケージエアコンによって行っている。測定した時期は，夏季であり冷房運転である。導入植物は教室の窓側に

表4.10 教室内植物導入効果の測定概要

項目		内容
教室		容積：224 m^3 床面積80 m^2　天井高さ2.8 m
空調		パッケージ式：冷房運転 換気：休憩時間の窓空け換気
植物		植物あり（ポトス80鉢）と植物なし
生徒数		124名（平均年齢18.8歳）
測定概要	項目（方法）	二酸化炭素濃度（赤外線吸収法） 窒素酸化物濃度（化学発光法） 温度湿度（データロガー） 浮遊微生物（寒天培地によるSAS法）
	アンケート	日本産業衛生学会・産業疲労研究会編自覚症状調査票を参考に作成

　80鉢のポトスを入れ，二酸化炭素濃度と，そのほか，窒素酸化物など空気質の測定と，生徒に疲労感と教室内の快適感に関するアンケート調査を実施した。授業は2時限続きの集中講義（90分×2，間に10分休憩）である。前半の講義は植物なし，後半は植物ありの測定である。

　二酸化炭素濃度推移の測定結果を図4.16に，疲労感に関するアンケート結果を図4.17に示す。二酸化炭素濃度は前半の植物なしと後半の植物ありではいずれも授業終了時では2,000 ppmを超え，廊下側濃度も500 ppmを超す値であった。授業開始時からの上昇濃度では植物なし1,600 ppm，植物あり1,400 ppmであったが，この結果から植物ありなしでの二酸化炭素濃度の浄化に有意差があるとはいえない。一方，受講者の疲労感の自覚症状については植物なしと比較して，特に，「ねむけ」と「だるさ」に関する因子の「あくびがでる」の訴え率は植物なしが49.2%であるのに対して植物ありの訴え率は33.6%であり，低くなる傾向がみられ，植物ありによる生徒に対する疲労感緩和作用に期待が持てる。また，温熱環境も植物ありに教室内の温熱環境が快適であると回答する傾向が，学習意欲に関しては植物なしと比較して，植物ありに高い傾向がみられた。「総合的にみて室内の空気の質はいかがですか」の問いに対して，充分，やや充分と回答した割合

が植物ありの方が高く，植物ありによる空気質に与える心理的な影響もあると考えられる。

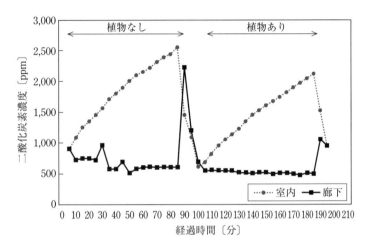

図 4.16 教室内と廊下の二酸化炭素濃度

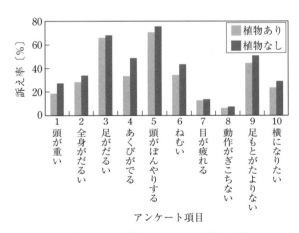

図 4.17 疲労感のアンケート調査結果

室内に観葉植物を置くことで二酸化炭素濃度を減少させるには，相当量の植物と光合成を活発にさせる条件が必要といえる。しかしながら，二酸化炭素濃度を下げないまでも空気質の総合評価では一定の効果があると考えられる。

(2) 漆喰による二酸化炭素の吸着

高濃度の二酸化炭素に対しては多孔質の材料が二酸化炭素を吸着する報告[25]はあるが，室内の二酸化炭素濃度レベルのガスを吸着させる材料への応用は難しい。実際の建築内装材として，室内の汚染ガスを吸着させる空気浄化材として，**漆喰**が着目されている[26]。二酸化炭素に対しても，漆喰の主成分の消石灰（水酸化カルシウム$Ca(OH)_2$）が硬化する際に表面に水分が付着し，その水分に二酸化炭素が吸収し，表面が石灰石$CaCO_3$結晶となる硬化機構から期待されている。この過程を化学反応式であらわせば次のようになる。

$$CO_2 + H_2O \longrightarrow H_2CO_3 \tag{4.4}$$

$$Ca(OH)_2 + H_2CO_3 \longrightarrow CaCO_3 + 2H_2O \tag{4.5}$$

$Ca(OH)_2$に水が溶解しその水にCO_2が吸収される（式(4.4)）。ここで生成したH_2CO_3が消石灰と反応し，炭酸カルシウムを形成する（式(4.5)）。その後，炭酸カルシウムが水の蒸発とともに$CaCO_3$として結晶化し硬化する。

この結晶化の硬化が継続すれば，漆喰壁の室内では，吸湿すると同時に二酸化炭素を吸収することになる。二酸化炭素の吸着にはこの反応が継続することが必要である。製作して約9年経過し硬化した表面積160 mm × 160 mm漆喰試験片4片を36.8 Lステンレスチャンバーに入れ，内部に二酸化炭素ガスを約5,000 ppm程度まで封入し濃度減衰を調べた結果を図4.18に示す。試験は漆喰あり，なしについて行い，両者の減衰は大きな差はない。仮に漆喰への二酸化炭素の吸着があれば見かけ上のチャンバーの空気交換量が増加するが，漆喰なしは0.025 L/hであるのに対して，漆喰を入れたほうでは0.026 L/hで差異がない。この試験条件では硬化した漆喰では二酸化炭素の吸着はみられないことがわかる。

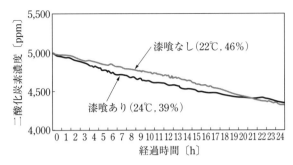

図 4.18 漆喰の二酸化炭素吸着試験（試験体表面積 / 容器体積：27.9 m²/m³）

4.3 におい・かおり

4.3.1 嗅覚の役割

におい（匂い）は空気中を漂ってきた化学物質（におい分子）が**嗅覚**を刺激することによって生じ，ヒトに対して快・不快感を与える作用がある。「におい」を「臭い」と表現するときは不快なくさみを指し，よい「におい」は「香り（かおり）」と表現することがある。これらを包含して「臭気」とも呼ばれるが，4.3節では「におい」に統一する。

嗅覚は，私たちヒトにとって重要な感覚器官の1つである。哺乳類など両生類以降の脊椎動物は，**主嗅覚系**と**副嗅覚系**（**鋤鼻嗅覚系**）に大別された2種類の独立した嗅覚器官を持っている[27]。主嗅覚系ではいわゆる「におい」の識別や認識を行い，副嗅覚系では**フェロモン**＊などの化学交信の役割を担っている。

＊ フェロモンは野生動物（特に哺乳類）の情報伝達物質であり，鋤鼻器で受容され，神経回路を介して作用をもたらす。ヒトの場合，鋤鼻器が痕跡的であるため，フェロモンを介したコミュニケーションはなされていないと考えられてきたが，近年従来の概念にあてはまらない結果が次々に報告されている[27],[28]。

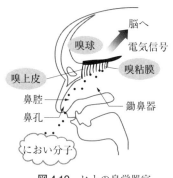

図 4.19 ヒトの臭覚器官

4.3.2 におい分子の受容・伝達機構

におい分子（空気中化学物質）は吸気により鼻孔，鼻腔に侵入し，主嗅覚系に至る。におい分子は，主嗅覚系で電気信号に変換され，嗅覚情報が脳に到達してはじめて「におい」として意識にのぼり，認知される[27]（図4.20）。ここで電気信号に変換する役割をするのが**嗅細胞**である。嗅細胞は嗅上皮に存在する細胞で，両端に突起のようなものが伸びている。一方は**嗅繊毛**と呼ばれ嗅粘膜内にあり，もう一方は**嗅神経**であり嗅球内に伸びている。

におい分子は，まず嗅粘膜の嗅粘液に溶解して，嗅繊毛に接触する。嗅繊毛には**嗅覚受容体**があり，におい分子は嗅覚受容体に結合する。受容体の信号はGタンパク質に渡り，アデニル酸シクラーゼ（AC）という酵素を活性化し，アデノシン三リン酸（ATP）をサイクリックAMP（cAMP）に変換する。細胞内のcAMPは**CNGチャネル**に結合し，イオンチャネルを開く。このイオンチャネルは陽イオンをよく通し，細胞外からNa^+およびCa^{2+}が流入することで細胞膜内外の電位差が変化し，嗅細胞は脱分極する。また，さらに流入したCa^{2+}によって応答を増幅する。脱分極した嗅細胞は，その電気的興奮を嗅神経に伝え，嗅球を介して脳神経回路に嗅覚情報を伝達する。したがって，ある化学物質がにおい分子となるには，まず「揮発性」であり，嗅粘液に溶解可能な「水溶性」であることが必要で，さらに「嗅覚受容体と結合できる」ことが条件となる。

4.3 におい・かおり

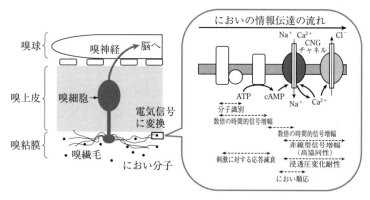

図 4.20 におい分子の受容・伝達の機構[29]

4.3.3 嗅覚受容体とにおい識別

嗅覚受容体は，におい分子と結合するタンパク質であり，ポリペプチド鎖が細胞膜を7回貫通する構造を持つ（図4.21）。Gタンパク質共役受容体の一種であり，におい分子と結合した信号を，近傍のGタンパク質を介して細胞内に伝達する（共役する）。ヒトには347種，ネズミや犬には約1,000種類，アフリカゾウには約2,000種の異なった種類のものが存在し，各嗅細胞はそのうち一種のみを発現している[30)〜33)]。

ヒトでは40万種のにおい分子を感じることができるといわれているが，これ

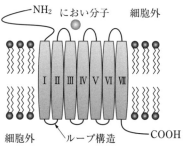

図 4.21 嗅覚受容体の模式図

は1種類のにおい分子に対して複数の受容体が活性化し，1種類の受容体が複数のにおい分子と結合することができるためである．図4.22に模式的な例を示す．横軸はにおい分子の濃度，縦軸は嗅覚の応答とする．ある1種類のにおい分子が主嗅覚系に到達したとき，濃度が低いときはA細胞のみが反応する．A細胞のみが反応しているときは，におい分子はある特定のにおいを量依存的に与えると考えらえる．しかし，におい分子濃度が高くなってくると，B細胞やC細胞も反応するようになり，ヒトのにおいの感じ方（**においの質**）が変化してくる．このように1種類のにおい分子に対する各細胞の感度が異なることから，におい分子の濃度によって応答する細胞が異なる．したがって，においの質は各細胞の応答パターンによって決定され，同じにおい成分であっても濃度によって質が変化する場合が生じる．スカトールが低濃度では芳香，高濃度では不快な糞臭に感じられるのはこのためである．このように，におい分子と嗅覚受容体は対の関係ではないために，多種多様なにおいを識別することが可能なのである．

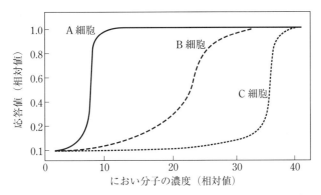

図4.22　1種類のにおい分子に対する嗅細胞の応答（模式図）

4.3.4　においの順応

最初に感じていたにおいが，徐々に感じなくなることがある．これは**順応**と呼ばれ，次に感じる強い刺激のために備えられた機構と考えられている．なお，順応は嗅覚だけでなく，ほぼすべての感覚でみられている．

図4.23のようににおい分子の濃度と嗅覚応答の関係はS字型の曲線になるとする。順応下の曲線は非順応下の曲線と比べて高濃度側にシフトすると考えられる。通常では応答できた濃度(図中A点)でも,順応してしまうとほとんど応答ができなくなり,高濃度(図中B点)になってようやく通常と同じ応答ができるようになる。つまり,においの変化を感じることのできる濃度範囲が移動するということである。嗅細胞内にはNa$^+$やCa^{2+}といった陽イオンをよく通す**CNGチャネル**があり,cAMPが直接結合することによって開口し,細胞外のNa$^+$やCa^{2+}が流入する仕組みとなっている。Ca^{2+}が細胞内に流入することによって応答が増強されるが,やがて細胞内のCa^{2+}濃度が高まるとCa^{2+}と結合するタンパク質の作用によりCNGチャネルを減少させることで嗅覚の順応が生じる。

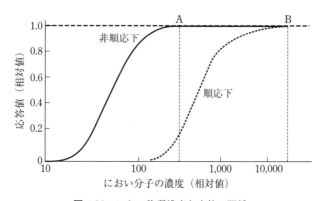

図4.23 におい物質濃度と応答の関係

4.3.5 においのマスキング

においに対する**マスキング**とは,対象となるにおいよりも強い芳香を持つ化学物質(いわゆる芳香剤)でにおいを包み隠す作用のことをいう[34), 35)]。したがって,マスキングによる効果とは,においの強弱の軽減,すなわち消臭を意味するわけではなく,不快感を和らげる効果を指している。

一方,CNGチャネルを阻害することにより,ヒトの嗅覚をマスキングできる

可能性がある。これは，Na^+やCa^{2+}といった電気信号伝達を担うイオンの流入経路を化学物質（マスキング剤）によって阻害し，嗅覚感度を低下させるというアイデアである。CNGチャネルの阻害という観点に立っていえば，必ずしもにおいを感じる化学物質である必要もないことから，「においのしないマスキング剤」の開発も可能である[36]。

4.3.6　においと化学物質

　嗅覚は化学物質の刺激に応答する化学感覚器であり，生理学的には単一の化学物質による刺激の場合でも濃度によって応答する細胞が異なるため，濃度変化に伴いにおいの質が変化する。一方で，嗅覚における感覚強度と化学物質濃度（刺激）の関係は対数関係であらわせるという**Weber-Fechnerの法則**が知られており，化学物質濃度の感覚強度への変換には式（4.6）が活用されている。

$$I = a \log C + b \tag{4.6}$$

　I：感覚強度，C：化学物質濃度，aおよびb：化学物質固有の定数

　ただし，後述する閾値の付近や高濃度域では本法則から外れることもあり，普遍的ではない。

4.3.7　嗅覚閾値

　単一の化学物質による刺激の強さは化学物質によって異なり，各化学物質に**嗅覚閾値**が存在する。嗅覚閾値とは，化学物質が最低限どれだけ存在すれば嗅覚に刺激を与えるかを示す刺激閾値であり，値が小さいほどにおいが強いことを示す。嗅覚閾値としてはLeonardosら（1969）やHellmann and Small（1974）の値が利用されてきたが，永田・竹内（1990）は**三点比較式臭袋法**により223物質について嗅覚閾値を求め[37]，現在広く参照されている。表4.11には，おもな化学物質について，物質名，化学式，CAS登録番号，三点比較式臭袋法によって求められた臭覚閾値（文献37），38）より一部引用）を一覧にして示す。

表4.11　おもな化学物質の嗅覚閾値（単位：ppm, v/v）

◆鎖式飽和炭化水素

	化学式	CAS No.	嗅覚閾値		化学式	CAS No.	嗅覚閾値
propane	$CH_3CH_2CH_3$	74-98-6	1.5×10^3	octane	$CH_3(CH_2)_6CH_3$	111-65-9	1.7
buthane	$CH_3(CH_2)_2CH_3$	106-97-8	1.2×10^3	nonane	$CH_3(CH_2)_7CH_3$	111-84-2	2.2
pentane	$CH_3(CH_2)_3CH_3$	109-66-0	1.4	decane	$CH_3(CH_2)_8CH_3$	124-18-5	0.87
hexane	$CH_3(CH_2)_4CH_3$	110-54-3	1.5	undecane	$CH_3(CH_2)_9CH_3$	1120-21-4	0.62
heptane	$CH_3(CH_2)_5CH_3$	142-82-5	0.67	dodecane	$CH_3(CH_2)_{10}CH_3$	112-40-3	0.11

◆鎖式不飽和炭化水素類

	化学式	CAS No.	嗅覚閾値		化学式	CAS No.	嗅覚閾値
1-butene	$C_2H_5CHCH_2$	106-98-9	0.36	oct-1-ene	$C_6H_{13}CHCH_2$	111-66-0	0.0010
2-methylpropene	$(CH_3)_2CCH_2$	115-11-7	10	non-1-ene	$C_7H_{15}CHCH_2$	124-11-8	0.00054
pent-1-ene	$C_3H_7CHCH_2$	109-67-1	0.10	1,3-butadiene	$CH_2CHCHCH_2$	106-99-0	0.23
hex-1-ene	$C_4H_9CHCH_2$	592-41-6	0.14	2-methyl-1,3-butadiene	$CH_2C(CH_3)CHCH_2$	78-79-5	0.048
hept-1-ene	$C_5H_{11}CHCH_2$	592-76-7	0.37				

◆脂環式炭化水素

	化学式	CAS No.	嗅覚閾値		化学式	CAS No.	嗅覚閾値
methylcyclopentane	$CH_3C_5H_9$	96-37-7	1.7	methylcyclohexane	$CH_3C_6H_{11}$	108-87-2	0.15
cyclohexane	C_6H_{12}	110-82-7	2.5				

◆芳香族炭化水素類

	化学式	CAS No.	嗅覚閾値		化学式	CAS No.	嗅覚閾値
benzene	C_6H_6	71-43-2	2.7	1-methylethylbenzene	$C_6H_5CH(CH_3)_2$	98-82-8	0.0084
methylbenzene (toluene)	$C_6H_5CH_3$	108-88-3	0.33	1,2,4-trimethylbenzene	$C_6H_3(CH_3)_3$	95-63-6	0.12
vinylbenzene (styrene)	$C_6H_5CHCH_2$	100-42-5	0.035	1,3,5-trimethylbenzene	$C_6H_3(CH_3)_3$	108-67-8	0.17
ethylbenzene	$C_6H_5C_2H_5$	100-41-4	0.17	1,2-diethylbenzene	$C_6H_4(C_2H_5)_2$	135-01-3	0.0094
1,2-dimethylbenzene	$C_6H_4(CH_3)_2$	95-47-6	0.38	1,3-diethylbenzene	$C_6H_4(C_2H_5)_2$	141-93-5	0.07
1,3-dimethylbenzene	$C_6H_4(CH_3)_2$	108-38-3	0.041	1,4-diethylbenzene	$C_6H_4(C_2H_5)_2$	105-05-5	0.00039
1,4-dimethylbenzene	$C_6H_4(CH_3)_2$	106-42-3	0.058	1-butylbenzene	$C_6H_5C_4H_9$	104-51-8	0.0085
1-propylbenzene	$C_6H_5C_3H_7$	103-65-1	0.0038				

◆ 硫黄化合物

	化学式	CAS No.	嗅覚閾値		化学式	CAS No.	嗅覚閾値
sulfur dioxide	SO_2	7446-09-5	0.87	ethanethiol	C_2H_5SH	74-93-1	0.0000087
carbon oxide sulfide	COS	463-58-1	0.055	1-propanethiol	C_3H_7SH	107-03-9	0.000013
hydrogen sulfide	H_2S	7783-06-4	0.00041	2-propanethiol	$(CH_3)_2CHSH$	75-33-2	0.000006
methyl sulfide	$(CH_3)_2S$	75-18-3	0.0030	1-butanethiol	C_4H_9SH	109-79-5	0.0000028
3-methylsulfanylprop-ene	$CH_3SCH_2CHCH_2$	10152-76-8	0.00014	2-methyl-1-propanethiol	$(CH_3)_2CHCH_2SH$	513-44-0	0.0000068
ethyl sulfide	$(C_2H_5)_2S$	352-93-2	0.000033	2-butanethiol	$CH_3CH_2CH(SH)CH_3$	513-53-1	0.000030
diallyl sulfide	$(CH_2CHCH_2)_2S$	592-88-1	0.00022	2-methyl-2-propanethiol	$(CH_3)_3CSH$	75-66-1	0.000029
carbon disulfide	CS_2	75-15-0	0.21	1-pentanethiol	$C_5H_{11}SH$	110-66-7	0.00000078
dimethyl disulfide	$(CH_3)_2S_2$	624-92-0	0.0022	2-pentanethiol	$(CH_3)_2CHCH_2CH_2SH$	541-31-1	0.00000077
diethyl disulfide	$(C_2H_5)_2S_2$	110-81-6	0.0020	1-hexanethiol	$C_6H_{13}SH$	111-31-9	0.000015
methanethiol	CH_3SH	74-93-1	0.000070	thiophene	C_4H_4S	110-02-1	0.00056

◆ 脂肪酸類

	化学式	CAS No.	嗅覚閾値		化学式	CAS No.	嗅覚閾値
ethanoic acid (acetic acid)	CH_3COOH	64-19-7	0.0060	pentanoic acid	C_4H_9COOH	109-52-4	0.000037
propanoic acid	C_2H_5COOH	79-09-4	0.0057	hexanoic acid	$C_5H_{11}COOH$	142-62-1	0.00060
butanoic acid	C_3H_7COOH	107-92-6	0.00019				

◆ アルコール類

	化学式	CAS No.	嗅覚閾値		化学式	CAS No.	嗅覚閾値
methanol	CH_3OH	67-56-1	33	2-pentanol	$C_3H_7CH(OH)CH_3$	6032-29-7	0.29
ethanol	C_2H_5OH	64-17-5	0.52	1-hexanol	$C_6H_{13}OH$	111-27-3	0.006
1-propanol	C_3H_7OH	71-23-8	0.094	1-heptanol	$C_7H_{15}OH$	111-70-6	0.0048
propan-2-ol	$CH_3CH(OH)CH_3$	67-63-0	26	1-octanol	$C_8H_{17}OH$	111-87-5	0.0027
1-butanol	C_4H_9OH	71-36-3	0.038	1-nonanol	$C_9H_{19}OH$	143-08-8	0.00090
2-butanol	$C_2H_5CH(OH)CH_3$	78-92-2	0.22	1-decanol	$C_{10}H_{21}OH$	112-30-1	0.00077
1-pentanol	$C_5H_{11}OH$	71-41-0	0.10				

4.3 におい・かおり

◆ アルデヒド類

	化学式	CAS No.	嗅覚閾値		化学式	CAS No.	嗅覚閾値
methanal (formaldehyde)	HCHO	50-00-0	0.5	hexanal	$C_5H_{11}CHO$	66-25-1	0.00028
ethanal (acetaldehyde)	CH_3CHO	75-07-0	0.0015	heptanal	$C_6H_{13}CHO$	111-71-7	0.00018
propanal (propionaldehyde)	C_2H_5CHO	123-38-6	0.0010	octanal	$C_7H_{15}CHO$	124-13-0	0.000010
butanal (butylaldehyde)	C_3H_7CHO	123-72-8	0.00067	nonanal	$C_8H_{17}CHO$	124-19-6	0.00034
2-methylpropanal (isobutylaldehyde)	$(CH_3)_2CHCHO$	78-84-2	0.00035	decanal	$C_9H_{19}CHO$	112-31-8	0.00040
pentanal (valeraldehyde)	C_4H_9CHO	110-62-3	0.00041	2-propenal	CH_2CHCHO	107-02-8	0.0036
3-methylbutanal (isovaleraldehyde)	$(CH_3)_2CHCH_2CHO$	590-86-3	0.00010	2-butenal (crotonaldehyde)	$CH_3CH=CHCHO$	4170-30-3	0.023

◆ ケトン類

	化学式	CAS No.	嗅覚閾値		化学式	CAS No.	嗅覚閾値
2-propanone (acetone)	$(CH_3)_2CO$	67-64-1	42	2-hexanone	$C_4H_9COCH_3$	591-78-6	0.024
2-butanone	$CH_3COC_2H_5$	78-93-3	0.44	2,3-butanedione (diacetyl)	$CH_3COCOCH_3$	431-03-8	0.000050
2-pentanone	$C_3H_7COCH_3$	107-87-9	0.028				

◆ 窒素化合物

	化学式	CAS No.	嗅覚閾値		化学式	CAS No.	嗅覚閾値
ammonia	NH_3	7664-41-7	1.5	triethylamine	$N(C_2H_5)_3$	121-44-8	0.0054
methylamine	CH_3NH_2	74-89-5	0.035	nitrogen dioxide	NO_2	14797-65-0	0.12
ethylamine	$C_2H_5NH_2$	75-04-7	0.046	ethanenitrile (acetonitrile)	CH_3CN	75-05-8	13
propylamine	$C_3H_7NH_2$	107-10-8	0.061	acrylonitrile	$CH_2=CHCN$	107-13-1	8.8
isopropylamine	$(CH_3)_2CHNH_2$	75-31-0	0.025	methacrylonitrile	$CH_2=C(CH_3)CN$	126-98-7	8.0
butylamine	$C_4H_9NH_2$	109-73-9	0.17	pyridine	C_5H_5N	110-86-1	0.063
isobutylamine	$(CH_3)_2CHCH_2NH_2$	78-81-9	0.0015	indole	C_8H_7N	120-72-9	0.00022
dimethylamine	$(CH_3)_2NH$	124-40-3	0.033	3-methylindole (skatole)	C_9H_9N	83-34-1	0.0000056
diethylamine	$(C_2H_5)_2NH$	109-89-7	0.048	nicotine*	$C_{10}H_{14}N_2$	54-11-5	0.011
trimethylamine	$N(CH_3)_3$	75-50-3	0.000032				

◆ エステル類

	化学式	CAS No.	嗅覚閾値		化学式	CAS No.	嗅覚閾値
methyl methanoate	$HCOOCH_3$	107-31-3	1.3×10^2	propyl acetate	CH_3COOCH_2CH	109-60-4	0.24
ethyl methanoate	$HCOOCH_2CH_3$	109-94-4	2.7	isopropyl acetate	$CH_3COOCH(CH_3)_2$	108-21-4	0.16
propyl methanoate	$HCOOC(CH_2)_2CH_3$	110-74-7	0.96	butyl acetate	$CH_3COO(CH_2)_3CH_3$	123-86-4	0.016
isopropyl methanoate	$HCOOCCH_2(CH_3)_2$	592-84-7	0.29	isobutyl acetate	$CH_3COOCH_2CH(CH_3)_2$	110-19-0	0.0080
butyl methanoate	$HCOOC(CH_2)_3CH_3$	625-55-8	0.087	sec-butyl acetate	$CH_3COOCH(CH_3)C_2H_5$	105-46-4	0.0024
isobutyl methanoate	$HCOOCH_2CH(CH_3)_2$	542-55-2	0.49	tert-butyl acetate	$CH_3C(O)OC(CH_3)_3$	540-88-5	0.071
methyl acetate	CH_3COOCH_3	79-20-9	1.7	hexyl acetate	$CH_3COO(CH_2)_5CH_3$	142-92-7	0.0018
ethyl acetate	$CH_3COOCH_2CH_3$	141-78-6	0.87				

◆ フェノール・クレゾール

	化学式	CAS No.	嗅覚閾値		化学式	CAS No.	嗅覚閾値
phenol	C_6H_5OH	108-95-2	0.0056	3-methyl phenol (m-cresol)	$CH_3C_6H_4OH$	108-39-4	0.00010
2-methyl phenol (o-cresol)	$CH_3C_6H_4OH$	95-48-7	0.00028	4-methyl phenol (p-cresol)	$CH_3C_6H_4OH$	106-44-5	0.000054

* 文献38)より。その他は文献37)。

4.3 におい・かおり

◆ そのほかの酸素化合物

	化学式	CAS No.	嗅覚閾値		化学式	CAS No.	嗅覚閾値
geosmin	$C_{12}H_{22}O$	16423-19-1	0.0000065	ozone	O_3	10028-15-6	0.0032

◆ モノテルペン

	化学式	CAS No.	嗅覚閾値		化学式	CAS No.	嗅覚閾値
α-pinene	$C_{10}H_{16}$	7785-70-8	0.018	limonene	$CH_3C_6H_8C(CH_3)=CH_2$	138-86-3	0.038
β-pinene	$C_{10}H_{16}$	18172-67-3	0.033				

◆ 塩素および塩素化合物

	化学式	CAS No.	嗅覚閾値		化学式	CAS No.	嗅覚閾値
chlorine	Cl_2	7782-50-5	0.049	tetrachloromethane	CCl_4	56-23-5	4.6
dichloromethane	CH_2Cl_2	75-09-2	1.6×10^2	trichloroethylene	$ClCH=CCl_2$	79-01-6	3.9
trichloromethane	$CHCl_3$	67-66-3	3.8	tetrachloroethylene	$Cl_2C=CCl_2$	127-18-4	0.77

図4.24～4.27には化合物グループ内での炭素鎖と嗅覚閾値の関係を示した。各グループで傾向は異なるがエステル類に関しては、ギ酸および酢酸エステルとプロピオン酸エステル以降で傾向が異なっている。

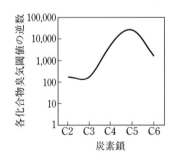

図4.24 アルコール類の炭素鎖と嗅覚閾値の関係

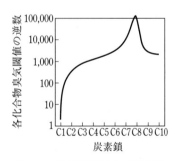

図4.25 低級脂肪酸類の炭素鎖と嗅覚閾値の関係

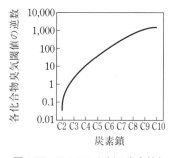

図 4.26 アルデヒド類の炭素鎖と嗅覚閾値の関係

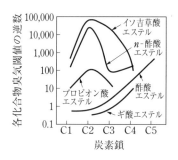

図 4.27 エステル類の炭素鎖と嗅覚閾値の関係

4.3.8 住居内のにおい

　住居内で想定される臭気発生源は「トイレ」「生ごみ」「体臭」「建材」「ペット」などが挙げられるが，発生源によってにおいの質は異なる[39]。トイレの場合は「尿臭」と「糞便臭」があり，健常人の尿の揮発性化合物にはアセトンを代表とするケトン類や二硫化ジメチルのような硫黄化合物，あるいはベンズアルデヒドなどのアルデヒド類が含まれており，中でもケトン類が多いといわれている。一方，糞便臭は硫化水素とメチルメルカプタンを主とし，そのほか硫化ジメチルや二硫化ジメチルといった硫黄化合物により構成される。生ごみについては悪臭となりうる過程で腐敗が関与するため，生ごみの構成素材によりにおいの質も変化する。一般に，腐敗により生じる硫化水素や二硫化ジメチルやメチルメルカプタンなどの閾値の低い硫黄系化合物による寄与率は高いと想定される。体臭については，ヒトの代謝物と常在菌の作用により発生することが多く，ノネナールやジアセチルといった加齢臭と呼ばれる化合物やイソ吉草酸などの低級脂肪酸の発生により不快感を生じることがある。ペットでは，トリメチルアミンなどのアミン類や低級脂肪酸類が挙げられるが，ネコ特有の臭気は3-メルカプト-3-メチル-1-ブタノールであることが知られ，これは健常なネコであっても大量のタンパク質を含む尿を排泄することに起因している[40]。

4.3.9 においの対策方法

普段の生活の中で，においの対策のための製品を探すと**消臭剤**，**脱臭剤**，**芳香剤**がある。芳香消臭脱臭協議会によると消臭剤は臭気を化学的作用や感覚的作用などで除去または緩和するもの，脱臭剤は臭気を物理的作用で除去または緩和するもの，芳香剤は空間に芳香を付与するものと定義されている。また，消臭原理という視点では**感覚的方法**，**化学的方法**，**物理的方法**，**生物的方法**の群に分けることができる。一方，何らかの製品を噴霧するのではなく，換気による空気の入れ換えも非常に有効な手段となる。また，表4.12に示すように臭気の発生場所によって空間容積は大きく異なることから，対策すべき場所に有効な手段を検討する必要性がある。したがって，対象となるにおいの質のほかに場面，状況に応じて対策方法を選択していくことが重要である。表4.13には消臭原理と製品群についてまとめた。

表4.12 住居内の平均的な空間容積の目安[41]

空　　間		容積 [m³]	備　考
トイレ		3〜4	
自動車		3〜6	
居間		25〜30	6〜8畳
寝室（子ども部屋）		15〜25	4〜6畳
冷蔵庫		0.05〜0.50	
冷凍庫		0.01〜0.20	
ペット飼育器など		0.01〜0.50	
台所		10〜20	
浴室	（戸建て）	5〜10	
	（マンション）	4〜5	
玄関		2〜10	

表4.13　消臭原理と製品群

原理名	消臭原理	分類	利用される成分
感覚的方法	香料や精油などに由来する芳香作用，マスキング作用および感覚的な中和作用などを利用して，感覚的に臭気を軽減・緩和する。臭気成分を除去するわけではない	消臭剤・芳香剤	香料および植物精油など
化学的方法	中和反応および酸化還元反応を代表とする化学反応を利用して，化学的に臭気成分を除去することで臭気を軽減・緩和する	消臭剤	植物抽出物，有機酸，界面活性剤，次亜塩素酸水および二酸化塩素など
物理的方法	ゼオライトや活性炭のような多孔質素材や溶剤の吸着，吸収および被膜作用を利用し，物理的に臭気成分を除去することで臭気を軽減・緩和する	脱臭剤	活性炭・無機多孔質，包接化合物，有機溶剤および界面活性剤など
生物的方法	微生物による有機物分解作用および殺菌剤による微生物殺菌による腐敗の進行予防を利用し，生物的に臭気成分を除去することで臭気を軽減・緩和する	消臭剤	殺菌剤，抗菌剤および活性汚泥など

4.3.10　においの測定方法[36]

においの測定法は嗅覚測定法，機器測定法および嗅覚測定法と機器測定法の組み合わせの3種類に大別され，目的によって細分化される（図4.28）。

（1）嗅覚測定法[42,43]

嗅覚測定法は臭気強度表示や快・不快度表示を求める**評定法**と臭気指数または臭気濃度を求める**希釈法**に分けられる。臭気強度表示法や快・不快度表示法は比較的の短時間に実施できる反面，定量性に欠ける。一方，臭気濃度および臭気指数は時間を要するが定量性を確保できる。

（a）試験実施体制

測定実施時の体制は，試験指揮者である「オペレーター（統括者）」1人とにおいを嗅いで判定をする「パネル（判定者）」6人以上で構成する。オペレーターは専門的知識を有する者が望ましく，悪臭防止法に関わる測定は**臭気判定士**の資格を

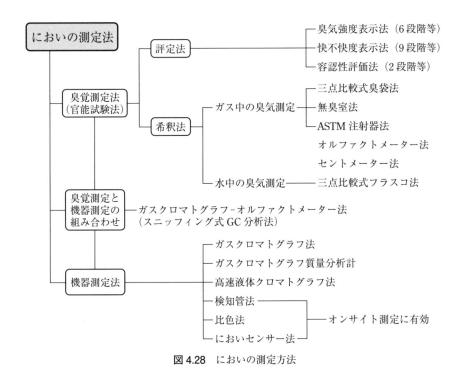

図 4.28　においの測定方法

有する者が担う。一方，パネルは正常な嗅覚を有した者を選定する必要があり，必要に応じてパネル選定試験を行うことが望ましい。パネル選定試験は平成7年環境庁告示63号に明示されており，悪臭防止法上では必須である。本法は5つの番号付与したにおい紙（においを付着する紙）の内2つにT&Tオルファクトメーターと呼ばれる5種類の化学物質から成る基準臭（表）のいずれかを付着させて，正答を問うものである。

(b) 試料採取および作成

　環境中の空気を採取する場合は1〜3分内に10 L程度を無臭のポリエステル製バッグなどに捕集する。通常，ポンプの吸引が簡便でよいが，ポンプ内部への吸着が懸念される場合は，図4.29に示す間接的な捕集方法を用いるとよい。

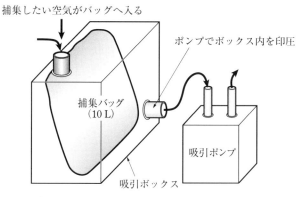

図 4.29　間接試料採取法

(c) 臭気強度表示法および快・不快度表示法

表 4.14 に示すとおり，臭気強度表示では 6 段階，快・不快度表示では 9 段階を評価尺度として用いる。

表 4.14　消臭強度表示法及び快・不快度表

臭気強度表示 (6段階)		快・不快度表示 (9段階)	
0	無臭	－4	極端に不快
1	やっと感知できるにおい	－3	非常に不快
2	何のにおいであるかわかる弱いにおい	－2	不快
3	楽に感知できるにおい	－1	やや不快
4	強いにおい	0	快でも不快でもない
5	強烈なにおい	1	やや快
		2	快
		3	非常に快
		4	極端に快

(d) 臭気濃度と臭気指数

臭気濃度とは無臭の清浄空気によって臭気を希釈した場合に，臭気が無臭になるまでに要した希釈倍数のことを指す。**臭気指数**は臭気濃度を式(4.7)で変換したもので，ヒトの感覚強度は化学物質濃度の対数に比例する（Weber-Fechnerの法則）から，よりヒトの感覚に近い尺度として使用される。

$$E \equiv 10 \times \log C \tag{4.7}$$

E：臭気指数，C：臭気濃度

一般的に，臭気濃度および臭気指数を求める場合は**三点比較式臭袋法**が用いられる。本法は以下に三点比較式臭袋法の実施例を示す。

ⓐ オペレーター（指揮者）によるパネルの選定

必要に応じてパネル選定試験の実施を行い6人以上のパネル選定を行う。

ⓑ 検査試料の作製準備

番号などで紐づけした3つの無臭袋(3 L)を用意し，1つだけ臭気を有する袋を作製する。

ⓒ 検査の実施

ⓑで作製した試料をパネルが嗅ぎ，臭気を有すると思われる袋を記録する。正解者には引き続き検査を行うが，その際には1回目に作製した試料を3倍希釈したものを用いる。

ⓓ 検査の終了

検査は正解したパネルのみ繰り返し行い，都度3倍ずつ希釈した試料を用いる。全パネルが不正解になった時点で検査を終了する。

ⓔ 結果のまとめ

検査結果をまとめる。表4.15はパネル6名に対する試験結果の一例である。結果欄の○×は，○：正解，×：不正解を示す。以下，表4.15の値を例に数値を求めてみよう。

表4.15　三点比較式臭袋法検査記録まとめ（例）

パネル	希釈倍率（上段）と対数値（下段）					各パネルの閾値	上下カット
	30 1.48	100 2.00	300 2.48	1000 3.00	3000 3.48		
A	○	○	○	×		2.74	
B	○	○	×			2.24	×
C	○	○	×			2.24	
D	○	○	○	×		2.74	
E	○	○	○	○	×	3.24	×
F	○	○	×			2.24	

CまたはFでも可

(f) 臭気濃度および臭気指数を求める

1) 各パネルにおける閾値を求める

式(4.8)より各パネルによる閾値を求める。

パネルAの場合，

$$T_A = \frac{\log A_1 + \log A_2}{2} \tag{4.8}$$

T_A：各パネルによる閾値，A_1：パネルAが正解した最大希釈倍数，A_2：パネルAが不正解した希釈倍数。

＜事例の場合＞　　　$T_A = \dfrac{2.48 + 3.00}{2} = 2.74$

2) 各パネルの閾値から全体の閾値を求める。上下カット（最大値と最小値を除外）して残った4つの閾値の平均値を全体の閾値とする。

$$T = \frac{1}{n} \sum_{i=1}^{n} T_i \tag{4.9}$$

T：全体の閾値

＜事例の場合＞　　　$T = \dfrac{2.74 + 2.24 + 2.74 + 2.24}{4} = 2.49$

3) 2)で求めた全体の閾値を式(4.10)に代入して臭気濃度を求める。

$$C = 10^T \tag{4.10}$$

C：臭気濃度，T：パネルによる閾値

＜事例の場合の臭気濃度＞　$C = 10^{2.49} = 309$

4) 3)で求めたTを10倍したものが臭気指数となる。

$$E = 10 \log C = 10T \tag{4.11}$$

＜事例の場合の臭気指数＞　$E = 10 \times 2.49 = 24.9 ≒ 25$

(2) 機器測定法

　嗅覚測定法が官能評価による感覚強度の定量を目的とするのに対し，機器分析では個別の化学物質量の定性および定量を目的としている。クロマトグラフ法は複数の化学物質で構成されるにおいの定性および定量に有効である。また，クロマトグラフ法ほどの精密性を求めなければセンサー類を用いることでオンサイトでの数値化が可能である。

(a) クロマトグラフ法による測定

　においを構成する化学物質の分析には，**ガスクロマトグラフ (GC) 法**が多用される。GC法は，混在する化学物質の分離部分（分離カラム）と検出器部分で構成され，対象とする化学物質の種類によって最適な分離カラムや検出器の選択が必要となる。表4.16に悪臭防止法特定悪臭物質の測定法を示す。

　特定悪臭物質の測定のように対象とする化学物質が明確でない場合は，ガスクロマトグラフ質量分析計（GCMS）を用いるとよい。GCMSを用いると定性解析が可能であるので，定性後に適切な測定法による定量化を実施・検討することができる。

表4.16 特定悪臭物質の測定方法[44]

特定悪臭物質	採取・前処理方法	分析方法
アセトアルデヒド プロピオンアルデヒド ノルマルブチルアルデヒド イソブチルアルデヒド ノルマルバレルアルデヒド イソバレルアルデヒド	バッグ捕集後, DNPH含浸カートリッジで 再捕集	ガスクロマトグラフ法 (FID検出器および 質量分析計)
プロピオン酸 ノルマル酪酸 ノルマル吉草酸 イソ吉草酸	水酸化ストロンチウム被膜固体 反応管で捕集	ガスクロマトグラフ法 (FID検出器)
アンモニア	ホウ酸水溶液で捕集	吸光光度法 (インドフェノール法)
メチルメルカプタン 硫化水素 硫化メチル 二硫化メチル	バッグ捕集後,低温濃縮	ガスクロマトグラフ法 (FPD検出器)
トリメチルアミン	硫酸水溶液で捕集後,低温濃縮	ガスクロマトグラフ法 (FID検出器)
イソブタノール	バッグ捕集	
酢酸エチル メチルイソブチルケトン トルエン スチレン キシレン	バッグ捕集後, 低温および吸着管で濃縮	

(b) におい嗅ぎガスクロマトグラフ質量分析法

図4.30に**におい嗅ぎガスクロマトグラフシステム**の構成図を示す。本法は従来GC法で行われる測定ににおい嗅ぎ部分を付加したものである。通常,分離カラムを通過した化学物質は検出器へ導入されるが,本法では分離後にGC装置外部と検出器部へ分岐されるシステムのため,クロマトグラム上に出現するピークのにおいをリアルタイムで嗅ぐことが可能である。したがって,においを構成する主成分の同定や異臭の原因追及に威力を発揮する。

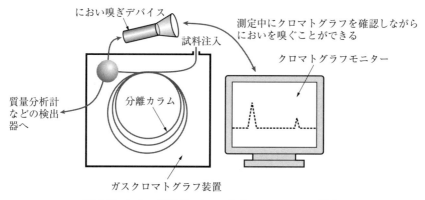

図 4.30 におい嗅ぎガスクロマトグラフシステムの構成

(c) においセンサーによる測定

一般的な**においセンサー**は内部に搭載された金属酸化物半導体ににおい分子が付着することで生じる電気抵抗を計測する構造となっており半導体式においセンサーと呼ばれる（図 4.31）。においセンサーの場合は，原理的に個別の化学物質に対する定量が不可能なため無単位となるが，校正ガスを利用した半定量や臭気指数および臭気濃度の計測が可能な機種が存在する。ほかにも，水晶振動子と感応膜から成る水晶振動子器においセンサーがあるが，におい分子が感応膜上に付着することで低下する共振周波数を計測する構造となっている。

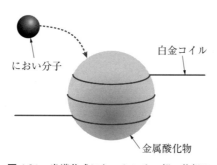

図 4.31 半導体式においセンサー部の仕組み

引用・参考文献

1) 合原眞，栗原寛人，竹原公，津留壽昭：無機化学演習，三共出版, 129 (1996)
2) 冨永靖徳：水のクラスター，ぶんせき, 2004 (7), 396-398 (2004)
3) Frank H. S., Wen W.-Y.: Ion-solvent interaction. Structural aspects of ion-solvent interaction in aqueous solutions: a suggested picture of water structure, *Discuss. Faraday Soc.*, 24, 133-140 (1957)
4) 上平恒：水とはなにか，講談社 (2009)
5) 矢沢亀吉：広葉樹とくにブナ立木の季節ならびに辺・心材別の生材含水率，木材学会誌, 6 (4), 170-174 (1960)
6) 高橋徹，中山義雄編：木材科学講座3　物理，海青社, 121-122 (1995)
7) 藤田友，山本享，田村照子，福岡義隆：皮膚に及ぼす気象要素の影響－夏季・秋季について－，地球環境研究, 10, 49-67 (2008)
8) (社) 日本建築学会：清浄空気・建築憲章，建築雑誌, 117 (1491), 59-62 (2002)
9) 気象庁訳：WMO温室効果ガス年報，2013年12月までの世界の観測結果に基づく大気中の温室効果ガスの状況 (10) (2014)
10) 加藤信介：性能規定を施行した換気に関する空気調和・衛生工学会規準HASS102, 空気清浄, 40 (2), 84-91 (2002)
11) JIS A1406 屋内換気量測定方法 (炭酸ガス法) (1974)
12) HASS (Heating, Air-Conditioning and Sanitary Standard) 102 Ventilation Standard: Revision of Performance Oriented Standard of Ventilation 換気規準・同解説：性能規定を指向した換気に関する改訂空気調和・衛生工学会 (1997)
13) 特定排出者の事業活動に伴う温室効果ガスの排出量の算定に関する省令 (平成十八年三月二十九日経済産業省・環境省令第三号)
14) 喫煙と健康に関する調査研究　昭和55年度健康づくり等調査研究報告書
15) 厚生労働省平成11-12年度たばこ煙の成分分析について (概要)
http://www.mhlw.go.jp/topics/tobacco/houkoku/seibun.html
16) 平成3年7月23日東京都学校保険審議会：学校環境衛生基準のあり方について (答申)
17) 香川順：空気汚染物質の健康影響と許容濃度，空気清浄, 40 (2), 78-83 (2002)
18) 柳宇：節電から考えるこれからの建築，換気－健康と省エネの調和，日本建築学会大会研究懇談会資料, 21-26 (2012)
19) 山中俊夫：室内空気環境の現状と今後の展望，室内環境学会学術大会講演要旨集, 48-49 (2014)
20) 文部科学省：学校施設の換気設備に関する調査研究報告書　平成16年3月
21) 独立行政法人統計情報センター統計データ：厚生労働省　特定建築物立ち入り検査結果
http://www.e-stat.go.jp/

22) 東京都健康安全研究センター：ビル衛生管理講習会資料 平成21年度〜25年度
23) 岩本清孝，苅部文夫，石黒武：空気浄化機能を有する全熱交換器に関する研究，空気調和・衛生工学会学術講演会講演論文集，1157-1160 (2003)
24) 物部博文，鈴木路子，三坂育正，呂俊民：植物導入による教室内空気の浄化に関する実験的研究：東京学芸大学紀要5部門，47, 303-324 (1995)
25) 木川りか，後出秀聡，木村広，宮澤淑子，三浦定俊，トムストラング：二酸化炭素殺虫処理における種々の文化財の二酸化炭素吸着量，保存科学，42, 79-86 (2003)
26) 安部繁行，杉島正見，大森弘勝：漆喰塗料アレスシックイについて，塗料の研究，151, 71-77 (2009)
27) 篠原一之，西谷正太：嗅覚：フェロモンなどの匂いを介したコミュニケーション，日本香粧品学会誌, 36 (4), 303-309 (2012)
28) 阿部峻之，東原和成：哺乳類におけるフェロモンと鋤鼻器官，日本生殖内分泌学会雑誌, 13, 5-8 (2008)
29) 倉橋隆：嗅細胞における匂い情報の受容機構，情報修飾と匂い識別，日本バーチャルリアリティ学会誌, 9 (3), 8-12 (2004)
30) Glusman G., Yanai I., Rubin I., Lancet D.: The complete human olfactory sub genome, *Genome Res.*, 11, 685-702 (2001)
31) Zozulya S., Echeverri F., Nguyen T.: The human olfactory receptor repertoire. *Genome Biol., 2:* RESEARCH0018 (2001)
32) Niimura Y., Matsui A., Touhara K.: Extreme expansion of the olfactory receptor gene repertoire in African elephants and evolutionary dynamics of orthologous gene groups in 13 placental mammals, *Genome Research Online Edition, 24,* 1485-1496 (2014)
33) Buck L, Axel R. :A novel multigene family may encode odorant receptors-A molecular basis for odor recognition, *Cell,* 65 (1), 175-187 (1991)
34) 大迫政浩，西田耕之助：芳香系消臭剤の感覚的消臭機構に関する研究－芳香成分の中和・相殺効果およびマスキング効果，人間工学, 26 (5) 271-282 (1990)
35) 中島基貴：香料と調香の基礎知識，産業図書 (2005)
36) 倉橋隆，福井寛，光田恵：においとかおりの本，日刊工業新聞社 (2011)
37) 永田好男，竹内教文：三点比較式臭袋法による臭気物質の閾値測定結果，日環セ所報, 17, 77-89 (1990)
38) 村上栄造：たばこ臭の評価に関する研究：第3報 環境たばこ煙の臭気成分，人間－生活環境系シンポジウム報告集, 34, 55-58 (2010)
39) 谷田貝光克，川崎通昭：香りと環境，フレグランスジャーナル社 (2003)
40) Miyazaki M. et al. : A Major Urinary Protein of the Domestic Cat Regulates the Production of Felinine, a Putative Pheromone Precursor, *Chemistry &Biology,* 13 (10) 1071-1079 (2006)

41) 芳香消臭脱臭協議会：自主基準効力試験法，芳香消臭脱臭協議会 (2004)
42) 岩崎好陽：臭気の嗅覚測定法，においかおり環境協会 (2005)
43) 日本建築学会，AJES-A003-2005室内の臭気に関する対策・維持管理規準・同解説，日本建築学会 (2005)
44) 川崎通昭，堀内哲嗣郎：嗅覚とにおい物質，においかおり環境協会 (2006)

第5章
備える−災害と化学物質

5.1 放射性物質

5.1.1 住まいの放射能

　わが国の住まいの環境において，放射性物質は問題ではなかった。しかしながら2011年3月の**福島原発事故**により，わが国（特に関東以北）においても放射性物質を住まいの環境汚染因子として考慮せざるを得なくなった。3月11日に発生した東北地方太平洋沖地震に伴う津波により，東京電力福島第一原子力発電所の原子炉1～3号機が全電源を喪失し，核燃料の冷却ができなくなった。1号機のベント（弁解放作業）により，揮発性の高い核分裂生成物（I, Cs, Sr など）が大気中に放出された。その後発生した1，3，4号機での水素爆発，2号機の格納容器損傷（図5.1）により，大量の放射性物質が大気中に漏洩，拡散した[1]。その結果，原発から半径20 km内の住民は避難を余儀なくされ，多くの住民は屋内退避を指示された。また関東地域に設置されたモニタリングポストのいくつかは通常よりも高い放射線を検出し，放射性物質が広域に拡散したことを示した。また，大気に拡散した放射性物質の存在を知るため，多くの人が放射線計測器を買い求める事態となった。

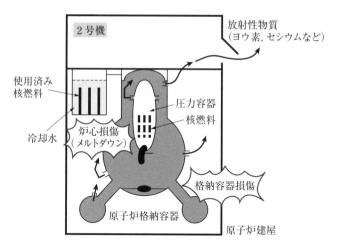

図5.1 福島第一原子力発電所事故による放射性物質の漏洩・大気への拡散

今後このような原子力関連施設の事故はあってはならないが，地球上に原子力エネルギーがある限りゼロリスクではない。また放射性物質の中には，長期間放射線を放出し続けるものもある。事故発生時に過剰なパニックを起こさないためにも，放射性物質について正しく理解し，備えておくことが肝心である。

5.1.2 放射性物質とは

物質の最小単位は原子であり，原子は電子と原子核から構成される。原子核にはさらに陽子と中性子がある。原子には陽子と電子が同数存在するため，全体としては電気的に中性である。元素の原子番号は陽子の数で定義される。したがって元素の種類によって陽子の数は変わらない。一方，中性子の数は，同じ元素でも一定でない場合がある。原子核に含まれる陽子の数と中性子の数の和を**質量数**と呼び，元素記号の左上に表示する。例えば，もっとも簡単な水素（H）原子についてみてみよう。水素原子には，中性子の数（すなわち質量数）が異なる3種類の原子が存在する。これらは互いに**同位体（アイソトープ）**と呼ばれる。

ところで，このような同位体の中には陽子と中性子の数の組合せにより不安定なものがある。このような原子核を持った同位体は，余分なエネルギーを外部に

5.1 放射性物質

放出し，より安定な原子になろうとする（**壊変**という）。このとき，余分なエネルギーは**放射線**という形で放出され，放射線を放出する同位体を**放射性同位体**（ラジオアイソトープ）という。水素の場合，^3Hは放射性同位体である。

$$\text{放射性同位体} \xrightarrow{\text{壊変}} \text{安定同位体} + \text{放射線}$$

放射線にはα線（Heの原子核），β線（電子），γ線（電磁波の一種），中性子線（中性子）がある。例えば，^{14}Cは放射性同位体であり，β線を放出して安定な^{14}Nになる。

$$^{14}C \xrightarrow{\text{壊変}} {}^{14}N + \beta\text{線}$$

表5.1に水素，炭素，酸素の同位体を示す。放射性同位体は不安定なため，存在量は安定同位体に比べて極微量である。放射性同位体が壊変する時の速度Rは，

$$R = \lambda N \tag{5.1}$$

であらわされ，Nは放射性同位体の量，λは**壊変定数**〔/h〕である。式(5.1)について，$t=0$のとき$N=N_0$，$t=t$のとき$N=N$として積分すると，

$$N = N_0 e^{-\lambda t} \tag{5.2}$$

となり，$N=1/2N_0$（初期の半分）になるまでの時間$t_{1/2}$を求めると，

$$t_{1/2} = \frac{\ln 2}{\lambda} = \frac{0.693}{\lambda} \tag{5.3}$$

が得られる。この$t_{1/2}$を**半減期**と呼び，放射性同位体に固有の値である。壊変定数や半減期は，温度や圧力など環境条件によっても変化しないので，この性質を利用して遺跡や地質などの年代測定に用いられる（表5.2）。

表5.1 水素の同位体と質量数

同位体	陽子の数	中性子の数	質量数
^1H（軽水素）	1	0	1
^2H（重水素，D）	1	1	2
^3H（三重水素，T）	1	2	3

表5.2 水素,炭素,酸素の同位体

元素	安定同位体			放射性同位体	
	核種	同位体質量	存在割合〔%〕	核種	半減期
水素	^1H ^2H	1.007825 2.014102	99.9885 0.0115	^3H	12.32年
炭素	^{12}C ^{13}C	12 13.003354	98.93 1.07	^{11}C ^{14}C	20.39分 5.70×10^3年
酸素	^{16}O ^{17}O ^{18}O	15.991914 16.999131 17.999160	99.757 0.038 0.205	^{15}O	122.24秒

　放射性物質は,**放射性核種**を含む物質と定義されている。核種とは原子または原子核の種類を意味する言葉であるが,原子には同位体を持たないものがある。同位体の概念と区別するために,放射線を放出する原子または原子核を放射性核種と呼ぶ。物質の化学的性質や反応性は,電子の挙動に司られる。したがって,ある物質を構成する原子の1つが放射性核種であってもなくても化学的性質や反応性は変わらず,一般環境中の挙動も同じである(図5.2)。

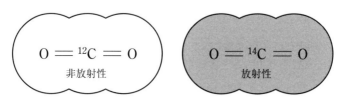

図5.2　放射性があってもなくても一般環境中の挙動は同じ

　放射性同位体(放射性核種)が放射線を出す能力を**放射能**という。放射能の大小関係を表現するためには,**ベクレル**〔Bq〕という単位を使用する。これは壊変率を意味し,1秒間に何回放射線が放出されるかを示す。ある環境試料が放射性物質によって汚染されているかどうかを調べる指標として放射能が用いられる。放射能はある放射性物質がある瞬間に持つ特性値であるため,時間経過とともに

5.1 放射性物質

放射能がどう変化するかをモニタリングすることが重要である。

放射線の強さは，吸収線量で表される。単位は**グレイ**〔Gy〕であり，物質1kgに1Jの放射線エネルギーが吸収された場合，吸収線量は1〔Gy〕となる。一方，放射線がヒトの体に与える影響は，同じ吸収線量であっても，放射線の種類，臓器の種類によって異なる。そこで，**実効線量**が定義された。実効線量の単位は**シーベルト**〔Sv〕であり，吸収線量に放射線荷重係数，組織荷重係数をかけた値である。

$$実効線量〔Sv〕= 吸収線量〔Gy〕\times 放射線荷重係数 \times 組織荷重係数 \tag{5.4}$$

放射線荷重係数とは，人体が受けた放射線の影響の程度を表す係数であり，放射線の種類とエネルギーによって決められている(表5.3)。**組織荷重係数**とは，照射された臓器・組織により確率的影響の程度が異なることを考慮するために乗じる係数である(表5.4)。

表5.3 放射線荷重係数[2]

放射線の種類	エネルギー範囲	放射線荷重係数
光子(X線・γ線)	全範囲	1
電子(β線)	全範囲	1
ミュー粒子	全範囲	1
中性子	10 keV以下	5
	10 keV～100 keV	10
	100 keV～2 MeV	20
	2 MeV～20 MeV	10
	20 MeV以上	5
反跳陽子以外の陽子	2 MeV以上	5
アルファ粒子(α線)		20
核分裂片		20
重原子核		20

表5.4　組織荷重係数[2]（性，年齢に関係なく使用）

器官・組織	組織荷重係数	器官・組織	組織荷重係数
生殖腺	0.2	肝臓	0.05
骨髄（赤色）	0.12	食道	0.05
結腸	0.12	甲状腺	0.05
肺	0.12	皮膚	0.01
胃	0.12	骨表面	0.01
膀胱	0.05	残りの器官・組織	0.05
乳房	0.05	合計（全身）	1

5.1.3　身のまわりの放射線

(1) 地殻に由来する放射線

地殻に存在する天然放射性核種があり，これらは壊変を繰り返しながら，安定な核種に変化している。この一連の反応は**壊変系列**と呼ばれ，ウラン系列（$^{238}U \rightarrow {}^{206}Pb$），アクチニウム系列（$^{235}U \rightarrow {}^{207}Pb$），トリウム系列（$^{232}Th \rightarrow {}^{208}Pb$）およびネプツニウム系列（$^{237}Np \rightarrow {}^{209}Bi$）の4系列がある。

ラドン（^{222}Rn）は放射性核種の1つで，ウラン系列の中間生成物であり，ラジウム（^{226}Ra）から生成し，ラドンも放射線を放出しながら壊変し，最終的には鉛（^{206}Pb）になる。

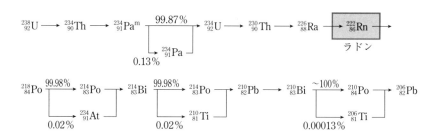

ウランやラジウムなどは常温で固体であるが，ラドンは希ガスであり，土壌や鉱物から発生したラドンが室内に流入することがある。日本は地質的にウランの

含有量が少なく，ラドンの影響は顕著ではない。しかしアメリカでは重大な空気汚染源であり，地下室を有する住居では，床や壁の割れ目，コンクリートブロックの細孔からラドンが侵入し，居住者に肺がんを引き起こす原因となっている[3]。

(2) 宇宙から届く放射線

宇宙から地上に届く放射線も存在し，**宇宙線**（cosmic ray）と呼ばれる。中でも太陽から届く放射線を**太陽宇宙線**というが，それ以外の発生源を特定できない宇宙線は，大昔から次々と生じている超新星の大爆発で飛び散った残骸と考えられており[4]，**銀河宇宙線**と呼ばれる。宇宙から届くという性質上，高所ほど宇宙線が強い点が特徴として挙げられ，日本全体としては高度が1,500 m上昇するごとに被曝線量率は約2倍になるといわれている[5]。また宇宙から直接地球に達した1次宇宙線が，大気中の成分と衝突して2次宇宙線を生成することも特徴である。

(3) 体の内部に由来する放射線

カリウム（K）は岩石や土壌に含まれるアルカリ金属であり，放射性同位体であるカリウム40（^{40}K）の同位体存在比は0.0117％である。カリウムは肥料の3要素の中に含まれているように，植物の成長に欠かせない元素である。そのため穀物やいも類，野菜類や果実類，あるいはそれらをえさとする魚介類や肉類に至るまで，一定の割合で^{40}Kが存在する。人体が放射線に曝されることを**被曝**というが，体の外からの**外部被曝**，経口あるいは吸引により摂取した放射性物質により体の内側から被曝する**内部被曝**，さらに体表面に付着した放射性物質による被曝の3通りがある（図5.3）。微弱ではあるが，私たちは常に食物あるいは人体そのものに含まれる^{40}Kなど，自然放射性物質による内部被曝を受けている。

外部被曝　　　　　内部被曝　　　体表面付着物による被曝

図5.3 放射性物質への曝され方

(4) 医療・研究に用いられる放射線

　医療機器の高度化により，がん治療に放射線が使われるようになった。がん治療では主としてX線，γ線，電子線といった放射線が用いられるが，放射線を細胞のDNAに作用させ細胞分裂の能力をなくしたり，細胞が自ら死滅する過程（アポトーシス：apoptosis）を促進させることで治療効果が得られる。

　X線検査（レントゲン検査）は，胃や肺，心臓などの検査のために医療機関で行われる検査方法の1つである。人体は筋肉や骨，脂肪などから構成されるが，例えば骨はX線が通過しにくいなど各器官で透過性が異なる。人体を通り抜けたX線を画像にした際にできる濃淡を利用し，体内の情報が得られている。なお，X線は原子内の電子遷移にもとづく放射線であり，放射性物質の壊変により生じる放射線とは区別される場合がある。

　医療以外においても，放射線の高い透過性や高エネルギー性を利用して，物体内部の観察や通常の環境では起こらない核反応，陽子や中性子などを発生させるなどして，放射線が研究に利用されている。なお，日本においては原子力基本法（1955年）にもとづき，放射性同位元素等による放射線障害の防止に関する法律（1957年）が定められており，放射性物質や作業従事者の被曝量の管理について規定されている。

5.1.4　放射線量の安全基準

　放射線の人体への影響は，身体的線量と障害の間に閾値が存在する**確定的影響**（脱毛，白内障，皮膚障害など）と，閾値が存在しないと思われる**確率的影響**（がん，白血病，先天的な遺伝障害など）がある。

　4.1節で述べたようにヒトの体の約60％は水でできている。放射線は水素原子と酸素原子の共有結合を切断し，非常に反応性の高い**活性酸素**の一種である**OHラジカル**を生成する（図5.4）。活性酸素はきわめて反応性が高く，細胞成分を傷害し，がんや老化の原因になるといわれている。

5.1 放射性物質

図 5.4　放射線による OH ラジカルの生成

　年間 200 mSv 以上の放射線を短時間に受けた場合の影響は明らかであるが，少量の放射線が人口集団に与える影響についてはいまだわかっていない。国際放射線防護委員会 (ICRP) では，年間 200 mSv 以上での発がん率のデータを，それ未満の少量の放射線量に外挿することによって少量の放射線の影響を推定し，自然放射線などを考慮して，一般公衆に対する実効線量の限度を表 5.5 のように勧告した。わが国の原子力安全委員会においても，この勧告を踏まえた考え方を示している。なお，線量を単位時間あたりに直した値は**線量率**という。

表 5.5　一般公衆に対する実効線量の限度 (ICRP)

緊急時	1 年間で 20 ～ 100 mSv（積算）
緊急事故後の復旧時	1 年間で 1 ～ 20 mSv（積算）
平常時	1 年間で 1 mSv 以下（積算）

5.1.5　測定方法

　放射性物質の放射能や放射線の線量・線量率の測定方法はさまざまある。ここでは専門家以外でも比較的簡単に実施可能な方法について紹介する。

(1) 表面汚染を調べる

　食品や建築材料などの表面に付着した放射性物質の放射能は，**ガイガーミューラー (GM) 式サーベイメーター**（いわゆるガイガーカウンター）で調べることができる。このメーターでは，1 分間に計測される放射線の数を cpm (count per minute) で表示する。放射性核種が 1 種類しかない場合，1 秒間あたりに換算すると Bq となる。一般住民に付着した放射性物質に対して除染が必要なスクリーニングレベルは 100,000 cpm とされている。

(2) 外部被曝の程度を調べる

外部被曝の程度を知るには，空間線量（または空間線量率）を**シンチレーション式サーベイメーター**で測定する。このメーターには，Gyで表示するタイプとSvで表示するタイプがある。前者の場合，緊急時は1 Gy = 1 Svで換算してよいとされている。後者は式(5.4)にもとづく実効線量（より厳密には1 cm線量当量*）を調べるものである。現在，身に着けて簡便に持ち運びできるポケット線量計などが安価で市販されている。

(3) 内部被曝の程度を調べる

水，食品，土壌など，内部被曝源となる試料に含まれる放射性物質は，試料を均一に前処理した後，**ゲルマニウム半導体検出器**によって調べる。どのような核種がどの程度含まれているかがわかる。

5.1.6 原子力発電と原発事故

元素の周期表第3族第7周期には，**アクチノイド**と呼ばれる原子量の大きい元素群（Ac ～ Lr）が位置する。アクチノイドの原子核では核分裂が観察される。核分裂には，自発的に起こる**自発核分裂**と，外部からエネルギーを与えると起こる**誘導核分裂**がある。^{235}Uや^{239}Puは室温程度の熱エネルギーの中性子（熱中性子と呼ぶ）を衝突させることにより，核分裂を誘導することができる。

日本の原子力発電所では，燃料に天然ウランが用いられる。天然に存在するウランの同位体は^{234}U，^{235}U，^{238}Uで，それぞれの存在割合は0.0054％，0.71％，99.28％である。^{238}Uは自発核分裂性であり，^{235}Uは人為的に誘導核分裂させやすいことから，^{235}Uの割合が3 ～ 5％となるよう濃縮された低濃縮ウランが原子力発電の核燃料として利用される。^{235}Uに熱中性子を衝突させると核分裂反応が起こり，複数の**核分裂生成物**と中性子が生成される。生成した中性子が別の^{235}Uにぶつかることで連鎖的な核分裂反応が起き，膨大な熱エネルギーを発生する（図5.5）。この熱で水蒸気を作り，タービンを回し発電する。おもな核分裂生成物

---

* 1 cm線量当量：人体と同じ元素組成・密度の人体模型の全身を対象とし，外部被ばくによる深さ1 cmの箇所における吸収線量に放射線荷重係数と組織荷重係数を乗じた値。

5.1 放射性物質

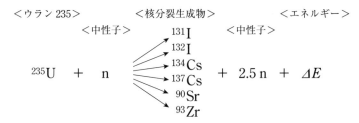

図 5.5　^{235}U の核分裂反応のイメージ

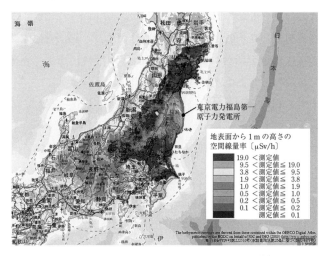

図 5.6　文部科学省による空間線量率の航空機モニタリングマップ
（「放射線量等分布マップ拡大サイト／電子国土」から引用，改変）

は，^{134}Cs（半減期：2.1年），^{137}Cs（30年），^{131}I（8.0日），^{132}I（2.3時間），^{135}I（6.6時間），^{93}Zr（1.5×10^6年），^{90}Sr（29年）である。また，燃料中の^{238}Uが中性子を吸収することで，核分裂しやすい^{239}Pu（24×10^3年）が生成するため，実際の発電ではウランとプルトニウムの両方の核分裂によりエネルギーを得る。

2011年の福島原発事故では，核燃料（^{235}U）のメルトダウンにより，核分裂生成物が広域に拡散する事態となった。図5.6は文部科学省が米国エネルギー省などと連携して実施した航空機モニタリングの結果などにもとづき，地表面から1mの高さにおける空間線量率を地図上に示したものである[7]。航空機モニタリ

ングとは，地表面への放射性物質の蓄積状況を確認するため，航空機に高感度の大型の放射線検出器を搭載し，地上に蓄積した放射性物質からのγ線を広範囲かつ迅速に測定する手法のことである．放射性物質は，福島原発を起点に岩手県や関東地方まで広域に拡散しているようすがわかる．放射性核種の化学形態について十分な知見はないが，セシウムは主として粒子態，ヨウ素はガス態と粒子態として拡散したと考えられる．池田・関根（2012）は原発事故前後に神奈川県平塚市において大気中粒子状物質を捕集し，放射性核種の同定と経時的な放射能の測定を行い，次の知見を得た[6]．

① 放射性核種として^{132}Te，^{131}I，^{132}I，^{134}Csおよび^{137}Csが有意に検出された．
② 2011年3月13日，15日の計数率は事故前の試料に比べて顕著に増加し，福島原発事故の影響を受けていた．
③ 各放射性核種のメディアン径はおよそ1 μmであり，吸入曝露により気管支まで到達する可能性がみいだされた．
④ ^{134}Csと^{137}Csの存在比はほぼ1:1であり，比較的初期に粒子化したものと考えられる．
⑤ ^{131}Iと^{132}Iの粒子径は異なり，^{132}Te（粒子状）の娘核種^{132}Iの粒子径は比較的大きかった．

5.1.7 放射線の遮へい

放射線がもつさまざまな特徴の1つとして透過性が挙げられる．放射線の種類により透過しやすい材質としにくい材質がある．

(1) α線

α線は放射線の中でも透過性が低く，1枚の紙や数cmの空気層で止められる（吸収させられる）ことが知られている．α線の発生源（線源）からわずかな距離の位置で放射線計測器を用いて測定し，その距離を変化させると，線源からある距離Rまで測定値が一定で，Rを超えると急激に0になる．この距離Rのことを，そのα粒子の**飛程**といい，α粒子が放出された際に持っていたエネルギーによって定まる．

(2) β線

β線の飛程はα線よりはるかに長く,例えば3 MeVのエネルギーのα線の空気中での飛程は2 cm程度であるが,同じ3 MeVのβ線では約10 mとなる。よって空気だけでβ線を遮へいすることは難しく,遮へいするためにはアルミニウムなど固体の遮へい材を用いる。アルミホイルは昨今多くの家庭に普及している材料であり,誰もが入手しやすい固体遮へい材である。^{14}C, ^{36}Cl, ^{99}Tc, ^{90}Sr, の4種類の標準線源を用い,厚さ11 μmの家庭用アルミホイルを複数枚重ねた場合のβ線に対する遮へい効果を調査した結果,^{14}Cの場合はアルミホイル0.9枚,^{36}Clに対しては9.6枚,^{99}Tcでは2.7枚,^{90}Srでは17.2枚で標準線源から放出されるβ線を半減させることができた(図5.7)[6]。

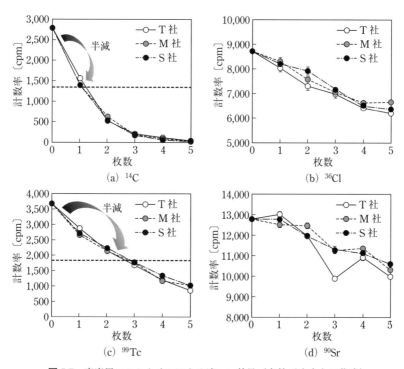

図5.7 家庭用アルミホイルによる遮へい効果(文献6)をもとに作成)

(3) γ線

γ線は電磁波であるため，α線やβ線のような荷電粒子線とは物質との相互作用が異なる。そのため飛程という概念は用いず，物質に入射したγ線（入射γ線）の量と，物質と相互作用しなかったγ線の量，さらに遮へい材の厚さとから求められる吸収係数で遮へい性を表現する。特に，γ線の強さを入射時の半分にするために必要な遮へい材の厚さを**半価層**と呼ぶ。

建物外部の放射線量が高くなった場合，室外にある放射性物質から放出される放射線は鉄筋やコンクリートなど建材により遮へいされる。また，建材の厚さが大きいほど遮へい効果は大きい。表5.6には，2011年3月の福島原発事故後の2011年8月～2012年1月にかけて，福島県南相馬市内の学校体育館や仮設住宅などの施設において測定した室内の空間線量率と室外の空間線量率の比（IO比）を示した[8]。IO比が1の場合は室内外に対象物が同程度存在することを意味し，1より少ない場合は室外に多く存在，1より大きければ室内により多量に存在することになる。表5.6より，鉄板や木材を用いている建物に比べてコンクリートを使っている建築物ではIO比が低く，放射線がより遮へいされている。また，コンクリートの層が厚いトンネルでは，厚さの薄い鉄筋コンクリートの学校体育館より高い遮へい効果が発揮されている。しかし，原因となる放射性物質がガス体あるいは微粒子，または微粒子に付着しているような場合には，窓や扉，建物のすき間などから室内に流入するため，窓の開閉や換気扇の使用には注意が必要である。

表5.6 原発事故直後の南相馬市内の各施設における空間線量率のIO比[8]

施設	材質	IO比
学校体育館	鉄筋コンクリート	0.19
学校体育館	鉄骨コンクリート	0.37
学校教室（窓）	鉄筋コンクリート	0.32
トンネル	鉄筋コンクリート	0.08
プレハブ家屋	鉄板，セラミックタイル，材木	0.52

注）$IO比 = \dfrac{室内の空間線量率}{室外の空間線量率}$

(4) 中性子線

放射性核種などが核分裂すると**中性子**が放出される。この中性子の流れを**中性子線**と呼ぶ。中性子は電荷を持たないため，γ線と異なり鉄板や鉛などで遮へいできず，原子核との衝突が起きるまで直進する。原子の半径が10^{-10}mであるのに対し，原子核の半径は10^{-15}mであり，原子核の断面積は原子の断面積に比べて極めて小さい。そのため中性子線と原子核の衝突はまれであり，飛程は長くなる。生成した中性子がほかの原子核と衝突するまで進む距離のことを**平均自由行程**と呼ぶ。中性子の質量は，水素の原子核（陽子）の質量とほぼ等しいため，水など水素原子を含む物質によって減速される。中性子線の平均自由行程は，空気中で220m，水中で1.7mmである。

5.1.8 放射線事故にどう備えるか

もし仮に，原子力関連施設の事故により放射性物質が漏洩し，住まいの生活環境に侵入してきた場合，緊急時の対処としてはまず逃げることである。ただしこの場合，どの方向に逃げるべきかは重要な選択肢であり，モニタリングポストによる監視と拡散シミュレーションによる適切な情報提供が必要である。

次にとるべき手段は屋内退避である。大気に拡散した放射性物質の室内環境への影響を考える際，通常の大気汚染物質とは異なり，壁面などを通じた「放射線の侵入」と換気経路を通じた「放射性物質の侵入」の両方を考慮する必要がある。「屋内退避」は，事故直後の放射性希ガスを含むプルームに対する住民の外部被曝を低減する有効かつ簡便な手段と位置づけられており，γ線に対する遮へい係数は表5.7のように推定されている[9]。

表5.7 家屋の遮へい係数

施　設	遮へい係数
プレハブ家屋	0.9
木造家屋	0.7
鉄筋コンクリート	0.4

しかしながら福島原発事故では，地表面に沈降した放射性物質に由来する放射線の長期的な侵入が問題となっており，現在流通している壁装材料の遮へい能力の一層の強化が望まれる。

一方，ガス状放射性物質（例えば放射性ヨウ素）の侵入は，建物の換気量に依存する。事故直後はできるだけ閉め切ることは重要であるが，長期的に続ける場合，シックハウス問題やダンプネス（局所的な高湿度状態）などの発生が懸念される。また粒子状放射性物質の場合，建物内部への侵入率は粒径分布に依存し[10]，また内部被曝に対しても注意が必要である。放射性Csのような半減期の長く，粒子形態を取る放射性核種が残存する地域では，換気経路におけるフィルタリング効果を高める必要がある。

5.2 火山ガス・火山灰

5.2.1 火山活動に伴って発生する物質

日本では，多くの活火山があり火山ガス，火山灰が噴出し続けている。**火山ガス**はマグマに溶け込んでいたガス成分が，気体となって噴き出すことによるもので，大部分は水蒸気であるが，フッ化水素（HF），塩化水素（HCl），二酸化硫黄（SO_2），硫化水素（H_2S），二酸化炭素（CO_2）などの酸性ガス，そのほか，水素（H_2），一酸化炭素（CO），酸素（O_2），窒素（N_2），メタン（CH_4），アルゴン（Ar）などが含まれている。ガスの組成は火山活動と噴火状態によって異なり，火山ガスが高温（1,000℃〜）の場合に多く含まれるのがSO_2，HCl，HF，低温の場合に多く含まれるのがH_2SとCO_2である。毒性の強い酸性ガスの比重（対空気）は，HF（0.71）を除き，H_2S（1.19），SO_2（2.26），HCl（1.27），CO_2（1.53）と空気より重たく，噴出場所周辺の窪地などにガスが貯まりやすく，死亡事故の多くは山岳や温泉での空気が淀む場所で起きている[11]。

一方，**火山灰**の組成はガラス片，鉱物結晶片で，SO_2，H_2S，HFなどの火山ガス成分が付着して酸性度が高い。粒子径は2mmより小さく，火山周辺で大きな粒子は重力で降灰するが，成層圏まで到達した粒子は硫酸塩が表面に付着し火山

5.2 火山ガス・火山灰

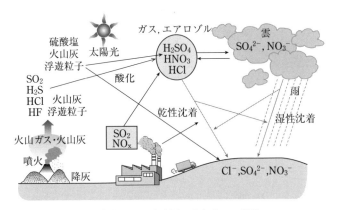

図5.8 火山ガス・火山灰の大気中での挙動

灰浮遊粒子となる．図5.8は火山ガスや火山灰の大気中での挙動を示したもので，H_2SやSO_2は，大気中でオゾンや水蒸気と反応してや硫酸塩液滴エアロゾルを形成する．また，雨滴に取り込まれて**酸性雨**になり，酸性雨と火山ガス成分が沈着した粒子は建物や文化財を腐食させる要因となる．

5.2.2 火山ガス・火山灰の影響

(1) 健康影響

火山ガス・火山灰の健康影響に対して，火山ガスに含まれる各成分と火山灰に近い性状の粉塵の許容濃度と大気環境基準が参考となる．それらを表5.8にまとめた．

二酸化硫黄(SO_2)は，無色で強い刺激臭があり，呼吸器の粘膜に直接作用し呼吸困難をもたらす．環境基準は1時間値(1時間の平均濃度)0.1 ppm，日平均値(1日の平均濃度)0.04 ppm以下である．SO_2の許容濃度は日本産業衛生学会では検討中であり，ACGIHの値を示した．三宅島の噴火の際には，南風に乗って本州まで到達し都心でも環境基準の0.1 ppmを超えた濃度が観測された地点があった[12]．

硫化水素(H_2S)は，呼吸中枢を麻痺させる非常に毒性の強いガスで，1〜2 ppmでかすかに臭気を感じ，3 ppmで卵の腐ったようなにおいが著しくなり，5 ppmが許容濃度である．

表5.8 火山ガス・火山灰の許容濃度

	汚染物質	許容濃度	環境基準
火山ガス	SO_2	2 ppm [i)]	1時間値の日平均値が0.04 ppm以下であり，かつ，1時間値が0.1 ppm以下であること
	H_2S	5 ppm	
	HCl	2 ppm暫定	
	HF	3 ppm	
	CO	50 ppm	1時間値の日平均値が10 ppm以下であり，かつ，1時間値の8時間平均値が20 ppm以下であること
	CO_2	5000 ppm	
火山灰	粉塵	総粉塵 第1種 2 mg/m^3 第2種 4 mg/m^3 第3種 8 mg/m^3	10 μm以下の粒子が浮遊していれば環境基準浮遊粒子状物質として扱われる。1時間値の日平均値が0.10 mg/m^3以下であり，かつ，1時間値が0.20 mg/m^3以下であること

i) ACGIH（米国産業衛生専門家会議）が定めた労働衛生上の許容濃度。そのほかは日本産業衛生学会2014の値[13)]

塩化水素（HCl）は無色の腐食性のガスで刺激臭を伴い，眼，皮膚，気道に対して炎症を起こさせ，高濃度のガスを吸引すると肺水腫を起こすことがある。日本産業衛生学会の許容濃度は暫定であるが2 ppmである。

フッ化水素（HF）は目と鼻に刺激を与え3 ppmを超えると，喉の火傷や呼吸器系に影響し目にも症状が出て，3 ppmが許容濃度である。

火山灰は粗大粒子の割合が多いため，環境基準で定められた浮遊粒子状物質は粒子径10 μm以下の粒子を対象としており，環境基準にもとづく測定結果には反映されにくい。ただし，火山灰は呼吸器系に影響しやすく，結晶性シリカを含むため，第2種（結晶質シリカ含有率3％未満の鉱物性粉塵）の許容濃度4 mg/m^3を参考として示した。

(2) 自然界と社会生活への影響

過去の大規模な火山噴火が自然界や人類の生活にさまざまな影響をおよぼした記録があるが，ここでは，警戒レベルを超えない日常的に噴火を続ける小規模な火山活動による影響について記述する。火山ガスや火山灰が拡散し，周辺の地域や

都市部へと広がるが，火山周辺では降灰による影響が大きく，噴火の規模にもよるが範囲は限定される。

図5.9に噴火に伴う火山ガス・火山灰の影響を示した。火山の周辺では降灰により農作物や森林の生育に被害をもたらし，都市部へ拡散した場合，交通道路，鉄道の運行などライフラインに影響する。周辺に空港があれば，視界不良で飛行機の運航が妨げられ，成層圏へ移流したエアロゾルは航空路の視程悪化，飛行機の機体損傷につながる。2010年のアイスランドのエイヤフィヤトラヨークトル火山の火山灰が上空の気流にのって西ヨーロッパに拡散し航空機の飛行が禁止された例もある。また，浄水場での河川の水質が悪化し取水できなくなる状況や，電力送電設部の誤動作や劣化損傷など，都市のインフラにも影響する。生産施設では生産冷却水に火山灰が侵入し，また，空調機のフィルターを目詰まりさせ工場の機能が停止する。近郊都市部に拡散すれば，日常生活にも影響し，都市の活力が低下するなど経済活動にも影響する[14]。

火山ガスは低濃度でも長期にわたれば呼吸器系に影響があらわれ，また，火山ガスが起因して生じる酸性雨も含め建造物やそれを取り巻く設備を腐食させる[15]。建物内への影響は微量な酸性ガスにより精密電子部品工場のリードフレームの腐食や歩留まり低下，電算センターではコンピュータの故障，美術館では収蔵品を劣化させる。

噴火物による大気汚染，水質汚濁，土壌汚染は，汚染が広範囲に広がれば生態

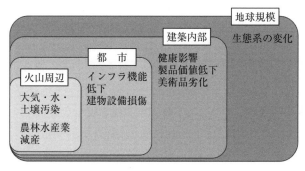

図5.9　火山ガス・火山灰が暮らしに与える影響

系に変化をもたらし，その連鎖は，より広い範囲に影響する．地球規模では成層圏のエアロゾルは気候変動にも関係する．

5.2.3 火山対策
(1) 対策の基本

火山ガス・火山灰に対する対策は，国をはじめとして活火山が位置する地方自治体において，避難誘導を主に住民の安全対策が整備されている[16]．あらかじめ想定される火山噴火がおよぼす範囲のシミュレーションや住民を避難させる方法，重要拠点を確保する策などが示されている．また，火山防災ハザードマップにはデータベースがWEB上で公開され[17]，市町村自治体の火山防災に関連する地域防災計画が整備されつつある．

このような自治体の住民を対象とした緊急時避難対策のほかに，日常生活する人々や事業者が行える対策も考えておく必要があり，次の視点に沿って計画する．

① 予防的な対策（**地域継続計画**（DCP：District Continuity Plan）や，企業の**事業継続計画**（BCP：Business Continuity Planning））として，想定される火山噴火の影響に対して事前に対策をしておく．

② 噴火時の火山ガス・火山灰発生に伴い緊急の対策として，特に，噴火が長期継続する場合，重要拠点を確保する計画を立てておく．

地域継続計画では，地域のインフラ復旧として重要拠点の早期復旧が第一である．事業継続計画での事業継続にあたっては，地域継続計画が成り立つことが先決であるものの，経済活動の復旧をいち早く行うためには，あらかじめ火山ガス対策を講じた施設とすることである．

図5.10は火山噴火時においても建物内の環境を安全なレベルに維持するために，空調機に火山ガスを除去して室内に取り入れるなどの火山ガス対策を施した建物イメージである．

通常の建物の空調システムに追加する機能として，室内に取り入れる外気処理

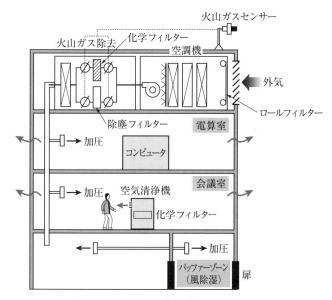

図 5.10 火山ガス対策の建物

の対策を示してある。通常時は空調機で除塵のみを対象とした処理とし，飛来する火山灰はガラリとロールフィルターで除去する。火山ガス検知センサーが設定した濃度レベルに達したら，下流に設けた火山ガス処理装置のダンパーを切り替え**化学フィルター**により火山ガスの除去を行い，さらに，室内に空気清浄機を用意し火山ガスを浄化する。また，建物は開口部が極力ないようにして気密性を確保し，室内を陽圧にして火山ガスの侵入を防止する。特に，出入り口には風除室を設け，出入の際の外気の侵入を防ぐ。

精密電子工場や食品工場では風除室，エアカーテン，二重ドアによる防塵や防虫の技術がそのまま活かされるが，火山ガス除去のための空気浄化設備を備えておく。

通常の建物での応急的な対処は，火山噴火時に空調機が火山灰によりフィルターの目詰まりが起こるので，空調機の外気導入を停止し火山ガスの侵入を防ぐ。また，建物の開口部から外気の侵入を防ぐため，特に，出入り口を密閉し，窓やシャッターを閉め，隙間部を目張りシールする。

(2) 火山ガス・火山灰の浄化

(a) 火山ガス

火山ガスの浄化方法は，化学フィルターや吸着剤による水を使わない乾式処理と，水と接触させ，ガスを吸収し洗い落す湿式処理がある。図5.11に化学フィルターによるもの（図5.11(a)）と，前処理に湿式の**スクラバー**を用い最終処理に化学フィルターを組み合わせた方法（図5.11(b)）の例を示す。2段処理でいずれも高濃度の火山ガスを想定したもので，低濃度のガスの場合は，化学フィルターの1段処理や，スクラバーのみ処理で対応できる。

メンテナンスは，化学フィルターの場合はフィルター交換のみであるが，スクラバーは上水，排水処理設備が必要でその管理をしなければならない。

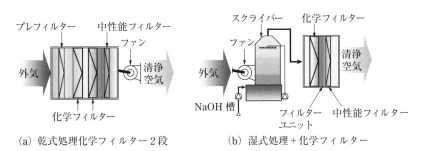

図 5.11　火山ガスの浄化

火山ガスを除去できる化学フィルターは，表5.9に示すような種類がある。基材に薬剤を添着したフィルターが高い効率で除去でき，薬剤との酸化反応を利用した**S系除去用フィルター**と中和反応を利用した**酸性ガス除去用フィルター**がある。**活性炭フィルター**単体では高い除去は期待できない。

S系除去用フィルターは基材の活性アルミナまたは活性炭に過マンガン酸カリウム $KMnO_4$ を添着し，活性二酸化マンガン MnO_2 の触媒機能を持たせもので以下の反応式による。特に高濃度の SO_2 の除去に向いている。

5.2 火山ガス・火山灰

表5.9 火山ガス除去用の化学フィルター例

名　称	対象ガス	基　材	薬剤処理	そのほかの除去ガス
S系除去用フィルター	H_2S, SO_2	活性炭	$KMnO_4$ + アルカリ	メルカプタン，エチレン，そのほかの複合臭気
		活性アルミナ	$KMnO_4$	
酸性ガス除去用フィルター	H_2S, SO_2 HCl, HF	活性炭	K_2CO_3	硫酸，酢酸，有機酸
	HCl, HF	合成ゼオライト	$Ca(OH)_2$	硫酸，硝酸
活性炭フィルター	H_2S, SO_2	活性炭	なし	有機溶剤，オゾン，NO_2

化学フィルターには，そのほかに活性炭にリン酸H_3PO_4を添着したアルカリガス除去用フィルターがある。

SO_2に対しては

$$3SO_2 + 2KMnO_4 + 4KOH \longrightarrow 3K_2SO_4 + 2MnO_2 + 2H_2O$$

$$MnO_2 + SO_2 + H_2O \longrightarrow H_2SO_4 + MnO$$

$$2MnO + O_2 \longrightarrow 2MnO_2$$

H_2Sに対しては

$$3H_2S + 8KMnO_4 \longrightarrow 3K_2SO_4 + 2KOH + 8MnO_2 + 2H_2O$$

酸性ガス除去用フィルターには2種類あり，活性炭に炭酸カルシウムK_2CO_3を添着したフィルターと水酸化カルシウム$Ca(OH)_2$を添着したフィルターがあり，おのおの次の中和反応による。

K_2CO_3添着タイプ

$$SO_2 \longrightarrow H_2SO_4$$

$$H_2SO_4 + K_2CO_3 \longrightarrow K_2SO_4 + H_2O + CO_2$$

$$3H_2S + K_2CO_3 \longrightarrow K_2S + H_2O + CO_2$$

$Ca(OH)_2$添着タイプ

$$2HCl + Ca(OH)_2 \longrightarrow CaCl_2 + 2H_2O$$

$$2HF + Ca(OH)_2 \longrightarrow CaF_2 + 2H_2O$$

$$H_2SO_4 + Ca(OH)_2 \longrightarrow CaSO_4 + 2H_2O$$

(b) 火山灰

　火山灰を含んだ外気を取り入れる空調機は，火山灰を前段で除去しなければ化学フィルターや最終処理の微小粒子を除去する中性能フィルターの寿命に影響する。表5.10は火山灰の特性から前段で塵埃を除去する方法の特徴を示した。桜島での浮遊粒子状物質と降灰量の測定において，浮遊粒子状物質と降灰量の相関がみられず，降灰時の測定では5 μmのピークとその上の10 μm以上の粒子が多く観測されている[18]。このことから空調機の前段では5 μm以上の粒子を対象とした高濃度向きの，慣性力を利用した除塵や目詰まり対策を施したロールフィルターが向いている。スクラバーによる除塵は内部に火山灰が付着するため注意を要する。

表5.10　火山灰対策の除塵方法の特徴

	原理	名称	対象粒径	特徴
乾式	重力集塵	重力沈降室	20 μm程度	降灰を含む高濃度
	慣性衝突集塵	慣性集塵機	10 μm程度	降灰やミスト
	遠心集塵	サイクロン	1～300 μm	降灰を含む高濃度
	ろ過集塵	自動巻き取り型ロールフィルター	0.5 μm～	巻き取りにより，目詰まりを防ぐ
		フィルターユニット型粗フィルター	0.5 μm～	捕集効率大，比較的低濃度　定期的な洗浄または交換
湿式	水噴霧	スクラバー	0.5 μm～	火山ガスも除去できる　水処理を必要　火山灰の付着に注意

5.2.4　対策例

(1) 三宅島の建屋の復旧工事[19),20)]

　火山噴火により，長期間環境基準を超す汚染レベルが継続する場合には，周辺の重要拠点はその機能を維持し，内部で働く人の安全を確保しなければならない。ここでは三宅島の噴火の際，島の中枢建屋の火山ガス対策工事の実施例を示す。工事は外気がSO_2をはじめとする火山ガスにさらされても室内の人々の安全を確保し，また，その対策設備の維持管理が容易なことが重要である。

5.2 火山ガス・火山灰

　三宅島の中央にある雄山は，2007年7月～8月にかけて爆発的な噴火が起こり，9月2日には全島民に避難指示が出され，島は無人状態になった。9月以降，大規模な爆発はみられなくなり，災害対策本部を中心に復興作業が続くが，有害なSO_2を含む多量の火山ガスが放出され続けた。

　東京都災害対策本部では，三宅島の災害復旧を進めるため，作業関係者が現地に宿泊できるよう「東京都三宅支庁第2庁舎」「三宅村中央診療所」などの島の中枢建屋の火山ガス対策工事を行った。建物は図5.10に近い状況を既存建屋の改修で行った。

(a) 建物の気密性を確保

　まず，建物の改修では，建物の隙間からの外気の侵入を防ぐために，既存の窓の内部に気密材料を用いた透明アクリルの2重窓を取り付け，さらに四方をゴム素材やシールで目張りをした。1階の出入口は2重扉にして隙間を最小限に抑え天井や床は2重張りにすることによって室内全体の気密性を確保した。

(b) SO_2の侵入制御

　気密性を高めた建物には，ファンで外気を取り込む際，空気浄化装置を通して火山灰やSO_2を取り除き，きれいな空気を室内に取り込むようにした。この際，差圧センサーで室内の圧力を確認しながら送風量を制御し，室内を外気圧に対して30 Paほど圧力の高い状態にすることと，外気が外壁などのわずかな隙間から室内に侵入するのを防ぎ，強い風が吹きつけても風圧に負けない圧力とした。

(c) 火山ガスの除去

　空気浄化装置は，屋外からファンで取り込まれた空気からSO_2や火山灰などを除去する。維持管理が容易なこととするため図5.11(a)に示す乾式の化学フィルターによる方式とし，外気が高濃度のSO_2の条件でも室内で許容濃度以下とするために表5.9のS系除去用フィルターによって2段階処理をした。故障などの万一の場合に備えてフィルターとファンを必要に応じて2系列で設置してある。寿命がきたフィルターを取り外し新しいものと取り替えるだけなので，維持管理が容易である。

(d) 室内外のガス濃度の監視

　計測器により自動的に室内外SO_2濃度を計測し，室内に設置した監視盤にリア

ルタイムで表示する。万一，室内のSO$_2$濃度が安全基準値以上になった場合には，警報ブザーとランプによりファンやフィルターの点検を促すようにしてある。

(2) 箱根のポーラ美術館の火山ガス対策[21]

(a) 美術館の火山ガス対策

人への健康影響にまで達する濃度ではないが，気象条件によっては火山ガスの臭いが感じられる地域に立地する美術館において火山ガス対策を建設当初から実施した例である。

ポーラ美術館は，富士箱根伊豆国立公園仙石原の小塚山の麓に位置し，今なお火山活動を続ける大涌谷から1.5 kmの位置に立地し，気象条件によっては，火山ガスのにおいが感じられる。外気のH$_2$S濃度は，瞬間的に人間の鼻で感知できる50 ppbを超す値があるが，SO$_2$濃度は，H$_2$S濃度と連動するピークがみられるが，環境基準を上回る濃度でなく，H$_2$Sガスが主体の低温型の噴火による火山ガスといえる。そこで美術館では作品の火山ガスによる劣化を防ぐために，特にH$_2$Sが，金属を素材とする顔料や金工品を腐食させる要因となるため，火山ガス対策を事前に講じた。

美術館の火山ガス対策は，玄関は2重扉とし，館内を陽圧とすると同時に，館内のなかの展示室，収蔵庫をさらに陽圧とし，外気からの火山ガスの侵入を防いでいる。また，美術館に取入れる外気に対して，空調機に火山ガスを除去する表5.9のK$_2$CO$_3$添着タイプの酸性ガス除去用フィルターを取り付けている。

(b) 開館後の火山ガスモニタリング

開館後，外気と館内のH$_2$S濃度を紫外線パルス蛍光式自動測定器（サーモエレクトロン製MODEL43S）によりモニターした。図5.12に外気と収蔵庫のH$_2$S濃度測定結果を示す。測定期間中，外気は気象条件によっては，40 ppbを超す時間帯があるが，収蔵庫内ではH$_2$Sは検出されず収蔵庫は極めて清浄な環境に維持されていることがわかる。

また，館内の火山ガスの長期の影響については，作品素材と同様の**銀板**と**銅板**の金属試験片を，外気，ホール，展示室，収蔵庫，展示ケース内に展示に影響のないようにセットしてある。銀板は温泉地帯で銀製品が黒く変色したりするように反応性が高く表面にAg$_2$Sが生成しやすい。

5.2 火山ガス・火山灰

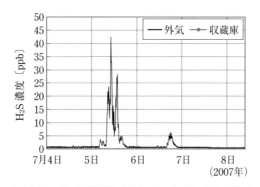

図 5.12 ポーラ美術館の外気と収蔵庫内の H_2S 濃度

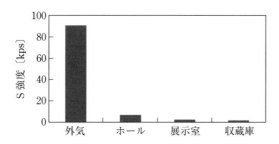

図 5.13 銀板上の生成された蛍光 X 線分析による S 強度

　結果の一例を，2年間曝露した銀板上の蛍光X線分析（フィリップス製蛍光X線分析装置PW-1404型）のS強度*を図5.13に示す。銀板上に生成したS強度は，外気では火山ガスの影響を受け多く検出され，美術館内ホールでは，外気の10分1程度まで減少している。展示室，収蔵庫では若干検出されたものの，問題となるレベルではないことが確認されている。

　また，玄関ホールと収蔵庫の銀板のX線回折分析（日本電子製X回折装置JDX8P型）の例を図5.14に示す。玄関ホールでは外気の影響でAg_2Sと$AgCl$のピークが観察されるが，収蔵庫では火山ガスが起因する成分は形成されておらず，良好な火山ガス対策が施されていることが確認されている。

＊　試料にX線を照射すると元素固有の蛍光X線のスペクトルが発生し，そのスペクトル高さは元素の量に比例することから，銀板上に生成した硫黄の量をS強度としてあらわす。

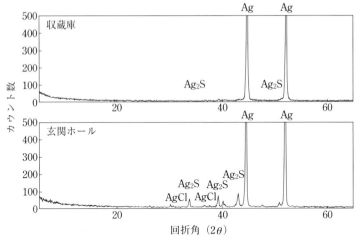

図 5.14 銀板の X 線回折分析

コラム：美術品と化学物質

　神奈川県箱根町の美術館では地理的な理由から，展示・収蔵品が火山ガスの影響を受ける可能性があるため，館内の空調装置に化学フィルターが設置され，清浄な空気の供給により作品劣化への予防策が講じられている[21]。火山ガスについての話題の多くは人体への影響や臭気に関するもので，美術品に対するトピックはあまり耳にする機会がない。

　美術品に対する化学物質の影響については，文化財保護の観点で広く研究されている。大きな話題となった例としては，奈良県のキトラ古墳や高松塚古墳の文化財に対する，カビ発生やホルマリン燻蒸による劣化問題が挙げられる。高知県でも，指定有形文化財の屏風絵が貸出先の美術館で変色し，美しい緑色顔料が黒くなった事例がある。高知の例での原因は，殺虫目的の燻蒸作業にリン化アルミニウムを用いたためといわれている。なお，リン化アルミニウムが文化財への使用に適さないことは，1950年代には知られていた。東京文化財研究所は，文化財に対する防除作業を，文化財虫菌害防除作業主任者の資格を有し，かつ適正に更新（3年ごと）している者に作業を任せることが「極めて重要」としているものの，法的拘束力はない。

　火山ガスや取扱い不備による劣化事故はまれだが，文化財を取り扱う担当者が化学物質による影響など基本知識を持つことは，代々受け継いできた大切な共有財産をよい品質のまま遺していくために重要である。わが国の多くの美術館では美術品の保存に注意が払われており，光，温度，湿度の管理が日常的に行われている。美術館の展示ケース内に目を凝らすと，調湿のためのシリカゲルや水の入ったコップをみつけることができる。しかしながら近年，文化財保存環境中に存在するギ酸や酢酸が，天然顔料に含まれる銅を溶かすほか，鉛含有の黄色顔料とも反応し色を劣化させるとわかってきた。文化財と化学物質に関する最先端の研究は，この先もずっと美しい美術品を楽しむためにとても大切である。

引用・参考文献

1) 淵上正朗,笠原直人,畑村洋太郎:福島原発で何が起こったか−政府事故調技術解説−,日刊工業新聞社,pp.30-34 (2013)
2) 日本アイソトープ協会:ICRP Pub 60,国際放射線防護委員会の1990年勧告,丸善,7 (1991)
3) Ganas M.J., Schuring, J.R., Raghu D.: Radon contamination in dwellings, *Int. J. Environ. Stud.*, 32 (4), 247-260 (1989)
4) 下道國,真田哲也,藤高和信,湊進:日本の自然放射線による線量,*Isotope News*, 706, 23-32 (2013)
5) 藤高和信:地上より高いところで受ける放射線被曝,日本写真学会誌, 67 (6), 550-555 (2004)
6) 池田四郎,関根嘉香:東日本大震災前後に神奈川県内で採取した大気エアロゾル粒子中の放射性物質,空気清浄, 50 (1), 25-33 (2012)
7) 放射線量等分布マップ拡大サイト/電子国土
   http://ramap.jmc.or.jp/map/agreement.html
8) Shinohara N., Tokumura M., Kazama M., Yoshino H., Ochiai S., Mizukoshi A.: Indoor air quality, air exchange rates, and radioactivity in new built temporary houses following the Great East Japan Earthquake in Minamisoma, Fukushima, *Indoor air*, 23 (4), 332-341 (2013)
9) 山口恭弘,南賢太郎:原子炉事故時における日本の典型的な家屋の放射線遮蔽効果,保健物理, 24, 11-17 (1989)
10) Liu D., Nazaroff W.: Modeling pollutant penetration across building envelopes, *Atmos. Environ.*, 35 (26), 4451-4462 (2001)
11) 平林順一:火山ガスと防災, *J. Mass Spectrom. Soc. Jpn*, 51 (1), 19-124 (2003)
12) 社団法人東京都地質調査業協会:技術ノート (No.33) 技術トピックス「三宅島」−2000年噴火と火山災害− (2001.9)
13) 許容濃度等の勧告 (2014年度) 平成26年5月22日,日本産業衛生学会産業衛生学会誌, 56, 162-188 (2014)
14) 飯塚智幸:火山灰が産業活動に及ぼす影響分析,筑波大学大学院博士課程システム情報工学修士論文 (2002. 2)
15) 梅田てるみ,加藤善徳:酸性雨による金属材料影響調査,大気環境学会誌, 39 (1), 11-20 (2004)
16) 東京都防災会議:東京都地域防災計画火山編 (2009. 修正)
17) 防災科学技術研究所火山ハザードマップデータベース
    http://vivaweb2.bosai.go.jp/v-hazard
18) 鹿児島火山灰等調査委員会:桜島火山灰など環境影響調査報告書 (1995.3)
19) 呂俊民,石黒武,高志学:火山性ガスに対する空気浄化:第22回空気清浄とコン

タミネーションコントロール研究大会 (2004)
20) 建築工業新聞記事 (2002.4.3) 竹中工務店
21) 呂俊民, 佐野千絵, 内呂博之, 荒屋鋪透：ポーラ美術館にける室内清浄化のための火山ガスの調査, 保存科学, 48, 13-20 (2009)

第 6 章
化学物質とうまく付き合う

6.1 リスクとベネフィット

6.1.1 化学物質を使う理由

　室内で使用される建材や製品には，種々の化学物質が使用されている。例えば，壁紙であるならば，印刷インキとして「樹脂インキ」，主素材として「塩化ビニル樹脂」や可塑剤として「フタル酸」，接着剤として「でんぷん」や「酢酸ビニル樹脂」などである。これらの化学物質を使用する理由は，使用することに**ベネフィット**（**便益**）があるからである。

　化学物質は，ベネフィットがあるから使用されるのであるが，同時に人の健康への影響などのリスクも生じることになる。世の中にはリスクがなく（**ゼロリスク**），ベネフィットだけがあるようなものは存在しない。そのため，化学物質をむやみに使用すれば，ベネフィットは大きくなるかもしれないが，リスクも増大する。よって，製品としての機能を十分に発揮できるだけの適切な量の化学物質を使用することになる。

　製品としての機能とは，例えば，壁紙の難燃剤は，火災のリスクを下げることにより人命を守るために使用されるわけであり，また，印刷インキ類が壁紙に使用されるのは，壁紙自体の耐久性維持や色などの発色の維持，汚れ防止などの製品劣化リスクを下げるためと考えられる。これらが機能であり，ベネフィットである。

もし，壁紙にこれら物質を使用しなかった場合，難燃剤であるならば，火災被害が大きくなったり，印刷インキ類の場合は，製品寿命が短くなったりする可能性がある。

これらについて，分析を行うのが**リスク・ベネフィット分析**であり，化学物質のリスク管理において重要な役割を果たす。

6.1.2 化学物質のリスク

化学物質の**リスク**は，通常は次のように示される。

　　　　　リスク＝曝露量と有害性の比較

化学物質管理では，リスクを評価し，それにもとづく管理方法について一般市民を含むステークホルダーとコミュニケーションをとり，具体的なリスク管理方法を決定する。

図6.1にWHO[1]における**リスク評価**，**リスク管理**，**リスクコミュニケーション**の3種類の要素からなるリスク分析についてそれぞれの関係を示す。

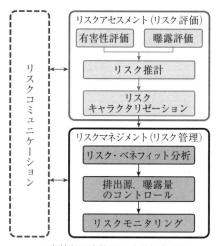

※実線部が本節にて取り扱う項目

図6.1　リスク評価，リスク管理，リスクコミュニケーションの関係
（WHO（2004）IPCS Risk Assessment Terminology, Part 1：IPCS/OECD Key Generic Terms used in Chemical Hazard/Risk Assessment）

6.1 リスクとベネフィット

　ここでは，簡単にリスク分析の各項目と流れについて説明する。例として，壁紙の表面処理剤として使用されている「物質X」について，室内でこの壁紙が使用されることによる化学物質のリスクについて解説する。

　なお，次に示す事例は，製品としてすでに販売され，室内で使用されている場合を想定したものである。本来は，製品として販売する前の段階で製品中の化学物質のリスクを判断し，適切にリスクの管理がされていることを確認することが重要である。

(1) 曝露評価の例

　室内空気中濃度を測定したところ，物質Xが高濃度で検出された。そのため，室内を構成する各部材のSDS（製品安全シート）を事業者より取り寄せたところ，壁紙に物質Xが使用されていることがわかった。よって，この壁紙が物質Xの放散源であると考えられたことから，その放散速度試験を実施し，その結果，壁紙から物質Xの放散が認められた。壁紙に使用されている物質Xが室内に放散することで，その室内空気中濃度が高くなっていると考えられる。そこで，物質Xの室内における曝露量を求めるため，壁紙の使用量，室内容積，室内での滞在時間や換気条件から，曝露量推算モデルによる推算を行うか，個人曝露量測定を実施し，曝露量を定量化する。このような曝露の可能性やその量の推算や測定するのが**曝露評価**（Exposure Assessment）である。

(2) 有害性評価の例

　有害性については，物質Xをある一定以上摂取した場合に何らかの影響が出るとの動物試験結果がある場合，その値がどのような条件（動物への投与方法，試験期間，動物の種類，影響が確認された部位，など）の値であるかを吟味することになる。このとき，動物試験の値をヒトの健康影響に適応できるとした場合，そのままの値を利用できることは非常に限られている。そのため，ヒトと動物の種差や，ヒトの中でも子供と大人の違いなどの個人差，そして，その動物試験がどのくらいの期間実施されていたのかなどの信頼性を加味し，どの程度ヒトへ適応するのに安全率（不確実性）を勘案したほうがよいか検討する。この不確実性などを考慮したうえで，動物試験の値からヒトの健康影響の値へ変換し，リスク評価に用いる値としたのが，**有害性評価値**（例えば，TDI（耐容1日摂取

量：Tolerable Daily Intake）や **ADI**（1日摂取許容量：Acceptable Daily Intake）など）である。この有害性の確認や有害性評価値について検討するのが**有害性評価**（Hazard Assessment）に相当する。

(3) リスク推計

曝露評価および有害性評価結果から得られた曝露量と有害性評価値を比較し，リスクの有無などを推定する。この段階が**リスクの推計**（Risk Estimation）になる。

(4) リスクキャラクタリゼーション

リスクの有無を推定した結果に対し，推定結果にはどのような特徴があるのか，不確実な点があるのかなどについて議論し，現状入手可能な情報においてリスクの推定結果の信頼性を担保したうえで**リスクキャラクタリゼーション**（Risk Characterization）を行う。

この段階までがいわゆるリスク評価となる。

(5) リスク管理

図6.1にあるように，リスク評価の次の段階は，リスク評価結果にもとづきそのリスクについてどのように**リスク管理**（Risk Management）をすればよいのかを議論する場となる。わが国では，リスク管理は，行政や事業管理者が行い，国民・消費者の健康保護や環境を保護するための対策を検討し，実行する。

6.1.3　化学物質のリスク・ベネフィット分析

図6.1にあるように，リスク評価の終了後に，リスク管理の段階に入る。その中の項目の1つとして，リスク・ベネフィット分析を行うことになる。

化学物質のリスク・ベネフィット分析とは，化学物質のリスクとベネフィットをそれぞれ測り，リスクとベネフィットを比較して便益が比較的に小さい場合は，そのリスクを削減するような対策や規制などの措置を取る。一方，リスクに対し便益が比較的大きい場合は，リスク削減をするような対策や規制は必要ない。このようにリスクとベネフィットを比較することが，リスクの管理の検討方法の一種であり，リスク・ベネフィット分析という（図6.2）。

比較をする際，リスクとベネフィットのそれぞれが定量的な値でないと比較ができない。リスクについては，例えば，がんの確率（10^{-5}：その化学物質を曝露

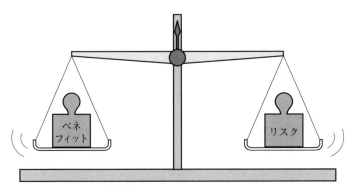

図6.2 化学物質のベネフィットとリスクを比較する

することで10万人に1人の確率でがんの発症者数が増加する）や**損失余命**＊（LLE: Loss of Life Expectancy）であらわすなど，定量的な数値で表現することになる。ベネフィットについても同様であり，本来は多角的な尺度で測るものである。リスクの側と同じように，死亡確率の軽減や余命の延長という形で表現することができる場合もある。ただし，このような表現が可能ではない場合が多いため，通常は，リスクと引き換えに得られるものを経済的な価値で表現することになる[2]。

ここまでで，リスクは，死亡確率や損失余命，人の死の数として，またベネフィットは経済的な価値＝貨幣額であらわすことを説明した。ここで，リスクとベネフィットの比較を行うが，それぞれが異質の量であることから直接比較ができないため，通常これらの比を取る。

$$\frac{\Delta B}{\Delta R} = \frac{ベネフィット}{リスク} 比$$

ΔB：そのリスクを我慢するために得られる貨幣額，またはリスク削減によって失われる貨幣額など

ΔR：人の健康リスクであり，最終判定点として人の死とおいた場合，リスクは人の死の数

＊　化学物質への曝露によって死亡する年齢が早まる。つまり，生存時間（期待値）の減少量であらわすこと。

この $\Delta B/\Delta R$ 比は，リスクが死亡確率で表されている場合，1件の死亡を減らすのにかかる費用（＝1人の命あたりの救命費用）となり，リスクが損失余命であらわされている場合は，平均余命をある期間延ばすために必要な費用をあらわすことになる。

6.1.4 物質Xについてのリスク・ベネフィット分析例

前述した壁紙の表面処理剤として使用されている「物質X」に，何らかのリスクの懸念があると判定された場合，この物質Xについてリスクの削減を図る。では，実行可能なリスク削減対策が，次の案1または案2である際に，$\Delta B/\Delta R$ 比はどのようになるかを考える。ただし，ここでは案1と案2における単位リスクは同じと仮定する*

案1：物質Xを使用するが，リスクが削減可能なレベルまで使用量を変更する。

案2：物質Xを規制対象でない物質Yに変更する。（物質Xと物質Yで得られる機能は同等**）。

案1では，物質Xの使用量を削減することになるため，それに伴う製品設計上の問題（特に，製品としての機能を維持することを含む）として，その使用量としたときの製作工程変更にどの位の費用がかかるかを見積もることになる。対策

---

* 参考：ここでは，環境分野でのリスク・ベネフィット分析について示した。環境分野以外には，医薬品（製薬分野）や医療の世界において，疾患や医薬品の情報などにおける意思決定のためのベネフィット・リスク評価（リスク・ベネフィットではないことに注意）が行われている。医薬品の開発時や販売時などにおける意思決定のために，ベネフィット（好ましい効果）とリスク（好ましくない効果）を同じ土俵で比較する。高い透明性と利害関係者への説明責任を果たす仕組み。日本製薬工業会では，ベネフィット・リスク評価のフレームワークマニュアルなどを作成している[4]。

** ここでは，物質Xから物質Yへの変更によるリスクが同程度と設定しているが，本来ならリスク・トレードオフ解析を行う必要がある。物質XからYのように，物質代替を行うことで，当初のリスクとは異なるリスクが生じ，結果としてリスクが削減されないことや，リスクが増大することがある。それらは，リスク管理の観点からは回避しなければならない。そのため，むやみに物質代替をするのではなく，物質Xにおけるリスク評価と同等の評価を物質Yでも行う。この評価結果を単に比較するだけでなく，物質（製品）の機能や経済的影響等についても比較するのがリスク・トレードオフ解析である。

を施した製品の販売数量に変更がないと仮定し，製作工程見直しの結果，1 m² あたりの壁紙の価格が0.5円上がるとする．

　案2では，物質Yが物質Xの製作工程が同様であるならば，物質Xと物質Yの仕入れ価格を検討する．また，製作工程などが異なり，技術開発も伴うような設備投資や特殊工程が必要な場合は，その点を考慮する．物質Xから物質Yへの転換によって，製品としての機能が低下しないかについても考慮すべき点である．例えば，「物質Xよりも物質Yの価格は安いが，物質の変更に伴って，物質Xと同程度の機能を物質Yで得る場合には，製造ラインに新たな設備を導入する必要がある．」とした場合，仮定として1 m² あたりの壁紙の価格が2円上がるとする．

　この例の場合は，案1のほうが単位リスク削減あたりに必要な費用が安いことから，案1を優先的に行うべきである．

　しかし，ここで考えておかなければならないのは，想定する範囲を限定した場合，判断基準をどのようにも設定できてしまうことである．例えば，案2の場合，物質Yを使用するのに現状では代替技術がないとしてしまった段階で，案2の費用は無限大となってしまうため，案1しかないといえてしまう．

　これは，判断基準が不透明であるからであり，用いるデータや根拠などを明確にし，透明性を担保することで解決ができると考えられる．リスク分析全体でいえることではあるが，評価や分析に用いるデータやその考えについて透明性を担保することで，「なぜその選択に至ったのか」「不確実性は伴うものの現状実行可能である最適なリスク評価や管理であるのか」などを明示し，新たな情報や技術ができた段階でリスク評価からすべてを見直すことが必要である．このように，透明性を担保しかつ随時評価や分析を見直すことで適切な管理に結び付くものと考えられる．特に，$\Delta B/\Delta R$ 比は，分析を行う時期（時代背景や世論などの情勢，新技術の登場，など）によっても異なる結果を生み出す可能性があるため，過去の分析結果が常に正しいわけではない．一定期間経過後などに随時見直す必要がある[2),3)]．

6.1.5 リスク・ベネフィット分析でわかること

　前述のように，$\Delta B/\Delta R$比は，単位リスクあたりの削減コストであることがわかる。よって，先の案1, 2のような対策の中から取るべき対策の優先順位が判断できる。ただし，案1だけでよいのか，案1と案2の両方を行う場合はどうなるのか，案1と案2の両方を行わない場合はどうなるのか，などを含め，複数の案の中からどの案を実施すべきなのかという質問については，リスク・ベネフィット分析では解を得ることはできない。

　案1, 2では，リスクは同じとして扱っていたが，そもそも案1を行うに見合うリスクであるのかについては，リスク・ベネフィットでは考慮していない。物質Xのリスクを削減するために，少なくとも1 m^2あたり0.5円製品価格が上昇するため，そのリスク削減に0.5円/m^2支払う価値があるものかは別の分析を行う必要がある。そのリスク削減に対し，仮に1.0円/m^2まで支払う価値があるとなれば，0.5円/m^2の案1だけでよく，0.5円/m^2の価値がないと考えられるものに対し，案1を実行するのは難しくなる。また，そのような条件では案1も案2も行わないという選択もあり得るかもしれない。このようなベネフィットに対し，どのくらいの額を支払うことができるのかという問題について分析を行うのがコスト・ベネフィット分析である。コスト・ベネフィット分析は，リスク削減についてどのくらいの費用を負担できるのか，支払う意志があるのかをリスク削減のためのコスト（$= C$）としてあらわし，これを削減のために得られるベネフィットで割ることで評価するものである。この方法では，どれを実行するかしないのかを判断することができる。

　コスト・ベネフィット分析は，リスク削減についてどのくらいの価値があるかを費用換算していることから，ある意味命の値段を算出していると捉えることもできる。例えば，発がん物質を扱う工場において，一般環境よりもゆるい曝露許容濃度が設定されている。この作業に携わることで，携わらない人よりもこの物質による発がんリスクは増加するが，作業が内包するリスクに応じて，制度上，危険作業手当や特殊資格手当などが存在する。つまり非従事者と従事者では賃金に差があり，それこそが発がん物質に曝露するリスクの増加に対して得られる金額といえる。しかし，このような考えだけで対策を決定するのは，金額の見積の

仕方や一般消費者への理解などを含め難しい点も多い。

6.1.6 リスクの管理

　リスク管理において，リスク・ベネフィット分析で優先順位を決める一方，コスト・ベネフィット分析を行うことで，効率よくリスクが削減できる対策案を決定することは理想といえる。しかし，実際のリスク管理においては，効率だけで管理方法を決定できない面も多々ある。

　例えば，6.2節で述べるリスクコミュニケーションは，ステークホルダー（利害関係者）がリスク管理の過程に参加し，その意思決定の過程の透明性を担保するために行われる手続きである。その結果，効率的ではなく，かつ，莫大な費用が発生したとしても異なるほかの対策を行うという判断になることもある。そのため，リスク・ベネフィット分析において取り組むべき優先順位を決め，その後のコストについて検討することは重要であるが，これだけでリスク管理が行えるとは限らないことに注意が必要である。

6.2 リスクコミュニケーション

6.2.1 リスクコミュニケーションとは

　ここでは，**リスクコミュニケーション**について取り上げる（図6.3）。

　わが国では，1980年代にリスクコミュニケーションの考え方が導入され，さまざまな分野でその活用が検討されてきたが，当初は**ステークホルダー（利害関係者）**に情報提供者の考えを納得させる情報提供の手法として関心が集まっていた。これは，専門家側にステークホルダー（例えば，居住者や地域住民など）は，「必ずしも正しい情報を入手しておらず（できておらず），そのために，ときに間違ったあるいは偏った考えにもとづいて行動する。」との先入観があった。そのため，正しい情報や知識，考え方を情報提供することで，合理的かつ理性的に1つの結論を導き出し，正しい判断と行動が行えるようになると考えていた。よって，ステークホルダーとのコミュニケーションにおいては，専門家の科学的

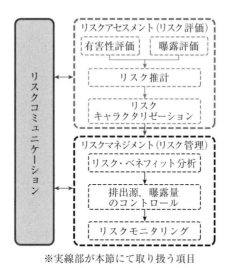

※実線部が本節にて取り扱う項目

図6.3 リスク評価,リスク管理,リスクコミュニケーションの関係
(WHO (2004) IPCS Risk Assessment Terminology, Part 1：IPCS/OECD Key Generic Terms used in Chemical Hazard/Risk Assessment)

事実にもとづいた説明が重要とされてきた。この考え方を**欠如モデル**という。

しかし，今日では，正しい情報を正しく伝達すればよいとは考えられていない。欠如モデルにもとづいたリスクコミュニケーションを行えば，時として高圧的な説得として受け取られてしまうので，かえって反発や拒否（不同意）につながり生産的な結果が得られにくいとされている[5]〜[7]。

では，リスクコミュニケーションとはどのようものなのか。

人や集団におけるコミュニケーションは，互いに意思や感情，思考（＝情報）を伝達し合うことであり，言語や文字，記号，身体の動きなどを介して行われる。さらには，それら情報の伝達だけにとどまらず，意思の疎通や共感（心の通い合い）を含んでいる。リスクコミュニケーションも，「リスク」をテーマとしたコミュニケーションを行うことと考えれば，通常のコミュニケーションと何ら変わることはない。

全米研究評議会 (National Research Council)[8]は，1989年にリスクコミュニケーションの定義を「リスクコミュニケーションとは，個人，集団，機関の間におけるる情報や意見のやりとりの相互作用的過程である。それは，リスクの性質についてのメッセージと，それ以外の，厳密にいえばリスクについてとは限らないリスクメッセージや，そのほかリスク管理のための法律や制度に関する関心や，意見や，反応を表現するメッセージとの，多様なメッセージを含む。」としている。この定義によれば，リスクメッセージに対する意見や反応を表現するメッセージからなる双方向的なコミュニケーションと考えることができる。また，「厳密にいえばリスクについてとは限らない」とあるように，リスクについてだけでなく，法律や制度を設計する際の議論など，さまざまなリスクに関係する情報の共有の過程もリスクコミュニケーションに含まれる[6]。

よって，リスクコミュニケーションとは，リスクについてステークホルダーとの意思の疎通を行うための双方向のコミュニケーションのことをいい，関係者の信頼をもとに行うリスク問題の解決に向けての共考の技術でもある。そこには，最終的な到達点として合意形成を含む。欠如モデルにみられるような，単なる情報提供，教育，説得，意思決定の伝達はリスクコミュニケーションの一部にすぎない。

リスクコミュニケーションでは，成果よりもプロセスが重要となる。プロセスにおいて，互いの信頼関係を構築しこれを深めることが合意形成につながっていくため，信頼関係の構築がもっとも重要な点となる。この信頼関係が構築されれば，「リスク」の受け入れについて結果として「受容＝すべてを受け入れる」「受忍＝意に沿わないが受け入れる」「拒絶＝受け入れられない」のいずれに至ったとしても，それに至った過程については誰もが，共通の価値観として，納得のうえ共有することができる。

リスクコミュニケーションが必要になったのは，「リスク」について意思決定がなされる場合，すべてのステークホルダーが意思決定の過程に参加でき，その過程の透明性が求められるようになったためである。

現代社会においては，誰もが平等であることから「自分だけが損失を被らない」ように，損失を被る可能性がある「リスク」についてはその管理の方法を決定する合意形成の過程に参加できるようにしておく必要があるからである[3]。

6.2.2 リスクコミュニケーションを行う際のポイント

リスクコミュニケーションは，基本的に行政，企業（事業者），市民（消費者）の間で行われる。もちろん，企業と消費者，行政と消費者，行政と企業もあり得る。そのほかに，マスコミや議員，学者（専門家）などもステークホルダーになり得る（図6.4）。

図6.4　ステークホルダーによるリスクコミュニケーション

リスクコミュニケーションを行う際の重要なポイントを以下に紹介する。ここに記載するポイントは基礎的なポイントであり，特に会場などでリスクコミュニケーションの場を持つ際には最低限おさえておく必要がある。

第1に，「何についてコミュニケーションを図るのか」である。まずは「目的」を明確にする必要があり，例えばある会場でリスクコミュニケーションを行うとすれば，その場の参加者（ステークホルダー）全員が目的を共有することから始まる。目的を共有しないままコミュニケーションを図ろうとしても，何について

議論をすべきなのかがわからず,かえって情報の隠ぺいや改ざんなどの不信感を抱かせてしまうため,信頼関係を構築しにくくなってしまう。

　第2に,手続きの公平性の確保である。手続きの公平性とは,例えば,会を開催する主体とその構成は適切か,参加者の人選が適切か,提供される情報が適切であり,情報を提供する者や関係者の人選が適切であるか,プログラムが適切でかつその中で行われる議論の方法が適切か,ファシリテーター(後述)が公平かつ適切に会の運用に機能しているかなどが挙げられる。これらについても,どれが欠けたとしても不信感を抱かせ,否定的な先入観を持った状態から議論に入る可能性がある。

　第3に,わかりやすい資料やプレゼンテーションを用い,リスクメッセージを適切に参加者に伝えることができるかである。そのメッセージの中には,専門用語を用いないことが望ましく,どうしても用いる場合においては,一般の人が理解できる言葉で表現するなどの工夫が必要である。専門用語を多用することや,情報提供者の価値観でこの程度の用語であるならば理解できるであろうと不用意に用いると,これも不信感を抱かす原因の1つとなり得る。そのため,説明においては,参加者の態度や表情にも気を配ることも必要となる(第5のポイント)。

　第4に,参加者の関心事はどこにあるかを適切につかむことである。そのためには,ファシリテーターの活用がポイントとなる。また,想定していた内容と異なる点に参加者が大きな関心を持っていることがわかった時点で,その点について参加者の合意のもとプログラムを変更してもよい。

　第5のポイントは,話し方,聞き方である。リスクコミュニケーションを行えば,参加者からは否定的な意見(感情を含む)が述べられる。その際には,相手の意見や感情に対し直ちに否定してはいけない。いったんは受け入れることが重要である。もし,あなたが,信頼関係を構築中の相手に対して自分の思うことについて意見を述べた場合,それについてすぐに否定されてしまえば,今後その人とうまく付き合えるだろうか。もちろん,その後信頼関係を構築する場合もあるが,やはり頭ごなしに否定されれば信頼関係は築きにくくなってしまう。リスクコミュニケーションにおいても同様である。リスクコミュニケーションにおい

て，お互いに自分の意見や感情を保ちながら，相手が別の意見や感情を持っていることを理解し合い，お互いに歩み寄ることが信頼関係を構築し深めるプロセスとなる．

話し方については，すでに第3のポイントでも述べているが，説明をする際には，専門用語はなるべく使用しないことが重要である．さらに，相手の話を聞く際には，謙虚な態度で耳を傾けて聞く必要がある．そうすることで，相手の関心事を把握でき適切な答えを用意することができるため，「どのように伝えるか」よりも「どのように聞くか」に重点をおくべきである．

最後のポイントとして，インタープリターとファシリテーターの存在がある．

インタープリターとは，情報を提供する者であり解説者であり通訳者でもある．参加者が抱える不安や疑問を理解し，基礎的な質問には自ら解説し説明を行う．対象とするリスクに関する専門家である必要はないが，そのリスクに関する基礎的な知見を有し，そのリスクに関する最新の情報を収集するための情報源をしっかりと把握している必要がある．また，会において専門家による説明があった際には，必要に応じてその内容を参加者に適切にまとめ，わかりやすい形に通訳することも必要な役割となる．インタープリターは，複数いても構わないが，複数の場合には，対象とする「リスクの考え方」などが統一されている必要がある．もし異なる考えを伝えてしまうと，参加者に不信感が生じる可能性があることに注意が必要である．

ファシリテーターとは，会を運営する者である．会全体の運営や管理を担い，参加者全員に気を配り，相互の関係を活性化する役割を担う．そのほかに，スケジュールについてもしっかりと管理する必要がある．ファシリテーターは，対象とするリスクに関する専門知識は必要としないが，ファシリテーターとしてのスキルや専門性は必要である．ファシリテーターは，中立な立場で会議を運営・進行する必要があり，運営上の問題となり得る点を抽出し，分析・整理する能力が必要となる．

説明者と参加者との議論において，ときとして攻撃的な場面に遭遇することがあるが，そのような場面においては，ファシリテーターのさばき方によっては，その会の成果が大きく変わることがある．また，参加者の中には，積極的に発言

をする者だけでなく，沈黙している参加者も存在する。そのような参加者は，自分の意見を持っていないわけではないので，それら沈黙する参加者に発言する機会を与えるなど，発言を促し多様な意見を表明させるのも重要な役割となる。そのため，参加者全員が意見を交換し合える活性化した会議を運営するのが大きな役割である[5)～7)]。

6.2.3 リスクコミュニケーションとリスク管理

　リスクコミュニケーションは，リスク評価やリスク管理を行う際に一度実施すればよいわけではない。リスクコミュニケーションの結果，合意を得たリスク管理を行っていたとしても，その最中における現状のリスクについて情報提供を行い，必要とあればコミュニケーションの場を設ける必要がある。よって，常時PDCA (Plan：計画，Do：実行，Check：評価，Act：改善) を意識しながら，コミュニケーションを行う (行えるようにしておく) ことになる。

　リスクコミュニケーションを常時行う目的は，ステークホルダーにリスクの存在を知らせ，リスクの認知を進めることであり，これを行うことでリスクを統合的に制御・管理できる社会が構築できるからである。そのためには，常時，意図的にリスクについて双方向のやりとりができる環境を構築しておく必要がある。最終的な目標は，リスク管理のプロセスをステークホルダーが情報共有し，信頼することである。

　リスク分析全体にいえることではあるが，最新の科学的知見が得られれば，リスク評価はそれらを反映し，適宜，評価結果を見直す必要がある。見直されたリスク評価結果やリスク監視の結果によっては，再度リスク管理手法を検討する必要がある。よって，その見直された管理手法についても，リスクコミュニケーションを行う必要が出てくる。

　また，リスクコミュニケーションの結果，対象としたリスクに対し，ステークホルダーがそのリスクの受け入れを拒否した場合，ほかのリスクマネジメント手法や受容および受忍可能な条件において最善のリスク管理手法を見いだし，それについてもリスクコミュニケーションを行う必要がある。

6.2.4 クライシスコミュニケーション

　室内環境のある条件において，シックハウス症候群を発症することが知られている。シックハウス症候群についてはここではふれないが，室内環境や建築物を起因とする疾病が発生する条件や原因がある程度明確である場合については，そのような発症リスクが存在することを明確に伝えておく必要がある。そのためには，例えば建材などに使用されている化学物質について，さらには，室内に持ち込まれる家具や種々の製品から化学物質が室内に放散することなどは，その家を買う人，住む人など関係する人にそのハザードを包み隠さず明確にできるものはすべて示しておく必要がある。また，そのハザードに対しどのような対策を取ればシックハウス症候群のような疾病から身を守れるかについても併せて明確に説明しておく必要がある。そのため，24時間換気設備の重要性やにおいが気になるときや製品を使用したときなど室内空気中の濃度の低減方法（換気をする，使用場所の提案など）を伝えておくことが重要であり，かつそれが関係する企業や行政の説明責任であり，リスクコミュニケーションである。

　ハザードや曝露量の低減方法を伝えたとしても，不幸にしてシックハウス症候群を発症することがあるかもしれない。その場合においては，**クライシスコミュニケーション**として，発症した人が必要とする情報を提供することが重要となる。提供する内容としては，診断できる病院の情報だけでなく，症状発症時の状況を十分に聞き出し，室内濃度や曝露量の低減方法の提案や室内環境測定の実施なども企業や行政の責任のもと必要となり，適切なクライシスコミュニケーションが求められる。

6.3　グリーンケミストリー

　1994年，米国環境保護庁（USEPA）は20世紀型の大量消費・大量廃棄の反省に立ち，持続可能な発展（Sustainable Development）を目指すため，**グリーンケミストリー**（Green Chemistry）という概念を提唱した[9]。これは，「環境にやさしい化学」ともいうことができ，設計段階において化学製品の全ライフサイクルに

わたる人や生態系への悪影響を最小にし、かつ経済的・効率的にものを作ろうという運動である[10]。わが国ではグリーン・サステイナブルケミストリーという表現もしばしば用いられる。

Anastasはグリーンケミストリーの基本理念を12か条[9]にまとめた（表6.1）。この12か条はおもに化学製品（化学物質）の設計・製造を念頭に置かれたものであるが、住まいの化学物質のリスク対策にも適用できる考え方である。そこで、本書で紹介された事例と12か条の関連をみてみよう。

(1) ホルムアルデヒド発散建材（2.1節参照）

第1条はグリーンケミストリーの基本理念を示すものである。従来の環境対策は、発生した廃棄物を処理する**エンドオブパイプ技術**（end of pipe technology）が主流であったが、グリーンケミストリーではプロセスにおいて廃棄物をなるべく少なくする**プロセス技術**（in process technology）を推奨する。例えば、建材から放散したホルムアルデヒドを機械換気や空気清浄機などで除去するよりも、そもそも建材からホルムアルデヒドを放散しないようにするほうが望ましいという考えであり、F☆☆☆☆などの対策建材はまさにこの第1条に該当する。

(2) 水性溶剤を用いた塗料（2.2節参照）

塗料の溶剤はVOCsの代表的な発生源であった。水を溶剤に使用した水性塗料はVOCsの発生を著しく低減でき、第3条と第5条に該当する。

(3) 有機塩素系殺虫剤（3.1節参照）

ジクロロフェニルトリクロロエタン（DDT）やベンゼンヘキサクロリド（BHC）などの有機塩素系殺虫剤は安定なため、環境中に長く残留しやすく、廃棄されたときに著しく環境を汚染する。このような教訓にもとづいたのが第10条である。農薬・殺虫剤は生物的・化学的に分解されやすい化合物に置き換わってきた。

(4) 二酸化炭素センサーの設置（4.2節参照）

ビルの機械換気設備において省エネルギー性を考慮して効率よく換気するため、還気ダクト内に二酸化炭素センサーを設置し、居室の二酸化炭素濃度をモニターしながら外気導入量を調節する方式は、第11条に該当する。

表6.1 グリーンケミストリー12か条

1. 廃棄物は出してから処理するのではなく出さない。
2. 原料を有効に使う合成方法にする。
3. 人体と環境に害の少ない反応物，生成物にする。
4. 機能が同じなら有害性の低い方を使う。
5. 溶媒などの補助物質を減らすか，無害なものを選択する。
6. 省エネルギーに心がける。
7. 原料は枯渇性資源ではなく再生可能な資源から得る。
8. 合成反応において，途中の修飾反応はできるだけ避ける。
9. 触媒反応を目指す。
10. 使用後に環境で自然に分解できる製品を目指す。
11. 生産工程に計測機器を導入し，危険や無駄を管理する。
12. 化学事故につながりにくい物質を使う。

(5) 空気清浄機による有害化学物質の除去 (2.1節, 3.2節参照)

空気清浄機に有害化学物質を分解する環境触媒を搭載したものがある。化学反応における触媒は，反応の活性化エネルギーを下げ，反応速度を大きくする働きがある。触媒を用いない反応に比べて，低い反応温度で反応速度が大きくなるので，省エネルギーで短時間に処理でき，第6条と第9条を同時に満たすことになる。

1999年，グリーンケミストリーの考えにもとづきNamiesnik[11]は**グリーン分析化学**(Green Analytical Chemistry)を提唱した。環境分析は主として有害な化学物質を対象とし，試料の採取，前処理，化学分析，洗浄，廃棄などの一連の行程の中で多くの，ときには有害な化学物質を必要とすることがあり，その結果，分析廃棄物のほうが分析対象物よりも毒性が高くなってしまうことがある。これを是正するため，有害な廃棄物を減らし，環境に配慮した安全な分析過程を用いることを推奨するグリーン分析法の概念が広まってきた。

例えば，厚生労働省「シックハウス(室内空気汚染)問題に関する検討会」で採用された室内空気中ホルムアルデヒド濃度測定法は，現場で空気を30分以上継続的に採取して，DNPH誘導体化による固相吸着，溶媒抽出，および高速液体ク

6.3 グリーンケミストリー

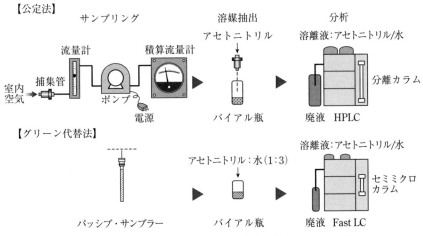

図6.5 室内空気中ホルムアルデヒド濃度測定法のグリーン化

ロマトグラフ法（HPLC）により定量する方法である（公定法，2.1節参照）。本法では電力の使用，抽出溶媒としてアセトニトリルの使用，HPLC分析における溶離液の使用と廃液の発生など，グリーン化する余地がある。そこでグリーン代替法として，サンプリング時に電力を必要としないパッシブ・サンプラーを用い，アセトニトリルおよび水の混合溶液（1:3）で抽出し，溶離液の使用が少ないセミミクロカラムを用いてHPLCで分析する方法（**グリーン代替法**）が考案された[12]（図6.5）。このグリーン代替法は，捕集・分析時の消費電力やアセトニトリルの使用量を抑制でき，環境分析のグリーン化に寄与する。また分析をHPLCではなく，色の変化で判定する検知材料に代替できれば，さらにグリーン化は高まると考えられる。

　グリーンケミストリーは，新たな創意工夫を誘発する創造性あふれる化学である。

引用・参考文献

1) World Health Organization : IPCS Risk Assessment Terminology, Part 1: IPCS/OECD Key Generic Terms used in Chemical Hazard/Risk Assessment 32-35（2004）
2) 中西準子：環境リスク論，岩波書店，116-136（1995）
3) 牧野良次：入門講座　化学物質のリスク評価と管理（大気汚染物質のヒト健康影響を中心として）－第4講　経済学的観点から見た化学物質のリスク管理－，大気環境学会誌，47, A51-A58（2012）
4) 日本製薬工業協会データサイエンス部会：ベネフィット・リスク評価入門，製薬協，4-48（2013）
5) 日本化学会リスクコミュニケーション手法検討会：化学物質のリスクコミュニケーション手法ガイド，ぎょうせい，2-87（2001）
6) 吉川肇子：危機的状況におけるリスク・コミュニケーション，医学のあゆみ，239, 1038-1042（2011）
7) 土田昭司：リスクコミュニケーションとは何か：安全心理学からの提言，日本保健医療行動科学会年報，27, 10-19（2012）
8) National Research Council : Improving Risk Communication, National Academies Press, Washington, D.C., 1-13（1989）
9) Anastas P.T., Warner J.C.: Green Chemistry: Theory and Practice, Oxford University Press, Oxford, UK（1998）
10) 柘植秀樹，荻野和子，竹内茂彌編：環境と化学—グリーンケミストリー入門，東京化学同人，東京（2002）
11) Namiesnik J.: Pro-Ecological education, *Environ. Sci. Pollut. Res.*, 6, 243-244（1999）
12) 河村歩美，関根嘉香：環境汚染物質のグリーン分析法〜環境効率による室内空気中ホルムアルデヒド測定法の評価，平成22年度室内環境学会学術大会講演要旨集，186-187（2010）

執筆者一覧

(五十音順/[ ]内は執筆担当箇所/所属は刊行当時のもの)

有賀正敏 (あるが・まさとし) [4.1]
ミサワホーム株式会社
1997年京都国際建築技術専門学校工業専門課程別科修了

池田絢子 (いけだ・あやこ) [5.2コラム]
室内環境学会 会員
2010年東海大学大学院理学研究科修了。修士(理学)

池田四郎 (いけだ・しろう) [第1章(分担), 3.3, 5.1, 編集幹事]
株式会社ガステック
2013年東海大学大学院地球環境科学研究科修了。博士(理学)

井手口真澄 (いでぐち・ますみ) [3.1コラム]
サンスター株式会社
2006年東京都立大学大学院工学研究科修了。修士(工学)

笈川大介 (おいかわ・だいすけ) [4.3, 各項の測定法]
AIREX株式会社 代表取締役
2002年東海大学理学部化学科卒業。学士(理学)

小座野貴弘 (おざの・たかひろ) [2.1, 4.1]
五洋建設株式会社 技術研究所 担当部長
1995年千葉工業大学大学院工学研究科修了。博士(工学)

川邉陽子 (かわべ・ようこ) [4.1]
ミサワホーム株式会社
1991年東京農工大学農学部卒業。農学士

執筆者一覧

岸　秀子　　（きし・ひでこ）　　　［第1章（分担）］
　　　　　エルグ研究会
　　　　　1959年東京理科大学理学部化学科卒業。博士（工学）

光崎　純　　（こうざき・じゅん）　　［6.1, 6.2］
　　　　　独立行政法人製品評価技術基盤機構　化学物質管理センター
　　　　　2006年横浜国立大学大学院環境情報学府環境マネジメント専攻修了。
　　　　　博士（工学）

篠原直秀　　（しのはら・なおひで）［2.2, 2.3, 3.4］
　　　　　産業技術総合研究所　主任研究員
　　　　　2004年東京大学大学院新領域創成科学研究科修了。博士（環境学）

関根嘉香　　（せきね・よしか）　　　［第1章（分担），2.1, 4.1, 5.1, 6.3, 3.4コラム，編集部会長］
　　　　　東海大学理学部化学科　教授
　　　　　1993年慶應義塾大学大学院理工学研究科修了。博士（理学）

野口美由貴　（のぐち・みゆき）　　　［3.1, 3.2］
　　　　　成蹊大学理工学部物質生命理工学科　研究員・非常勤講師
　　　　　1981年東京理科大学理学部応用化学科卒業。博士（環境学）

呂　俊民　　（ろ・としたみ）　　　　［4.2, 5.2］
　　　　　東京文化財研究所　客員研究員
　　　　　1972年慶應義塾大学大学院工学研究科修了。博士（工学）

索　引

■あ行
アイソトープ　176
アクチノイド　184
アクティブ法　32
アセチルコリン　79
アセチルコリンエステラーゼ　79
圧縮式除湿　129
アレルゲン　104
安全採取量　60

一酸化炭素　91
インタープリター　220

宇宙線　181

エチルベンゼン　44
エネルギー代謝率　137
塩化水素　192
エンドオブパイプ技術　223

汚染指標　136

■か行
ガイガーミュラー（GM）式
　　サーベイメーター　183
外部被爆　181
壊変　177

壊変系列　180
壊変定数　177
化学的方法　163
化学フィルター　195
化学物質　1
化学物質過敏症　6
確定的影響　182
核分裂生成物　184
確率的影響　182
火山ガス　190
火山灰　190
化審法（化学物質の審査及び製造などの
　　規制に関する法律）　83
ガスクロマトグラフ（GC）　57
ガスクロマトグラフ（GC）法　169
可塑剤　61
学校環境衛生　55
学校保健安全法　140
活性酸素　182
活性炭フィルター　196
加熱脱離装置　59
カリウム（K）　181
環境たばこ煙　88
含水率　121
乾燥　121
感覚的方法　163

機械換気　143
気化式加湿　127
ギ酸　30
希釈法　164
キシレン　44
揮発性有機化合物　17, 36
嗅覚　151
嗅覚閾値　156
嗅覚受容体　152, 153
嗅覚測定法　164
嗅細胞　152
吸収式除湿　129
嗅神経　152
嗅繊毛　152
吸着式除湿　129
吸入曝露　8
境膜内拡散　20
極性分子　118
銀河宇宙線　181
銀ナノ粒子　110
銀板　200

空気動力学径　100
クライシスコミュニケーション　222
クリープ変形　122
グリーンケミストリー　222
グリーン代替法　225
グリーン分析化学　224
グレイ　179
クロルデン　48
クロロピリフォス　48

経口曝露　8
経皮曝露　8
結合水　120
欠如モデル　216
結露　124

ゲルマニウム半導体検出器　184
建材内拡散　20
建築基準法　28, 55
建築物衛生法　140

高揮発性有機化合物　17
呼出煙　88

■さ行

酢酸エチル　50
酢酸ブチル　50
殺虫剤　78
三次喫煙　88
酸性雨　191
酸性ガス除去用フィルター　196
三点比較式臭袋法　156, 167

シーベルト　179
事業継続計画　194
ジクロロジフェニルトリクロロエタン（DDT）　79
自然換気　143
漆喰　150
シックハウス症候群　4
シックビルディング症候群　5
実効線量　179
室内濃度指針値　53
室内浮遊粉じん　98
質量数　176
質量分析計　57
自発核分裂　184
臭気指数　167
臭気濃度　167
臭気判定士　164
自由水　120
住宅の品質確保の促進などに関する法律　54

主嗅覚系　151	ダイアジノン　49
受動喫煙　88	代謝水　117
主流煙　88	太陽宇宙線　181
順応　154	多種化学物質過敏症　7
準揮発性有機化合物　17, 61	脱臭剤　163
障害調整生存年数　3	たばこ煙　88, 138
蒸気式加湿　127	
消臭剤　163	地域継続計画　194
樟脳　47	中間水　120
植物　147	中性子　189
鋤鼻嗅覚系　151	中性子線　189
シンチレーション式サーベイメータ　184	超微小粒子　100
水素炎イオン化検出器　57	通気工法　134
水素結合　119	
水和　119	定量的構造活性相関　15
スクラバー　196	テトラクロロエチレン　47
スチレン　45	テトラデカン　46
ステークホルダー　215	テルペン類　50
	電気陰性度　118
生体ガス　13	電気化学検出器　58
生物的方法　163	
精油成分　87	同位体　176
ゼロリスク　207	透湿膜式加湿　128
繊維飽和点　122	銅版　200
全熱交換型換気装置　146	トリクロロエチレン　47
線量率　183	トルエン　43
総揮発性有機化合物　53	■な 行
相対湿度　125	内部結露　126
組織荷重係数　179	内部被爆　181
損失余命　211	夏型結露　126
	ナノスケール　108
■た 行	ナノ粒子　108
第1種換気　144	ナフタレン　47
第2種換気　144	難燃剤　62
第3種換気　144	

におい　151
におい嗅ぎガスクロマトグラフ質量分析法
　　170
においセンサー　171
においの質　154
ニコチン　90
ニコチン依存症　91
二酸化硫黄　191
二酸化炭素　136
二酸化チタンナノ粒子　110
日平均値　191
二名法　104

燃焼器具　137

農薬　77
農薬取締法　82

■は 行
排出係数　138
ハウスダスト　98
曝露評価　209
曝露量　9
発散速度　28
パッシブサンプラー　33
パッシブ法　33
パラジクロロベンゼン　46
半価層　188
半減期　177

必要換気量　144
飛程　186
評定法　164
表面結露　126
ピレスロイド類　51
被爆　181
品確法（住宅の品質確保の促進などに関する法律）　54

ファシリテーター　220
フェノブカルブ　49
フェロモン　151
不快指数　123
副嗅覚系　151
福島原発事故　175
副流煙　88
フタル酸エステル類　63
フッ化水素　192
物理的方法　163
冬型結露　125
プロセス技術　223
分煙対策　92

平均自由行程　120, 189
平均寿命　3
平均余命　3
ベクレル　178
ベネフィット　207
便益　207
ベンゼン　45
ベンゼンヘキサクロリド（BHC）　79

芳香剤　163
放散フラックス　21
放射性核種　178
放射性同位体　177
放射線　177
放射線荷重係数　179
放射能　178
ポーラ美術館　200
ポジティブリスト制度　83
保持容量　60
ホルマリン　18
ホルムアルデヒド　17

ポンプサンプリング法　32

■ま行

マスキング　155

水　117
水のクラスター　119
水噴霧式加湿　128

■や行

薬事法　83

有害性評価　210
有害性評価値　209
誘導核分裂　184
ユニットリスク　27

■ら行

ラジオアイソトープ　177
ラドン　180

利害関係者　215
リスク　208
リスク・ベネフィット分析　208
リスク管理　208, 210
リスクキャラクタリゼーション　210
リスクコミュニケーション　208, 215
リスクの推計　210
リスク評価　208
リモネン　50
硫化水素　191
粒子状物質　98
粒子状有機物質　17
リン酸エステル類　65

冷却式除湿　129
漏水　130

■英数字

ADI　210
BHC（ベンゼンヘキサクロリド）　79
CNGチャネル　152, 155
DALY　3
DDT（ジクロロジフェニルトリクロロエタン）　79
DNPH　31
ETS　88
CG（ガスクロマトグラフ）　57
Hand-to-Mouth　8, 84
HBF式　22
K（カリウム）　181
OHラジカル　182
PDCA　221
PM_{10}　101
$PM_{2.5}$　101
POM　17
QEESI　7
QSAR　15
RMR　137
SPM　101
SVOCs　17, 61
S系除去用フィルター　196
TDI　209
TSP　101
TVOC　53
VOCs　17, 36
VVOCs　17
Weber-Fechnerの法則　156
X線検査　182
α線　186
α-ピネン　50
β線　187
γ線　188
2,4-ジニトロフェニルヒドラジン　31
3-エテニルピリジン　96

住まいの化学物質　リスクとベネフィット

2015年11月10日　第1版1刷発行　　　　　ISBN 978-4-501-62940-3 C3052

編　者　室内環境学会
監修者　関根嘉香
　　　　Ⓒ Society of Indoor Environment Japan 2015

発行所　学校法人 東京電機大学　〒120-8551　東京都足立区千住旭町5番
　　　　東京電機大学出版局　　　〒101-0047　東京都千代田区内神田1-14-8
　　　　　　　　　　　　　　　　Tel. 03-5280-3433(営業)　03-5280-3422(編集)
　　　　　　　　　　　　　　　　Fax. 03-5280-3563　振替口座 00160-5-71715
　　　　　　　　　　　　　　　　http://www.tdupress.jp/

[JCOPY] <(社)出版者著作権管理機構 委託出版物>
本書の全部または一部を無断で複写複製(コピーおよび電子化を含む)することは，著作権法上での例外を除いて禁じられています。本書からの複製を希望される場合は，そのつど事前に，(社)出版者著作権管理機構の許諾を得てください。
また，本書を代行業者等の第三者に依頼してスキャンやデジタル化をすることはたとえ個人や家庭内での利用であっても，いっさい認められておりません。
［連絡先］Tel. 03-3513-6969, Fax. 03-3513-6979, E-mail: info@jcopy.or.jp

印刷：三立工芸㈱　　製本：渡辺製本㈱　　装丁：右澤康之
落丁・乱丁本はお取り替えいたします。　　　　　　　Printed in Japan

東京電機大学出版局 刊行書籍のご案内

イラストで学ぶ
看護人間工学

小川鑛一著　B5判　216頁

看護従事者の負担軽減のために人間工学を活用しよう。作業を助ける姿勢や動作を多くのイラストにより解説。

看護・介護のための
人間工学入門

小川鑛一・鈴木玲子・大久保祐子・國澤尚子・小長谷百絵 共著
　　　　　　　A5判　216頁

作業者の負担軽減を図り，脊柱障害などの防止に有効なボディメカニクスについて，具体例によりやさしく解説。

看護・介護を助ける
姿勢と動作
イラストで学ぶボディメカニクス

小川鑛一著　　A5判　192頁

従事者の腰痛などを予防し，利用者が安全に介護を受けられるようにするための力学的原理を簡単な動作実験などを通じてやさしく解説。

バイオメカニズム・ライブラリー
看護動作のエビデンス

バイオメカニズム学会編／
小川鑛一・鈴木玲子・大久保祐子・國澤尚子・小長谷百絵 共著
　　　　　　　A5判　178頁

筆者らが長年にわたり研究してきた有効性や活用事例をまとめる。

バイオメカニズム・ライブラリー
人体を測る　寸法・形状・運動

バイオメカニズム学会編／
持丸正明・河内まき子著
　　　　　　　A5判　160頁
人体の各種寸法計測方法について，計測のノウハウから各種機器の選定や取り扱い，データの処理方法をまとめる。

バイオメカニズム・ライブラリー
人と物の動きの計測技術
ひずみゲージとその応用

バイオメカニズム学会編／
小川鑛一著　　A5判　144頁
微小変位を測定することができるセンサの「ひずみゲージ」について，原理や使い方のノウハウを解説。

バイオメカニズム・ライブラリー
表面筋電図

バイオメカニズム学会編／
木塚朝博・増田正・木竜徹・佐渡山亜兵 共著　A5判　178頁
研究や開発に筋電図を用いる利用者が，的確な計測を行うためのノウハウを集約。

バイオメカニズム・ライブラリー
生体情報工学

バイオメカニズム学会編／
赤澤堅造著　　A5判　178頁
生体情報の計測・処理・制御を工学の立場から扱う生体情報工学について，工学系学生向けに解説。生体機能の知識と工学との関連がわかる。

＊定価，図書目録のお問い合わせ・ご要望は出版局までお願いいたします。
URL　http://www.tdupress.jp/